Rolf F. Schütt

# Objektivität durch Subjektivität oder umgekehrt?

„*Jede Erkenntnis ist ein Identifizieren des Nichtgleichen.*“

*(Nietzsche)*

# Rolf F. Schütt

## Objektivität durch Subjektivität

## oder umgekehrt ?

*Phänomenologischer Versuch*

*einer dekonstruierten Erkenntnistheorie*

*Leher Luft-Druck 2000*

Für Bernd Schäfer-Rolffs

Printed in Germany  2000

Alle Rechte beim Autor

Herstellung : Libri Books on Demand

ISBN  3-89811-157-1

# Einführung in die Problematik

Die Erkenntnistheorie sucht zu erkennen, wie das Subjekt sein Objekt erkennt, wie das Ich es schafft, aus seinem Bannkreis herauszukommen, um den Graben zu überwinden, der es von seinem Erkenntnisobjekt trennt. Wer von diesem Bild ausgeht, setzt zwei verschiedene, fix und fertige Substanzen voraus, die einander unvermittelt gegenüberstehen und dann irgendwie nachträglich eine Verbindung miteinander eingehen, die zur Erkenntnis führt. Die erkennende Substanz, das Subjekt, muß die Eigenschaft haben, die Kluft zur anderen Substanz zu überspringen, um am Ufer des Objekts landen zu können. Erst geht man von zwei getrennten und grundverschiedenen Dingen aus und versucht dann zu erklären, wie sie wieder miteinander zu vereinigen sind. Das Subjekt wird gewöhnlich mit einer Aktivität ausgestattet, die es ihm erlaubt, die Passivität des Objekts zu überrumpeln. Nicht zufällig wird das Erkennen als Ziel des Sehens gefaßt: Mein Blickstrahl trifft das Objekt wie der Jäger das Wild. Aber die Absicht des Sehenden ist nicht, seine Beute zu erlegen, sondern sich ein objektives Bild vom Objekt zu machen. Gehe ich aus mir heraus und an den Gegenstand heran, um mir einen Abdruck von ihm zu verschaffen, mit dem ich dann in mein subjektives Gehäuse zurückkehre? Zwar schaue ich das Objekt an, aber jeder weiß, daß dabei „eigentlich" das Objekt es ist, welches sich mir einprägt, wie der Stempel sich in die leere Wachstafel eindrückt. Ich muß meinen Blickstrahl auf das Objekt fallen lassen, damit der Lichtstrahl physikalisch in mein passives Auge fallen kann. Wenn wir nicht wie einige mittelalterliche Denker annehmen wollen, daß das Ding, weil es sich nicht selbst von der Stelle rühren kann, so etwas wie dünne Signalhäutchen unablässig aussendet, die sein Aussehen tragen und ins erkennende Auge fallen, muß der Prophet zum Berge kommen, der nicht zum Propheten kommt. Will sagen, der Erkennende muß sich in Bewegung setzen, um das zu Erkennende zu erreichen. Und das Ich muß dazu nicht erst seine Kapsel verlassen, sondern immer schon verlassen haben. Es darf nichts anderes sein als diese Selbstüberschreitung in Richtung auf seinen Gegenstand. Es muß nicht erst ein Drinnen verlassen, sondern draußen und außer sich erst eigentlich in sich und bei sich sein: Die Innenwelt des Erkennenden besteht aus dem Draußensein beim Objekt. Dazu müssen wir gerade nicht annehmen, daß das Subjekt sein Objekt nur erkennen könne,

wenn beide von gleicher Seinsart sind, weil nur Gleiches Gleiches erfassen
könne. Das Subjekt unterscheidet sich vorn Objekt grundsätzlich dadurch,
daß es bei sich selbst gerade dann ist, wenn es draußen bei seinem Objekt
ist und den Abgrund, der es davon trennt, immer schon hinter sich gelassen
hat. So wird der Abstand des Subjekts vom Objekt die Distanz des Subjekts
von sich selbst. Wenn ich meinen Gegenstand ansehe, bin ich nicht hier bei
mir, sondern drüben bei ihm, und die Entfernung zwischen meinem Körper
hier und meiner Anwesenheit dort beim Objekt, das bin ich, sofern ich
mein Objekt erkenne, also seine Entfernung von mir ent-fernt habe. Die
Existenzphilosophen haben diese Struktur des menschlichen Daseins
herausgearbeitet, das „ek-sistiert", d.h. nicht einfach da ist wie das Objekt,
sondern „heraus-steht" aus sich selbst und hin zum Objekt, das mir
gegenübersteht.

Vorgebildet war dies bei Hegel, nach dem das Ich seine Grenzlinie gegen
das Objekt nicht ziehen kann, ohne diese Grenze auch schon überschritten
zu haben. Die Grenzlinie, an der das Subjekt endet, ist die Linie, an der das
Objekt beginnt, und umgekehrt. Zwischen mir und dem Gegenstand liegt
ein Abstand, eine Leere, ein Nichts, also nichts. Intentional bin ich
hingespannt auf das, was ich nicht bin, und von dem her, was ich nicht bin,
bin ich erst, was ich bin. Nur wer außer sich gerät, kommt zu sich, und wer
ganz bei sich ist, ist auch schon außer sich beim Objekt. Die Immanenz des
Subjekts ist gerade nichts als seine Transzendenz, und die Transzendenz
des Objekts konstituiert sich nach Husserl gerade in dieser transzendenten
Immanenz der Subjektivität. Wenn aber das Subjekt von sich getrennt ist
genau um seine Entfernung vom Objekt, dann erkennt es sich selbst im
Objekt und in sich selbst das Objekt. Genauer: Im Subjekt fällt zusammen,
daß das Subjekt mit dem Objekt zusammenfällt und zugleich nicht
zusammenfällt. Wenn wir das Subjekt nicht als Schnecke sehen, die in
ihrem Gehäuse sitzt, um irgendwann einmal Fühler nach der Welt auszu-
strecken, sondern als Substanz, die ihre Substantialität immer schon wie
eine Schlangenhaut abgestreift hat und im Objekt jene Substantialität sucht,
die es selbst nicht hat, dann müssen wir erklären, was das
Erkenntnissubjekt beim Erkenntnisgegenstand eigentlich sucht, auf den es
sich richtet, um sich nach ihm zu richten in seinen Urteilen. Ein Ding
erkennen heißt, sein Wesen begrifflich erfassen. Das Wesentliche an einer
Sache ist das Hauptsächliche an ihr, ihre Ursache, ohne die sie nicht wäre,
was sie ist. Das Erkennen scheidet das Wesentliche vom Nebensächlichen,

es schneidet die Sache durch in eine Erscheinung, die mir zugekehrt ist, und eine Rückseite, die weder für mich noch gegen mich ist und die das Ding nicht mit mir teilt. Wir sehen die Welt durch eine Brille, die wir nicht absetzen können, weil sie Teil unseres Auges ist, und wir wollen hier nicht untersuchen, warum wir von einer Brille wissen, obwohl wir unsere eigene Weltsicht doch gar nicht vergleichen können mit der eines Wesens, das seine Brille von der Nase nehmen könnte oder gar keine oder eine andere hätte. Wir streifen diese vulgärkantianistischen Bemerkungen auch nur, um zu der Frage zu gelangen, warum es für das Subjekt wesentlich sein kann, das Wesen seiner Objekte zu erkennen.

Wir glauben wissen zu müssen, *wozu* das Subjekt sein Objekt erkennt, um zu erkennen, *wie* es dieses Objekt erkennt. Was bedeutet es für mich, was die Dinge an sich sind? Mag das Ding an und für sich anders sein, als es für mich ist, mag das, was es an ihm selbst ist, für mich genau das sein, was es eben für mich darstellt, so bleibt die Frage, was die Erkenntnis eigentlich vom Objekt will. Eine Erkenntnis um der Erkenntnis willen führt nicht weiter, sondern in die Frage hinein, wozu wir eine solche Erkenntnis wollen, und wir bewegen uns im Kreise, wenn wir diese Frage nicht glauben beantworten zu können, ohne daß wir wissen, wie wir erkennen, also mit welchen Mitteln wir was auch immer begrifflich erfassen, selbst wenn wir mit diesen Mitteln identisch sind und sie nicht durch beliebig andere Instrumente ersetzen können.

Nach Kant müssen wir dazu die apriorischen Anschauungsformen unserer Sinnlichkeit und die kategorialen Gegenstandsformen unseres Verstandes befragen, also die Arbeit, mit der wir die sinnliche Mannigfaltigkeit unserer Empfindungen durch Verstandesbegriffe hindurch zu Erkenntnisgegenständen formen. Das Schematismus-Kapitel der „Kritik der reinen Vernunft" spricht über die „objektive Gültigkeit" unserer Erkenntniskategorien, über die Anwendung der reinen Verstandesbegriffe auf sinnlich vorgegebenes Außenweltmaterial. Hierbei ist allerdings die strikte Trennung bereits vorausgesetzt zwischen dem, was der Verstand von sich aus schon mitbringt, und dem, was ihm von außen gegeben werden muß, um daraus nicht Selbsterkenntnis, sondern Welterkenntnis zu machen. Zwar können wir nach Kant von keinem Objekt etwas erfahren, dessen Objektivität wir nicht selbst überhaupt erst gebildet haben, und wir holen als schlechte Unternehmer nicht mehr aus den Dingen heraus, als wir in sie hineingesteckt haben, aber der Schnitt zwischen Subjekt und Objekt ist zurückverlegt in die Inkommensurabilität von sinnlichem Material und rationalen Formen, bevor der Erkenntnisgegenstand konstituiert ist.

Ist das Objekt erst einmal fertiggestellt durch die synthetische Arbeit des menschlichen Verstandes am sinnlichen Rohmaterial, dann ist seine reine Gegenständlichkeit auch schon nach dem Bilde der Subjektivität geschaffen, die sich in ihm erkennt und es in sich erkennt. Vom Ding an sich sinnlich affiziert zu werden, ist bei Kant etwas anderes, als vom Gegenstand Erkenntnisse zu gewinnen. Erstens wird uns Sinnesmaterial gegeben, das wir zweitens erst zu Gegenständen formen müssen, an denen wir drittens unsere Erfahrungen machen. Im ersten und dritten Punkt verhalten wir uns passiv, im zweiten spontan und aktiv. Für die Vermittlung zwischen der passiven Anschauung und dem spontanen Begriff führt Kant ein Drittes ein, das Schema der Zeit als innerer Sinn für das Nacheinander der Zustände ein und desselben Objekts, das identisch mit sich selbst bleibt im zeitlichen Wechsel diverser Sinnesdaten, die von ihm künden. Der Verstand verknüpft die mannigfaltigen Sinnesvorstellungen vom Objekt synthetisch zu Vorstellungen ein und desselben Objekts. Ich stelle vor den Gegenstand mal so, mal so vor. Die unterschiedlichen Weisen, in denen er sich mir vorstellt, sind dadurch miteinander verbunden, daß es meine Vorstellungen sind, also Vorstellungen ein und desselben Subjekts von ein und demselben Objekt. Der Gegenstand soll im Wechsel seiner Erscheinungen genau so derselbe bleiben, wie ich derselbe bleibe im Wechsel meiner Vorstellungen von ihm. In diesem Sinne ist das Objekt nach dem Bilde des Subjekts konstituiert, als Selbstidentität im zeitlichen Nacheinander der Facetten, in denen es sich mir präsentiert, als etwas, das sich wesentlich gleich bleibt im Wandel seiner Zustände. An diesem Punkt angelangt, kann Gleiches Gleiches erfassen, wie im Mittelalter das Subjekt sein Objekt erkennt, sofern beide Kinder desselben Gottes sind, der sie aufeinander hinordnet. Aber diese schematisch gesteuerte Synthese der sinnlichen Vielfalt zum identischen Objekt nach dem Bilde des sich immer gleichbleibenden transzendentalen Subjekts, diese „empirische Realität" des Geistes, die „objektive Gültigkeit" des Subjektiven, soll durch die reine Einbildungskraft geschehen, die zwischen sinnlicher Rezeptivität und rationaler Spontaneität vermittele. Nach Heideggers Interpretation in „Kant und das Problem der Metaphysik" (1929) ist diese Imagination die zeitliche Struktur des menschlichen Daseins selbst, welches das Bild von der Einheit des Objekts in die Zukunft projiziert und im Lichte dieser künftigen Synthese alle gegenwärtigen und vergangenen Abschattungen beurteilt als Nuancen, die von diesem einen Objekt künden. Wir stellen das Bild des einen Gegenstandes vor uns hin, das alle Vor-stellungen von ihm auf ihn bezieht. Und wir müssen dieses Bild immer schon vorweg in der Zukunft entworfen haben, weil von ihm her überhaupt erst die gegenwärtigen und vergangenen Phänomene als Erscheinungen dieses Objekts aufleuchten. Dieses „reine Entgegenstehenlassen" regelt die Subsumption der Vorstellungen unter die Einheit des Gegen-stands, solange er selbst noch gar nicht leibhaftig komplett da ist, sondern sich in jeder seiner Abschattungen erst ankündigt als vorweggenommene künftige Synthese seiner gestrigen und heutigen Bekundungen. Ich stelle ihn mir schon vor als Zentrum aller meiner Vorstellungen von ihm und antezipiere seine volle Präsenz. Der räumliche Abstand des Subjekts vom Objekt wird so zum zeitlichen Abstand, der mich von meiner Zukunft trennt, in der ich das Objektbild eingeholt haben werde durch die zielgerichtet fortschreitende Synthese der vom Objekt ausgehenden Phänomene. So bin ich nicht nur aus mir heraus draußen beim Objekt, sondern „ek-sistiere" mir selbst vorweg in der Zukunft, wo es sich mir realiter so enthüllt haben soll, wie ich es idealiter schon jetzt vorwegnehme. Der räumliche Abstand wird zum zeitlichen, der ontologische Graben, der mich vom Gegenstand trennt, zum zeitlichen Abstand, der mich von mir selber trennt. Durch die gattungsspezifisch menschlichen Kategorien hindurch nehme ich in Gedanken schon die Gegen-ständlichkeit des Gegenstandes vorweg. Er steht mir schon jetzt entgegen, indem ich ihn in die Zukunft vor mich hinstelle als Pro-jekt meines Ob-jekts für mich als Sub-jekt. Der Gegen-stand ist meine Vor-(weg)stellung von ihm. Wir lernen aus dieser Deutung Heideggers, daß das Erkennen eine innere Geschichte und Zeitlichkeit hat, die sich in der Gleichzeitigkeit der Geschichte des Erkennenden und des zu Erkennenden entfalten muß.

18o7 schrieb Hegel diese Geschichte der Erkenntnis nieder in der „Phänomenologie des Geistes", als Geschichte der Stellung wechselnder Gestalten des Denkens zu wechselnden Gestalten der Realität.

Unsere folgenden Untersuchungen verstehen wir als Vorarbeiten zu dem fälligen Versuch, jene philosophische Historie der Wahrheit für dieses Jahrhundert neu zu schreiben, nachdem das reale Weltgeschehen inzwischen um einiges darüber hinausgegangen ist.

# Entwicklungsgeschichte der Subjektivität

Das Subjekt macht den Mund auf. Es schreit nach dem sättigenden Objekt. Ursprünglich eigne ich mir den Gegenstand, bin ich nun einmal von ihm getrennt, durch meinen Hunger hindurch an. Ich nehme ihn zwischen die Zähne und verzehre ihn. So habe ich einen Tatbestand dadurch begriffen, daß ich ihn verdaut habe. Das verschlungene Buch kann mir im Magen liegen wie ein Stein, kapiert habe ich es erst, sobald ich es in meine eigene Substanz verwandelt habe (oder besser meine in seine hinein). Etwas erkennen heißt auf dieser Ebene, es geschluckt zu haben. In seiner Eigenart wird es dabei zersetzt und mir anverwandelt: nun habe ich es gefressen. Dieser Angriff des Begriffs auf seinen Gegenstand läßt sich von ihm nur ergreifen, um ihn aufzusaugen und im Begriffsbauch verschwinden zu lassen, als Beleg unter anderen für den Begriff. Was mir widersteht, verstehe ich als meinen Gegen-Stand, an dem ich mir die Zähne ausbeiße. Er ist es, der angeschrien wird, wenn ich vor Hunger und Wut schreie. Sofern ich ihn nicht als meinen Bestandteil oder mich nicht als seine Komponente erleben kann, ist er in seiner ungefügigen Unverfügbarkeit der Böse oder das Böse, wenigstens dessen Wurzel. Das Böse ist der gebrauchte Gegen-stand, der mir widersteht und gegenüber stehen bleibt, statt in mir aufzugehen. Aber einmal gesättigt, fürchtet das Subjekt die Rache des malträtierten Objekts; es fürchtet, von innen heraus davon vergiftet und zerstört zu werden. Das kannibalisch einverleibte Objekt rebelliert im Magen des gefräßigen Subjekts. Ich fürchte seinen Vergeltungsschlag und suche mein Verbrechen an ihm wiedergutzu-machen, indem ich es wieder hergebe. Es ist, als forderte das Objekt die Stücke, die ihm entrissen wurden, bei Strafe meines Untergangs zurück.
Ich habe Angst vor dem Aufstand des Gegenstands, ich habe „Schiß" und scheide ihn gehorsam aus, bis ich wieder sauber bin in meiner „reinen" Subjektivität. Ich willfahre dem Objekt, welches das Seine zurückverlangt, das durch mich hindurch an das Objekt zurückgeht. Die aufgerissene Mundhöhle ist mein erster „Gesichtskreis", als Horizont meiner Welt.
Sie ist passive Erwartung des Objekts, der Urmodus der Wahrnehmung. Das Subjekt ist ganz Mundhöhle und auf die Beweglichkeit des Gegenstandes angewiesen, der ihm entgegenkommen und in seine Falle gehen muß. Aber der Schlund, zu dem ich mich mache, ist eine aktive

Passivität. Ich habe Zähne, welche die wartende Öffnung in schnappende Baggerklauen verwandeln. Bin ich stark genug, behalte ich den Teil des Objekts, den ich erbeutet habe, und liefere ihn nach dem Durchgang durch mich nicht wieder ans Objekt aus.

Dann bleibt das Objekt um das Stück lädiert, das ich seinem Fleisch entrissen und mir zu eigen gemacht habe. Das Sein besteht auf einer Restitution, die das Bewußtsein trotzig verweigert. Ich nehme, ohne zu geben, was mir zusteht, und hüte meinen Besitz, nehme den Gegenstand in seiner Gegebenheit entgegen und behalte ihn wie in einem Behälter. Ich nehme ihn wahr, indem ich ihn in mir aufbewahre: das ist seine Wahrheit, die Wahrheit über ihn. Dieses mein Nehmen erkläre ich zu einem Akt der Ver-nunft. Meine Liebe zum Eigentum geht bis zur Eigenliebe, welche die Eigenschaften des Dinges geeignet machen, mir zu dienen.

Ich grenze mich gegen das Objekt ab, wehre mich gegen seine Zumutungen, entwickle einen Eigensinn gegen den Willen des Objekts und leiste meinem Gegenstand nun jenen Widerstand, den er vormals mir bot. Ich will, was das Ding nicht will, und will nicht, wie es will. Hier erkenne ich, daß ich nicht mein Gegenstand bin und er nicht ich ist. Es „gibt" das Sein, das Bewußtsein nimmt es und nimmt das Gegenüber entgegen. Und ich bin nicht nur einfach nicht mein Objekt, sondern mache mich in jeder Sekunde zu dem, was es nicht ist, und den Gegenstand zu dem, was ich nicht bin. Ich bin Ursache und Zeuge dieser Gütertrennung zwischen mir und meinem Gegenstand, halte meinen Unterschied gegen ihn immer neu aufrecht, bestehe aus diesem Bestehen darauf, daß mein ist, was des Objekts war, und bin meine Beute. Der Unterschied zwischen mir und ihm ist der Unterschied, den ich zwischen ihm und jenem Teil von ihm mache, den ich zu meinem Bestandteil erkläre: er ist das, was ich von ihm (noch) nicht intus habe. In dieser Erkenntnisphase habe ich das Sein noch nicht überwältigt, das mich zu übermächtigen drohte, aber doch mich gegen seinen Einflußbereich verwahrt. An der Grenze zwischen uns endet und beginnt das Objekt ebenso, wie ich an ihr anfange und aufhöre. Ich bin das, an dem das Ding beginnt und aufhört, und das Ding ist genau dasjenige, an dem ich beginne und ende: Ich de-finiere es nicht weniger, als es mich de-finiert. Passiert etwas, was mir nicht paßt, deklariere ich es zum Widerstand, zu meinem Gegenstand. Das Objekt ist Inbegriff dessen, was mich am Vollzug meiner prompten Allmacht und Allgegenwärtigkeit hindert. Zu mir gehört nicht, was mir nicht gehorcht und nicht identisch ist mit der

Omnipotenz meines luxurierenden Wunschdenkens.

Nun muß ich immer mehr aus mir ausscheiden, um mich als den übrigzubehalten, der sich in der Hand hat und kommt, wenn er ruft, ohne daß Zeit vergeht. Am Ende bleibt von mir nur der übrig, der nach dem schreit, was er aus sich herausverlegen muß, weil er es nicht in seiner Gewalt hat. Das „Andere" erlebe ich als von mir unabhängig und nicht länger als meine Fortsetzung mit anderen Mitteln. Ich bin gut, aber meine Güte ist mit Schwäche erkauft und mit der Dominanz des Bösen, in dem ich mich nicht erkennen will, weil ich es nicht wie meinen verlängerten Arm nach Belieben bewegen kann. Meine Macht habe ich abgetreten an das, was ich nicht bin, um der zu bleiben, der nicht imstande ist, es nicht gut mit sich zu meinen. Fortan ist das Andere das Böse schlechthin, weil es gut zu mir sein kann, aber eben nicht muß. In meiner Ohnmacht lebe ich vom Objekt, auf dessen Schutz ich gehorsam angewiesen bin. Es ist böse, weil es immer auch abwesend sein kann. Das Nichts, das mich von ihm trennt, ist jenes, in das es verschwinden kann. Nichts trennt mich von dem, was ich nicht bin, nichts als die ständige Möglichkeit, daß es nicht verfügbar ist für mich. Sobald es da ist, ist es für mich da, aber was nicht ich selbst bin, muß nicht mitdasein, wenn ich da bin. Seine Anwesenheit ist Einheit mit mir, aber im Herzen dieser Vereinigung sitzt ihr jederzeit mögliches Ende, über das ich nicht bestimmen kann. So muß ich die Abwesenheit eines Objekts nicht nur als bloßes Nichts erleben, sondern als peinliche Anwesenheit eines anderen Objekts, das mich heimsucht.

Ich lebe in Verfolgungsangst vor der Abwesenheit des Objekts, die mich als ein zweites Objekt bedroht. Zwischen mich und mein Objekt hat sich ein Dritter geschlichen, die Abwesenheit des Objekts. Dieses Nichts droht, mich in seinen Strudel zu reißen, und ich könnte in der puren Abwesenheit meines Objekts verschwinden, in der Leerstelle, die es hinterläßt.

Halten wir fest, daß man sich angewöhnt hat, im Bezug des Subjekts zum Objekt eine exklusive Zweierbeziehung zu sehen. Das Fehlen des Objekts, der Leerlauf der Subjektivität, das Nichts, ist der Schatten einer Instanz, die diese Dualunion trianguliert und noch keine Konturen und keinen Namen hat. Eher trennt sie die beiden Erkenntnispole, als daß sie zwischen ihnen vermittelt, oder wenn man es vorzieht, vermittelt sie durch Trennung. Bin ich mit dem Nicht-ich nicht mehr eins, so bin ich auch schon nicht mehr allein mit ihm. Ist das Sein für mich da, ist es nur zufällig da, und es könnte ebenso gut auch weg sein.

Das Wesen des Seins ist sein Dasein, die existentia ist ihre eigene Essenz.
Aber das Nichtsein meines Nicht-ich, als meine doppelte Negation, bin
nicht ich selbst in nachdrücklicher Selbstbestätigung, sondern im Gegenteil
steht das Subjekt mit dem Erscheinen seines Objekts und vergeht vor Angst
vor seinem Ausbleiben. Dieses Oszillieren zwischen Sein und Nichts erlebe
ich als An- und Abwesenheit desselben Objekts und gewahre eigentlich den
Unterschied zwischen verschiedenen Objekten, also zwischen An- und
Abwesenheit desselben Objekts, viel eher als meinen Unterschied gegen
das Objekt. Das Ausbleiben seiner Erscheinung ist die Erscheinung eines
weiteren Objekts, das sich durch das Fehlen des ersten hindurch meldet.
Und die Aufspaltung des Objekts in Objekte bewirkt meine Aufspaltung in
Sub-Subjekte, deren jedes seine jeweilige Beziehung zu seinem jeweiligen
Objekt unterhält. Die zwei Subjekte in mir sind sowenig miteinander
identisch, wie die beiden Objekte als An- und Abwesenheit desselben
Objekts erfahren werden. Lieber unterscheide ich mich von mir selbst nach
dem Bilde verschiedener Dinge, als mich von den Dingen zu unterscheiden,
die ich zu brauchen meine. Mit der Erscheinung des Dinges bin ich ganz
da, mit seiner Abwesenheit bin ich ganz weg. Eine Sache vernichten heißt
eine andere erschaffen. Einen Satz verneinen heißt nach Gottlob Frege,
seinen Gegensatz bejahen: So merze ich das Negative und die Negation aus
meiner Welt aus. Wenn ich die Welt, wie sie ist, ablehne, habe ich damit
etwas anderes als die Welt bejaht, eben eine andere Welt, nicht etwa ihre
Veränderung, sondern vielleicht eine Nach- oder Hinterwelt. (Wer nicht
nach Rom fährt, bleibt nicht etwa zu Hause, sondern ist schon nach Nicht-
Rom gefahren, an irgendeinen Ort, der nicht Rom heißt.)
Mit der Erscheinung des einen Objektes da zu sein, heißt für das Subjekt,
mit der Abwesenheit dieses Objekts nicht zu fallen, sondern mit der
Erscheinung eines anderen Objektes nun auf andere Weise da zu sein.
Auf der nächsten Erkenntnisstufe kann das Subjekt die Einsicht ertragen,
daß es das gleiche Objekt ist, welches sich einmal gewährt und ein andermal versagt. Ist es einmal nicht für mich da, so bin ich nicht gleich einem
anderen ausgeliefert, das gegen mich ist. Der Gegenstand ist eben mal
gegen mich, mal für mich da. Diese unverfügbare Eigenwilligkeit erlebe
ich als das eigentlich Wider-ständliche am Gegenstand, der nicht mehr nur
für mich da ist, um mich abzuschirmen vor dem, was nicht für mich ist.
Ich sehe mich jetzt der vollen Ambivalenz des Objekts gegenüber: Es ist
nicht nur für mich, sondern irgendwo auch für sich, und was es für sich ist,

scheint gerade das zu sein, was es an sich ist, und das ist es bevorzugt gegen mich und immer für andere. Was nicht für mich ist, das steht gegen mich auf und ist deshalb mein Gegenstand. Erkenntnis ist hier geistige Wut auf das Objekt, das es wagt, an und für sich zu sein.

Was für sich ist, ist deshalb hier auch schon gegen mich. Es widersteht meiner Besessenheit, es ganz für mich haben zu wollen und ihm seine von mir abgewandte Rückseite zu rauben. Erkennend beziehe ich mich auf etwas, was sich mir entziehen kann. Durch die Erkenntnis, über mein Objekt in dem Maße keine Allmacht zu haben, in dem ich nicht mit ihm eins bin, sondern höchstens verhandlungsstrategisch auf jederzeit kündbare Weise einig werden kann, fühle ich mich von ihm Stich gelassen.

Die Tatsache, daß das Ding an sich ist und an sich halten kann, kränkt das Subjekt in der Grandiosität seines Selbstverständnisses, das verstehen, d.h. die Eigenständigkeit des Gegen-Standes aufheben will. Die Erkenntniswut wird zum Jähzornsanfall gegen das, was der Fall ist, aber ich kann mein Bezugsobjekt nicht attackieren, ohne fürchten zu müssen, zusammen mit seiner bösen Möglichkeit, mich mutterseelenallein zu lassen, jenes ungewollt mitzuzerstören, auf dessen Hilfe und Schutz ich in meiner Schwäche mich verlassen muß. Kantisch gesprochen: der Angriff des Begriffs auf das sich entziehende Ding an sich droht die mir zugewandte Erscheinung des Objekts mitzutreffen. Der Haß des Erkennenden auf die Möglichkeit des Objekts, für ihn auch nicht da zu sein, bedroht die Existenz dessen, was da erkannt werden soll. Wenn ich mein Ziel erreiche, den Bezugsgegenstand zu hindern, für mich auch nicht dasein zu können, habe ich die Möglichkeit mitvernichtet, daß er überhaupt für mich da ist.

Kurz : die totale Erkenntnis auf dieser Ebene zieht sich den Boden unter den Füßen weg. Die Bedingung der Möglichkeit seines Daseins für mich impliziert die Bedingung der Möglichkeit des Bezugsobjekts, für mich nicht ganz da zu sein: die absolute Erkenntnis löst ihren Gegenstand auf, statt ihn be-greifend zu erkennen, d.h. mit seinem Wesen eins zu werden und ihn doch sich gegenüber stehen zu lassen. Die ständige Verfügbarkeit des Objekts zu erzwingen heißt, die Ständigkeit seines Gegenüberstehens zu Fall bringen. Um das Objekt - auf das ich mich richte, um mich nach ihm zu richten - nicht zu gefährden, kehre ich die Gewalt gegen das Objekt, auf das ich mich angewiesen fühle, gegen mich selbst, und werde mir selbst zum widerspenstigen Gegen-stand, zum geistigen Gespenst. Ich gebe das Objekt, das sich mir durchaus versagen kann, nicht auf, sondern verhalte mich zu mir selbst so, wie ich mich zum Objekt verhalten möchte, aber eben nicht darf und kann. Ich habe das Sein, das nicht ständig ganz für mich ist, was es für sich ist, verloren, also meine Allmacht über das, was ich nicht bin, eingebüßt. Seine Fähigkeit, nicht ich zu sein, erlebe ich als Affront und weiß nicht, kann nicht erkennen, ob der Gegenstand sich von mir abwendet, weil ich ihn in meine Gewalt bringen will, oder ob umgekehrt ich ihn angreife, weil er nicht nur für mich da ist, sondern immer auch für andere. Um das Objekt(ive) nicht zunichte zu machen, um es zu hindern, überhaupt nicht und nie mehr für mich da sein zu können, versuche ich, es in mir selbst zu bestrafen für die Tatsache, nicht (mehr) ich zu sein, sondern etwas Fremdes oder sogar ein Fremder.

Mein Erkenntnis-Projekt ist ein Ent-wurf und ein Vor-wurf, den ich mir mache, weil ich ihn nicht gegen den Gegenstand erheben kann, den ich brauche und deshalb nicht töten darf. Diese Phase in der Beziehung zwischen dem Sein und dem Bewußtsein darf *Erkenntnisdepression* heißen: Ich bin ebenso ganz für mich da, wie mein Gegenstand es nicht ist.

Die Klagen über seine solipsistische Verlassenheit von allen guten Geistern des Objekts sind Anklagen des Subjekts gegen den Gegenstand. „Anklage" ist die wörtliche deutsche Übersetzung dessen, was das griechische Wort Kategorie meint, die eigentlich auf der Agora, d.h. öffentlich vor aller Augen, dem Objekt auf den Kopf zusagt, was es sei. Die subjektiven Kategorien des Verstandes beschuldigen den Erfahrungsgegenstand seines Wesens oder Unwesens, sie verurteilen ihn in Urteilen, deren Prädikate Akkusative von grammatikalisch regelgerecht gebildeten Sätzen („well-formed formulas") sind. Subjekt - Prädikat - Objekt, und das Objekt steht grammatikalisch im Akkusativ des Angeklagten. In der erkenntnistheoretischen Depression wird das Subjekt sein eigenes Objekt; es behandelt sich so, als wäre es sein Objekt, das es ja auch kannibalisch inkorporiert, um es ganz für sich zu haben und nicht loszulassen.

Und das Subjekt beurteilt nun das Objekt im Subjekt; das vernichtende Urteil über sich selbst gilt in Wahrheit dem Objekt. Da ich dem Objekt im Grunde vor-werfe, nicht ich zu sein, wenigstens nicht ganz für mich da zu sein, wenn es schon nicht ich selbst ist, werfe ich mir nun vor, das Objekt doch zu sein, d.h. nicht zugelassen zu haben, daß es nicht ich ist.

Das Subjekt droht, sich selbst so aufzuheben, wie es sein Objekt aufheben und im Ich auflösen will. Es droht, sein Objekt in sich zu vernichten und also sich selbst mit ihm. Dann ist die Untat gegen die Tat-sache ihre eigene

Strafe. So endet der Mord am Objekt, auf dem die Todesstrafe steht, mit dem Selbstmord des Subjekts. Genauer : beides erkennt sich als identisch.

Mit anderen Worten: Der Mord am Objekt würde als Suizid des Subjekts vollzogen, wenn beides nicht als synonym erkannt würde. Die Erkenntnis dieser Identität treibt aber das Subjekt über diese selbstmörderische Phase hinaus in die Anerkennung des Objekts. Das fragliche Objekt erkennen heißt jetzt anerkennen, daß es nicht das Subjekt ist: Ich erkenne nur das am Ding, was für mich ist, also erkenne ich an, daß es nicht ganz für mich da ist. Ich habe es in gewisser Weise für mich verloren und finde mich damit ab, mit dem abgefunden zu werden, was die Gegebenheiten unbeschadet meines Wunschdenkens nun einmal hergeben. „Es gibt das Sein" (Heidegger), es gibt sich mir hin; und ich nehme das hin, daß mir etwas genommen ist, wenn ich mir etwas geben lassen muß, das ich mir nicht selbst verschaffen kann.

## Die Selbstkonstitution der Subjekt-Objekt-Spaltung

Kurz : das Subjekt trauert seiner Einheit mit dem Objekt nach. Der Sprung aus der Symbiose mit dem Ursprung ist ein Satz, ein Ur-teil, der sich vom Ur-sprung abteilt und durch die Kopula des Satzes mit ihm verbunden bleibt. Die Urteilung zwischen Subjekt und Objekt im Urteil ist Verur-teilung der Nichtidentität von Subjekt und Objekt durch das Subjekt.

Ich mache mich zum Urteil, das die Urteilung ausspricht und im gleichen Atemzug verurteilt, d.h. rückgängig zu machen sucht. Nun kann das Subjekt die verlorene Einheit wiederherzustellen suchen, indem es das Objekt verschlingt oder sich von ihm verschlingen läßt.

Wir werden sehen, daß beides eins ist.

Das Subjekt findet sich ab damit, vom Objekt unterschieden zu werden, nicht aber damit, von ihm getrennt zu bleiben auf ewig. Im Gegenteil, die Anerkennung der faktischen Scheidung wird zum Ausgang neuer Bemühungen, sie aufzuheben. Das Bezugsobjekt wird nun nicht als passives Material subjektiver Verarbeitung erlebt, sondern als ein zu bekämpfender Widerstandskämpfer. Das Subjekt hat dessen Widerwillen erregt durch den Willen, das Objekt in den Griff des Begriffs zu bekommen. Das Urteil ist eine nachträgliche Verknüpfung des Objekts, das zum Subjekt des Satzes wird, mit dem, was ihm vom erfassenden Subjekt objektiv zu- und abgesprochen wird. Das Urteil macht etwas zu etwas anderem, und ich will das Objekt, das widersteht, in ein Objekt verwandeln, das sich mir anbequemt. Sprache entsteht aus dem Schrei des entwöhnten Mundes, in den keine gebratenen Tauben mehr fliegen. Sie ist primär Ruf nach dem verlorenen Objekt und schließlich Ersatz für das Objekt und als solche verabsolutierbar. Aber die Distanz zum Objekt wird nicht nur perhorresziert. Das Subjekt ist auch diese Flucht vor dem verschlingenden Sog des Objekts in dem Maße, in dem es selbst das Objekt verschlingen will, und ihm so unterstellt, was es doch selber will.

Das Subjekt frißt auch das Objekt, um nicht von ihm gefressen zu werden, und es fürchtet, gefressen zu werden, weil es selber fressen will. Von daher wird die Trennung vom Objekt auch als Befreiung erlebt, als Entronnensein. Erst am äußersten Punkt der Entfremdung vom Objekt, am äußersten Fluchtpunkt, überwiegt die Sehnsucht nach der Einheit mit ihm wieder die Angst vor der Absorption durch das Objekt. Je näher ich dem Objekt umgekehrt komme und damit meinem Ziel, nichts außer mir zu haben als mich selbst, umso größer wird meine Angst, das Objekt könnte eben denselben Wunsch haben und mich schlucken wollen, um nichts mehr jenseits seiner selbst zu haben.

So nähere ich mich dem Gegenstand, um vor ihm zu fliehen, und trenne mich von ihm, um mich mit ihm zu vereinen, und die Trennung ist beides: Entronnensein und Verbannung zugleich, ebenso wie die Einheit beides ist: Allmacht über das Objekt und Untergang in ihm. Und das Exil der Unabhängigkeit vom Objekt ist so ambivalent wie der Untergang in der seligen Einheit mit ihm. Jede Bewegung ist in sich gegenläufig: die Bewegung hin zum Gegenstand ist eine Bewegung weg von ihm und umgekehrt. Das ist der tiefere Sinn jener erkenntnistheoretischen Maxime, nach der nur die Distanz zum Objekt dessen Erkenntnis ermögliche. Ich dringe in die Sache ein, indem ich über ihr stehe - und umgekehrt. Wir werden darauf zurückkommen müssen, wenn wir das Endziel der Erkenntnis besser erkennen aus der Richtung, die all ihre Vorstufen und Durchgangsphasen einschlagen, denn die Geschichte der Erkenntnis ist das Arsenal der Mittel und Wege, sie zu erreichen, in ihrer Vollendung das Ziel selbst. Wir sahen, daß der Erkennende nicht in Depression versinken muß angesichts der Erkenntnis, nicht das zu Erkennende zu sein, es durch den Akt der Erkenntnis zerstören zu können und schließlich in der Gefahr zu sein, daß er sich selbst zusammen mit dem verlorenen Objekt vernichtet. Er scheidet das kannibalisch verschlungene Objekt wieder aus, um nicht an ihm zu ersticken, an seinen Schuldgefühlen und Racheängsten.

Wieder steht der Gegenstand mir entgegen; ich werfe ihn wieder vor mich hin, statt mir vorzuwerfen, ihn geschluckt zu haben, und ihm vorzuwerfen, mich verlassen zu haben. Ich stelle ihn vor mich hin, er ist meine Vorstellung von ihm, d.h. wir stellen (uns) einander vor. Ich komme zur Vernunft und nehme hin, was er mir gibt. Aber dieses passive Hinnehmen ist in sich ein höchst aktives Vernehmen des Gegenstandes. Ich höre nicht auf das Objekt; ich verhöre es, bis es endlich sagt, was ich hören will: die Erkenntnis wird zum Geständnis des Gegenstandes unter der Folter.

Ich quetsche ihn aus, setze ihn unter Druck, bis ich einen „objektiven" Eindruck habe. Ich mache ihm Angst, er hat „Schiß" und drückt sich aus. Der Gegenstand steht, aber mir Rede und Antwort. Mein Erkennungsdienst identifiziert ihn, ich stelle ihn wie der Polizist den Verbrecher. Hier richtet sich das Urteil nach einem Sachverhalt, den es zuvor übel zurichtet und abrichtet: ein Gegen-Standgericht. Meine wahrheitsliebende Gerechtigkeit wird nur dem gerecht, wodurch der Gegenstand sich nicht unterscheidet von dem, was ich mit ihm vorhabe. Meine Nötigungen erst führen dann zu zwingend notwendigen Wahrheiten. Die Welt macht mich nicht klein und schwach; ich bin es, der sie groß und stark macht.

Was ist das Erkenntnisziel auf dieser Ebene ? Was will ich dem Sein entlocken und entreißen, was soll es hergeben ? Nun, es soll sich preisgeben und aufgeben. Die vergewaltigende Erkenntnis dringt auf ein Bekenntnis des Objekts: Es soll gestehen, gegenüber dem Subjekt nichts Wesentliches zu sein. Das Subjekt ist alles, wenn das All im hochnotpeinlichen Verhör sich als Nichts entpuppt. Die Wahrheit des Seins wird ein Nichts vor dem, der nach seiner Wahrheit „fragt". Diese scharfe Befragung erzwingt den Offenbarungseid des Objekts, statt es sich offenbaren zu lassen. Nun habe ich erreicht, was ich wollte: der Gegen-stand bleibt mir gegenüber stehen und ist doch rein gar nichts. Er verrät seine völlige Nichtigkeit, ohne aufzuhören, mir als etwas vorgestellt zu sein.

Er liegt im Stehen und steht im Liegen. Seine permanente Kapitulation vor mir führt aber dazu, daß ich nichts erkenne, wenn ich das Objekt erkenne. Erkenntnis des Nichts ist nicht Erkenntnis.

Von nichts kommt nichts - außer das Nichts selbst. Das Nichts kommt aus ihm selbst, sagten wir. Wenn es auf dem Weg von sich zu sich selbst bei sich ankommt, kann das Sein nicht entstehen, diese Ablenkung vom geraden Fall des Nichts in sich hinein. Nichts trennt das Nichts, das von sich abrutscht, von dem Nichts, in das es abgleitet - nichts außer der Enttäuschung, wieder zu nichts gekommen zu sein, oder der Genugtuung, wieder einmal am Sein vorbeigekommen zu sein. Das reproduzierte Nichts aber hält sich für ein vereiteltes Sein, weil es dazu neigt, sich mit den Augen des Seins zu betrachten, jenes Seins, welches im Grunde das Nichts darum beneidet, das Sein aus sich heraus hervorbringen und in sich festhalten zu können, um mit ihm zu verschmelzen. Der Seinsneid des Nichts reagiert auf die viel ursprünglichere Angst des Seins vor dem Schlund des Nichts. Also wendet das Nichts sich vom Nichts ab und von nichts ab, wenn es sich zum Sein hinneigt, denn die Einheit des Seins und des Nichts, aus dem das Sein ist und das es ausfüllt, ist das Sein selbst, sofern es nicht vom Abgrund des Nichts aufgesogen wird. Das Nichts will mit dem Sein zum Sein verschmelzen und erlebt sich als klaffende Öffnung, die nach dem Sein schnappt, um es in sich hineinzunehmen und sich anzueignen. Dabei kann es die Angst des Seins vor der Vernichtung durch die Vereinigung mit dem Nichts spüren. Das Nichts will durch Verbindung mit dem Sein sich zum Sein machen, während das Sein durch die Verknüpfung mit dem Nichts zunichte gemacht zu werden fürchtet. Man könnte auch sagen, daß der seinshungrige Angriff des Nichts auf das Sein in schuldbewußter Vergeltungsangst erlebt wird.

Das Nichts, welches das Sein gefangennimmt, verwandelt sich in das Sein, mit dem es sich ausfüllt, und dieses Sein gibt sich zur Strafe für seine „Ontophagie" in das Nichts hinein, zu dem das Sein geworden ist durch seine Absorption vom Nichts. So verschlingt das Sein doch wieder sein Verschlungensein vom Nichts, weil das Nichts zu dem Sein wird, das es verzehrt und das sich an das Nichts opfert, zu dem das Sein durch sein Verzehrtsein geworden ist. Sowohl Sein als auch Nichts können zum Subjekt wie zum Objekt der Erkenntnis werden.

Nach Heidegger steht das Sein des Daseins ins Nichts hinein. Aber aus Angst, davon verschlungen zu werden, zieht es sich auch je wieder daraus in sich zurück und läßt es hinter sich. In der äußersten Ferne davon aber macht es kehrt und vernichtet das Nichts, in dem es unterkriecht, und es ist ein und dieselbe Bewegung, durch die das Sein das Nichts vernichtet, das es mit sich ausfüllt, und durch die es im Nichts untergeht, ein und derselbe Akt also, durch den das Sein zu nichts und das Nichts zu Sein wird.

Aus der Not der Vertreibung aus der Einheit mit dem Urobjekt macht jeder die Tugend der Unabhängigkeit von ihm. Vor mir ist das Objekt jenes Nichts, das ich bei der Entstehung aus ihm in ihm hinterlasse und das mich zu seinem Sein machen und sich mit mir verstopfen will. Und ich bin ganz Flucht vor dieser saugenden Untiefe des Loches (engl. *to lock*), das ich mit meinem Auftauchen aus ihm in das Objekt reiße. Ursprünglich ist das Subjekt sub-iectum, das Unter-worfene, ein Sklave des Objekts, der sich dann in der Vor-stellung für dessen und seinen eigenen Herrn hält. Subjektivität entsteht aus der Selb-ständigkeit gegen die Gegenständ-lichkeit der Objekte. Ich leiste meinem Gegenstand so Widerstand, wie er zuvor mir widerstand, ich werde Gegenstand meines Gegenstands.

Das Nichts zwischen ihm und mir wird nach Sartre durch mich eine Freiheit von ihm und ein Spielraum gegen seine erstickende Umarmung. Gleichzeitig brauche ich das Objekt, vor dem ich Reißaus nehme, um mich in dem Loch zu verstecken, das ich ins Bezugsobjekt gerissen habe, gerissen durch mein Ent-stehen und Herausstehen aus ihm. So flüchte ich vor der Rache des Objekts in die Arme des Objekts und suche in ihm vor ihm Unterschlupf, um es zu beschwichtigen. Es ist, als wollte ein Tier sich vom Munde des Menschen emanzipieren und stürzte sich zur Buße für seinen Frevel in eben diesen Mund. Die bergende Höhle, in der ich mich vor dem Rachen des Nichts in Sicherheit bringen will, ist der verschlin-gende Abgrund  selbst, vor dem sie bewahren soll.

So versenke ich mich ins Objekt, das sich mir öffnet und offenbart, so verliere und vergesse ich mich in ihm, ja verwandle mich darin. Die Erwartungen des Subjekts und des Objekts scheinen auf den ersten Blick zueinander komplementär zu sein:  das Objekt bietet mir ein Schlupfloch, und ich stille mit mir seinen Seinshunger. Aber die Reziprozität der Ansprüche täuscht - das Nichts im Objekt ist nicht nur Unterschlupfloch wie das Haus für die Schnecke, sondern auch eine gierige Staubsauger-öffnung oder ein Meer, in dem ich wie ein Regentropfen verschwinde.

Im gleichen erhält das Nichts in mir nicht nur sein Sein, sondern mein eigenes Sein ist es, das die Öffnung des Nichts mit mir verschließt und anfüllt. Meine Fallsucht, die mich schwindlig macht, wirft sich ins Nichts wie Empedokles in den Ätna, der mich ausgeworfen hat. Ich bin ja Wurf und Auswurf des Nichts, das mich nach Heidegger zu sich hin „er-wirft". Es entläßt mich soweit aus sich, daß ich nicht in ihm zunichte werde, sondern sein Sein werde, fürchtet aber die kränkende Gefahr, ich könnte mein eigenes Sein behaupten wollen gegen das Nichts im Weltschoß, dem ich entstamme. Dieses Nichts findet sich dazu verurteilt, das Sein nur zu empfangen, um es an das Sein zu verlieren und mit leeren Händen zurückzubleiben, indem ich *mein* Sein gegen die Möglichkeit bewahre, *sein* Sein zu werden. So hat das Nichtsein ‚Sein' nur im Abstand von sich selbst, seine Öffnung klafft ins Leere dieser Distanz, die hinter dem Sein her rennt, aber auch vor ihm herläuft als das, wohin das Sein hinaussteht, wenn es aus dem uterinen Nichts ent-steht. Das Nichts muß das Sein in den Unterschied zu ihm ausscheiden, und das Sein stemmt sich gegen den Fall in ein Nichts, in das es sich gleichwohl bergen und das es mit sich verschließen will.

Das Nichts schnappt nach dem Sein, verwahrt es in sich, hält es gefangen. Das Sein gibt sich dafür her, die Offenheit des Nichts offenzuhalten, es verwandelt das Nichts in Sein, indem es vom Nichts zunichte gemacht wird. Übrig bleibt das Klaffen der Öffnung, und das Dasein ist diese „Bresche“, diese ontologische „Lichtung“ im Objekt selbst, das Auseinanderhalten der Kiefer zur Maulsperre des Nichts. Ich halte die Höhle frei, indem ich die Höhlenwände gleichsam am Einsturz hindere. Mein Sein öffnet das Objekt durch sein Eindringen und verschließt es gerade mit sich selbst durch dieses Öffnen. Dieses verschließende Öffnen und öffnende Verschließen ist der Sinn dessen, was bei Heidegger „Verborgenheit der Unverborgenheit“ heißt. Das Dasein opfere sich für die Wahrung der Wahrheit, für das Lichten der Lichtung, für das Offenhalten der Öffnung. Es verliert sich an das Nichts, dessen klaffende Ränder es auseinanderhält und das es hindert, wie eine Tür zuzufallen, indem es sich selbst in diese Tür stellt. Der Nagel, den mein Hämmern in die Wand treibt, öffnet die Wand nur, um sie mit sich zu verschließen, und er verschließt das Loch mit sich im gleichen Augenblick, in dem er es in die Wand schlägt. So ist das Öffnen in sich ein Schließen - und umgekehrt. Die Rollen vertauschen sich im Akt der Erkenntnis: das Nichts wird kompakt, und das Sein blutet aus. Die Metaphern, die wir benutzen, treffen nur jeweils eine Facette des Ereignisses, sie korrigieren einander gegenseitig. Das Dasein verschenkt sich ans Nichts im Herzen des Objekts, es gießt den leeren Becher des Nichts voll, um als leere Flasche übrigzubleiben. Aber auch dieser Vergleich, daß das Füllen ein Leeren ist und umgekehrt, hinkt. Genauer: das Objekt ist leer, ein reines Ziel subjektiver Intentionalität, eine Leerstelle möglicher Erkenntnisakte, und das Subjekt füllt dieses Nichts nur in dem Maße, indem es sein Sein selbst zu diesem objektiven Nichts macht, das umgekehrt zum Sein des Daseins sich macht. Und in dieses Nichts, zu dem das erkennende Dasein geworden ist, gibt sich das Sein hinein, zu dem das subjektiv gefüllte Nichts im Objekt geworden ist.

Das objektive Nichts verschlingt das Sein des menschlichen Daseins und läßt zur Strafe dieses sein Verschlingen von jenem Nichts verschlingen, zu dem das Dasein vor seinem Objekt geworden ist. So verschlinge ich mein Verschlungensein vom Objekt, und wenn ich wie ein Loch trinke und fresse, dann fresse und trinke ich jene Löcher in das Objekt hinein, die als Mundöffnungen sich vollfressen mit mir, der sie auffrißt. Wir sehen, daß dieser progressus in infinitum keinen Anfang und kein Ende kennt, kein erstes und kein letztes. Der Ursprung löst sich auf in der Bewegung dessen, was er entspringen läßt, und das Entsprungene ist ebenso sehr Ursprung seines Ursprungs.

Die Kausalität ist umkehrbar und damit aufhebbar. Irgendwo mußten wir beginnen, und der Anfang unserer Erkenntnis war nicht der Ursprung in der Sache. Wir sprangen irgendwo in den Kreis hinein und ließen uns mitschleifen auf der Bahn, die ihn in sich zurücklaufen läßt. Das Nichts frißt das Sein und muß es wieder ausscheiden, bevor es selber ganz zu Sein werden konnte. Das Loch in meinem Sein frißt ein Loch ins Sein des Objekts, und dieses Loch im Objekt ist ein Rachen, der mich verschlingt, wie ich gerade das Objekt verschlinge etc.. Sein und Nichts verwandeln sich unaufhörlich ineinander und sind nur durch diesen ständigen substantiellen Austausch miteinander verbunden.


### Begrifflichkeit und Handgreiflichkeit


Gerade mit dem Objekt gesättigt, versenke ich mich in das Loch, das ich ins Objekt hineingefressen habe. Ich fresse also weniger mein Objekt als mein Gefressenwerden von ihm, und auch das Objekt verschlingt mich nur in dem Maße, indem es sein Verschlungensein von mir verschlingt.

Der kulinarische Aspekt der Erkenntnis eignet sich für unsere Zwecke besonders gut, weil er sowohl die Abneigung gegen den Gegenstand als auch die Zuwendung zu ihm zu verstehen erlaubt: Das Subjekt hat das Objekt zum Fressen gern, und zugleich hat es den Gegenstand gefressen.

Nun wird man fragen, was die von uns nachgezeichneten dramatischen Bewegungen zwischen Subjektsein und Objektnichts und Subjektnichts und Objektsein mit Erkenntnis zu tun haben, mit der Erfassung des Wesens einer Sache durch Begriffe. Erkenntnistheorie, wie wir sie hier betreiben, geht auf reflexives Erkennen des Erkennens, auf Begreifen, *wie* Begriffe begreifen. Jedes Urteil subsumiert Sachverhalte als Fälle unter Begriffe. Kant fragte : Wie sind synthetische Urteile a priori möglich, also Urteile, in denen das Prädikat nicht bereits analytisch-tautologisch im Subjekt des Satzes enthalten ist und die wir fällen, ohne Erfahrung mit dem Objekt zu haben. Der Begriff begreift Objekte durch seinen Umfang und durch seinen Inhalt. Der Umfang ist die Anzahl der Dinge, die unter ihn fallen, und der Inhalt ist die Komplexion der Merkmale, die das Objekt haben muß, um unter ihn zu fallen. Umfang und Inhalt des Begriffs sind in der klassischen Logik zueinander komplementär: je größer der Umfang, den die Klassenlogik betrachtet, desto kleiner der Inhalt, den die Prädikatenlogik untersucht - und umgekehrt. Die allgemeinsten, also obersten Begriffe identifizieren durch die wenigsten Merkmale die meisten Objekte. Was wir als Nichts bezeichnet haben, ist nicht nur die Nullmenge, die Untermenge jeder Menge ist, sondern soll sich hier spezifizieren als der Begriffsumfang, der die Objekte umfängt und vereinnahmt. Das Sein wird dann zum Inhalt des Begriffs. Überhaupt ist die begriffliche Wesensbestimmung nur das Medium, durch das hindurch die von uns beschriebenen Konstellationen von Subjekt, Objekt, Sein und Nichts ihrer selbst innewerden.
Das Subjekt hat in den Begriffsumfängen seine geistigen Mundöffnungen, welche die Objekte verschlingen. Es reißt das Maul umso weiter auf, je mehr Objekte es schlucken will, indem es die Begriffe immer allgemeiner und abstrakter macht. Der Begriff ist das Herrschaftsinstrument des Subjekts, die Übermacht des Objekts zu brechen. Der Griff des Begriffsumfangs nach den Dingen identifiziert die Dinge miteinander zu einem einzigen Ding („Thing"), das dann mit dem Begriff und damit dem Subjekt identisch ist. Die Allgemeinheit des Begriffs erfaßt, was mehreren Dingen gemeinsam ist, worin sie übereinkommen, ihre Identität miteinander im Lichte derselben Merkmalsgruppe. Worin die Dinge übereinstimmen, läßt sie übereinkommen mit dem Begriff von ihnen, welcher die Zweieinheit von Subjekt und Objekt wiederherstellt, also die Zerschlagung der Objektivität in eine Mannigfaltigkeit von Objekten rückgängig macht. Er ist umso allgemeingültiger, je mehr Objekte und je mehr Subjekte er unter einen Hut

bringt und über seinen Kamm schert. Vor ihrem Begriff sind die Objekte ebenso gleich wie die Subjekte, für die er allgemein gelten soll. Für alle Subjekte, die dadurch zu einem einzigen Gesamtsubjekt zusammenfließen, soll gelten, daß der Begriff für alle Objekte seines Umfangs gilt, die dadurch zu einem einzigen Gesamtobjekt zusammenfließen, und das Urteil behauptet dann die Identität dieses Gesamtsubjekts und dieses Gesamtobjekts. Definitio fit per genus proximum et differentiam specificam. Schulbeispiel : homo est animal rationale. Die spezifische Differenz „Vernünftigkeit" ist selbst wieder ein Allgemeinbegriff und gibt die Individualität z. B. des Individuums Sokrates nicht wieder. Die Schullogik lehrt : individuum est ineffabile. Adorno machte gerade zum Kern seines Denkens, daß der Begriff begreifen muß, was er per se nicht begreift, das Individuelle des Dings, durch das es mit dem Begriff *nicht* identisch ist, in unserem Fall die socratitas des Sokrates, die allein durch Konstellation der Universalien einzukreisen sei. Das principium individuationis ist auch für den Nominalisten Adorno wie für die meisten mittelalterlichen Scholastiker die Materie, wenn auch nicht wie bei Thomas von Aquin die materia designata quantitate, also die bloß extensionale Räumlichkeit, sondern die sinnliche Konkretion und intensionale Qualität. Der jeweilige Gegenstand ist so, wie der Be-griff ihn er-faßt, und gleichzeitig mehr und anderes. Und Adorno folgt Hegel mit dem dialektischen Postulat von der „Identität der Identität und Nichtidentität" des Subjekts und des Objekts: Wodurch das Ding sich dem Zugriff und Übergriff seines Inbegriffs entziehe, sei das gleiche wie jenes, wodurch es unter seinen Allgemeinbegriff falle.

In der Tat ist ja das Ding, soweit es begriffen ist, und das Ding, soweit es nicht begriffen ist, ein und dasselbe Ding. Der Begriff greift sich am Objekt heraus, was er will. Sein „quasi-oraler" Umfang ist ein Loch, in dem die Teile verschwinden, die dem Objekt entnommen werden und in ihm Löcher hinterlassen, die nach unserem Konzept selbst wieder so etwas wie quasi-orale Begriffsumfänge werden, welche den Begriff begreifen, wie er gerade das Objekt ergreift. Wie kann der passive Gegenstand ein Begriff seines Begriffs werden, wird man fragen. Die Antwort lautet: Durch den Begriff selbst, der sich selber zu begreifen hat. Er muß für das Ding tun, was es nicht tun kann: für das Ding mitdenken. Der Begriff muß begreifen, wie das Objekt sein Begriffensein begreift, wenn er sich selbst erfaßt, und reflexiv muß er in der Erkenntnistheorie ja ausdrücklich werden. Was der Fall ist, fällt unter dessen Begriff und in ihn. Was übrigbleibt vom Fall, ist zufälliger Abfall - nichts: eben die Löcher, die der Geist in die Natur frißt und die nach dem Bilde der Begriffsumfänge geformt sind. Am Ende ist der Begriffsumfang voll und das Objekt leer, der Begriff ganz Naturfülle und das Objekt ganz leerer Kopf. Das Nichts ist die Leerklasse und Nullmenge, in der nichts (Widerspruchsfreies) enthalten ist, die aber in jeder Objektmenge enthalten ist als Loch, das der Begriff am zu Begreifenden hinterläßt, um sich zu füllen. Was der Begriff am Ding nicht begreift, begreift er als nichtig. Für Adorno ist dieses Nichts das Sein selbst, vor dem das vollgefressene Subjekt so nichtig wird, wie es am Anfang, als Kind der Natur, ohnehin war. Ich habe das Nicht-ich ausgesaugt und leergepumpt, bis es eine Vakuumröhre ist, die implodiert und das vollgefressene Subjekt in sich hineinstürzen läßt. Nun wird der Krater im Objekt zur Mundöffnung, die nach dem vollen Begriff greift und das, was des Objekts ist, zusammen mit dem zurückfordert, der es ihm entriß und ihm entstammt. Hier begreift das Ding sein Begriffensein vom Begriff nicht anders, als der Begriff zuvor, im Kampf gegen das Schicksal, sein Verschlungensein von den Dingen angriff. Jedes umfängt sein Umfangensein und will sich hinter dem Umfangenen schließen, um es gefangen zu nehmen. Es will den Griff abschließen zum endgültig Umgreifenden, das Jaspers in seiner „Periechontologie" ansprach. Das Sein ist nichts als die Linie zwischen dem Nichts, aus dem es ent-steht und so heraussteht, und dem Nichts, in das es hineinsteht. Und das Nichts ist auch nur die Naht zwischen dem Sein, das aus ihm ent-steht, und dem Sein, das ins Nichts hineinsteht. Jedes ist eine Wunde, die vom Gegenteil gehindert wird, sich endlich zu schließen.

Das Sein ist im Nichts, welches im Sein ist: Die Welt ist wie die russische Puppe, in der immer wieder dieselbe Puppe steckt und die in immer wieder derselben Puppe steckt. Die unendliche Selbstreflexivität des Seins im Nichts und des Nichts im Sein macht aus dem Sein so etwas wie eine bloße Aufbuchtung des Nichts ins Nichts und aus dem Nichts eine Art beliebig komprimierbares und expandierbares Gas − sit venia verbo.

Wir können auch sagen, das Sein habe ebenso die Form des Nichts, wie das Nichts die Form des Seins habe. Das Sein stemmt sich gegen das Nichts kraft des Nichts in ihm, es ist wie ein Luftballon voll Leere im Leeren, es ist die dünne dehnbare und platzbare Heißluft-Ballonhülle, die nach einer Seite hin offen ist und sich per Rückstoß nach der anderen Richtung bewegt, indem sie in die Luft geht und nach hinten zur Luft hin offen ist.

Der Begriff, sagten wir, begreift sein eigenes Begreifen als Begreifen des Begriffenseins vom erfaßten Objekt. So ist das Subjekt das Objekt seines Objekts und das Objekt das Subjekt des Subjekts. Das „Begreifen des Begriffenseins des Begreifens" und das „Begriffensein des Begreifens des Begriffenseins" bilden die unendliche Selbstreferentialität der Subjekt-Objekt-Relation, die von der unendlichen „Selbstaufstufung" des Subjekts begriffen werden muß. Das Greifende ist einmal das Subjekt, ein andermal das Objekt - ebenso das Begriffene. Jedes ent-steht aus dem Greifenden und in das Greifende hinein. Ich ent-stehe aus meiner Einheit mit dem Objekt; mit meinem Ent-stehen stehe ich aus dem Objekt heraus und lasse ein Nichts im Objekt zurück. Das Nichts, das ich, aus dem Objekt herausgeworfen, vor mir habe, forme ich nach dem Bilde des Nichts, das ich im Rücken habe, und stehe in dieses Nichts hinein wie in meine Gußform, fülle es ebenso mit mir aus, wie es mich in sich hineinsaugt, verschmelze mit ihm, bis es ebenso zu meinem Sein wird, wie ich das Nichts werde, in das ich hineinstoße, und dieses volle Nichts als hohles Sein steht wieder in das Nichts hinein, aus dem es heraussteht etc., und jedes ist die Überschreitung des Schlußpunktes, den jedes setzen will mit sich selbst.
Wohin wälzt sich diese Lawine, die sich im Rollen aufbläht ? Es ist eine Explosion ins Unendliche, die in sich eine Implosion ins Nichts ist, gleichzeitig eine indefinite Selbstüberschreitung und infinitesimale Selbstunterschreitung. Wohin und wozu das alles? Wohin transzendiert und wohin „suszendiert" das Begreifen des Begreifens eines Begriffenen, das je selbst wieder ein erfassendes Begreifen ist ?


## Selbsterkenntnistheorie als Typentheorie


Ein Philosoph reflektiert alles, was ist, also auch sich selbst. Aber reflektiert er auf sich als auf ein kleines Stück des Seins im ganzen oder darauf, *daß* er alles reflektiert - nur u.a. auf sich als einem Teil der Welt?
In der Philosophie, wenigstens der idealistischen, und Philosophie ist im wesentlichen immer idealistisch gewesen, wenigstens seit sie den unaufhaltsamen Aufstieg des Subjekts aus dem Bann der Natur und des Übernatürlichen reflektiert, in der westlichen Philosophie also hat man sich an die Ausdrucksweise gewöhnt, daß das Ich die Welt „setzt", der Geist die

Natur aus sich entläßt, das Subjekt kraft seiner Subjektivität die Objektivität des Objekts projektiert usw.. Das Ich setzt die Welt, also u.a. auch sich selbst als etwas, das in der Welt unter anderem vorkommt, aber setzt dieses Ich auch jenes Ich, das die Welt setzt? Oder wird es in die Welt gesetzt, bevor es sie setzt - oder gar beides zusammen und wie das? Seit Kant wird das setzende Ich das transzendentale oder intelligible, das gesetzte Ich aber das empirische genannt. Nun ist das intelligible Subjekt mit all seinen vergegenständlichenden Anschauungsformen und Kategorien - als transzendentale Bedingung der Möglichkeit des empirischen Subjekts - selbst kein innerweltliches Ego, aber anders als Gott doch von dieser Welt.

Die transzendentale Egoität der reinen Apperzeption ist unabhängig vom empirischen Ich und macht es allererst möglich, determiniert es wie der Geist die Natur, wie der Kopf die Hand und den Unterleib beherrschen soll. Wenn das transzendentale das empirische Ego bestimmt, wie die Seele den Leib beherrscht, dann im emphatisch religiös-moralischen Sinne, denn bei Kant steht das biologische Ich samt seiner Psychologie unter der transzendentalen Fuchtel, in der Adorno die Gesellschaft diagnostizierte.

Die intelligible Freiheit ist anders als Gottvater  nicht das weltschaffende, aber naturbeherrschende Prinzip. Es entscheidet über die Form, in der dem empirischen Ich der Rohstoff Welt zugänglich und lieferbar ist. Da nicht ich allein über die Waren- und Handelsform der Natur befinde, steckt im intelligiblen Ich immer ein überindividuell gesellschaftliches Prinzip, also eher das einende Konkurrenzprinzip als ein privates Ego. Es ist auch „Ichheit" genannt worden, denn „Ich" sagt jeweils jeder von sich.

Die Geschichte der Philosophie ist immer auch Philosophie der Geschichte, ein Fortschritt im Bewußtsein wo nicht der Freiheit, so doch der fortschreitenden Emanzipation des Subjekts von dumpfer mythischer Naturverfallenheit, Erlösung von der Angst vor Donner und himmlischem Donnerwetter. Dabei ist die psychologische Ich-Stärke das Niveau der erlangten Herrschaft auch über die innere Natur, eine Funktion gesellschaftlicher Produktivkräfte. Da das Ich von der Welt nur sich abgrenzen konnte durch Herrschaft über sie, da bislang nur das Beherrschte als Nichtich oder alter ego erfahrbar wurde, ist Philosophie, die „Stellung des Gedankens zur Objektivität" (Hegel), immer auch Reflexion auf den geschichtlich je erreichten Stand der sozialen Kontrolle über innere und äußere Natur.

Das Subjekt setzt sich für sich und grenzt sich gegen die Natur ab, der es entstammt, indem es ihr seinen Willen aufzwingt. Aber wie konnte das je eigene Ich überhaupt aus dem Naturzusammenhang heraustreten?

Wie kann es als zunächst ununterscheidbarer Teil der Natur, mit sich gegen die Natur kaum ganz identisch, gegen sie sich erhalten als leidlich konstante Struktur? Wie konnte das Ich gegen sie sich identisch behaupten, bevor es aus der Natur sich ausgesondert hatte? Entweder setzt das Ich sich immer schon voraus, oder die Natur selbst gibt ein Ich aus sich frei, das sich dagegen wehren muß, von ihr wieder verschlungen zu werden. Dieser Widerspruch ist Gegenstand der Metaphysik.

Zuletzt hat Sartre ihn aufzulösen versucht in einer Art von Kosmogonie des Etre-pour-soi, nach der das Etre-en-soi aus unerfindlichen  Motiven eines Tages beschloß, auch für sich zu sein, was es an sich ist.  Es geht um die Geburt des Ich als Selbstinnewerdung der bewußtlosen Materie. Auch Sartre weiß keinen Grund dafür, was das Sein, das ja weit früher als das Bewußtsein ist, dazu bewogen haben mag, seine träge Selbstgenügsamkeit aufzugeben und Grund seiner selbst werden zu wollen im menschlichen Bewußtsein, also sich in und durch uns hindurch selber zu rechtfertigen.

Seitdem die Natur in Form des menschlichen Bewußtseins in Beziehung zu sich selbst trat, seit diesem ihrem „ontologischen Sündenfall" projektiert der Mensch Ziele, die nicht von vornherein die der Natur wären, überließe man den Kosmos nur sich selbst.

Die blind zuschlagende Automatik der Naturgesetze wird eingespannt in zweckrationale Pläne, und die Zielprojektionen hören auf, ohnmächtige Wünsche gegenüber einer übermächtigen Realität zu sein, sobald sie vorhersehbare Wirkungen natürlicher Ursachen sind, die als Mittel  und Wege bewußt in Anschlag gebracht werden. Effekte werden Ziele, und Ursachen werden Mittel ihrer Realisierung. Naturkausalität gerät in den Dienst der Kulturfinalität; Materie wird zum Arbeitsmaterial und Natur zum Rohstoff für Veredelungsprozesse. Die Fertigprodukte werden potentiell so zu Bestandstücken einer spezifisch menschlichen Welt, wie der Mensch einst nur ein gebeuteltes Treibgut der Naturprozesse war. War er einst mit der Natur noch identisch, weil von ihr barbarisch verschlungen, identifiziert er sie jetzt mit sich selbst und bequemt sie sich an.

Welcher Natur dieses genuine Sich und Selbst des Menschen ist, dem die kosmische Natur unterworfen wird, wandelt sich und bleibt zumeist dunkel. Ist es selbst natürlich oder nicht von dieser Welt und in welchem Sinne?

Frei von Erdenschwere und doch ein Stück gleicher oder zweiter Natur oder gar ein Fetzen Himmel? Allzu leicht jedenfalls wird im seligen retour à la nature die regressive Rückkehr verkannt in die unselige Abhängigkeit von der Natur, von Mißernte und Blitzschlag, von Druck und Mangel.

So sehnsüchtig in der späten Erkenntnistheorie das abgespaltene Subjekt die Kluft zum Objekt zu überwinden trachtet, so angestrengt hat es sich aus dessen tödlicher Umklammerung einst zu lösen versucht. Die Sehnsucht nach der Wahrheit, nach Übereinstimmung mit der Wirklichkeit, nach dem Sichverlieren an das Sein, ist untrennbar von dem Grauen, durch die Natur aufgesogen zu werden wie die Tinte vom Löschblatt. Das Subjekt, das sich selbst um der Sache willen vor ihr durchzustreichen sucht, ist das gleiche, das aus der Gesellschaft heraus, durch die technischen Fassaden hindurch, zur Natur zurück will und doch ihren absorbierenden Sog zu fürchten hat.

Nach Heidegger sind wir ins Entwerfen geworfen, ohne daß es Werfer oder Würfelspieler gäbe. Laut Sartre hingegen sind wir frei für alles und von allem, auch und gerade frei von und für uns selbst, aber nicht frei, nicht frei zu sein, sondern dazu verurteilt, zu nichts verurteilt zu sein. Das sei die moderne Form unserer Endlichkeit, die mich von der Rolle, ein bloß endliches und ohnmächtiges Rädchen im Weltgetriebe zu sein, nur um den Preis befreit, daß es mir auf einer Meta-Stufe höher verwehrt sei, Herr zu werden über meine unbedingte Herrschaft über alles und Macht zu gewinnen über meine potentielle Allmacht. Danach bin ich jener Teil des Ganzen, der das Ganze in und unter sich, aber nicht im Griff hat, *daß* er Inbegriff des Ganzen ist.
Nach Adorno erreicht der selbstbewußte Geist die Natur, die er durch Unterjochung von sich entfernt, wenn er seiner selbst innewird als jenes Stück Natur, das alle Natur unter sich bringt. Daß die Vernunft alle Realität verschlingen muß, um nicht selbst unter die Räder der Realität zu fallen, macht sie selbst zu einem Stück unvernünftiger Natur, zum Reflex statt zur Reflexion, zum lumen naturale. Das ist das Bewußtlose am Bewußtsein, die innere Ohnmacht der Allmacht, die Irrationalität des Rationalen.
Aber das Bewußtsein ist nicht, weil es nicht Bewußtsein davon ist, Bewußtsein von allem zu sein, deshalb schon Sein für ein göttliches Bewußtsein. Das Verstehen aller Fakten ist ein unverständliches Faktum, aber gerade diese Faktizität des Verstehens aller Fakten ist verständlich zu machen: die Unlogik, die darin liegt, daß alles logisch abläuft. Vielleicht bildet die Sprache die Welt ab, nicht aber, *daß* sie diese abbildet. Dies zeige sich in ihr nur unausdrücklich, meint Wittgenstein. Die Freiheit ist Zwang, wenn sie nicht, ohne in Nöte zurückzufallen, von der Notwendigkeit befreit, sich

von allen Nötigungen befreien und alle Nöte wenden zu müssen. Die
Freiheit hätte sich gerade von der Verurteilung zu sich selbst zu befreien,
ohne in Unfreiheiten zurückzusinken. Heideggers existenzialer „Entwurf"
hätte die Geworfenheit ins „Entwerfen der Geworfenheit" zu verwerfen.
Vernunft wäre zu bringen in Schellings „Daß der Vernunft", ohne sogleich
auf Übervernunft zu rekurrieren. Adornos „negative Dialektik" ist Säkularisat der negativen Theologie : das Metaphysische offenbart sich im Anti-
metaphysischen, das selbstherrliche Subjekt in seinen getretenen Objekten
wie nur Gott im stallgeborenen Christus: das Reich Gottes als Utopologie
der Hölle auf Erden.

## Leiblichkeit und Körpergefühle als Erkenntnisbasis

„Materialist - was bedeutet das zunächst anders als jemanden, der die
Materie ernst nimmt, zu deutsch : den Mutterstoff der Welt... Wenn nun
seit Jahrtausenden Gott nur als Mann, als Vater verehrt wurde - wie kann
man sich wundern, daß der Materialismus die Züge eines Aufstandes
annahm. Zum mindesten müßte verehrt werden die Mutter in Gott."
(E.W. Eschmann: „Einträge", Hamburg/Düsseldorf 1967).
„Du weißt, daß der Leib ein Kerker ist; / Die Seele hat man hineinbetrogen,
/ Da hat sie nicht freie Ellebogen." (Goethe: Westöstlicher Diwan)

Materialismus sieht in der Seele den Kerker des Leibes und den Menschen,
„wie er leibt und lebt". Noch den Geist sieht er als Bauch, der sich im
Idealismus die Welt einverleiben will. Leben heißt leiben : indogerman.
Wurzel #(s)lei- : feucht, schleimig, klebrig sein, kleben bleiben, mit
klebriger Erdmasse verschmieren, verputzen, streichen, glätten, gleiten,
schleifen, rutschen, schleichen, schlicht und schlecht und schlüpfrig sein.
Das substantivierte sich zu: feuchte, klebrige Erdmasse, Schlamm, Schleim,
Klebstoff, an dem man hängenbleibt, in aller Abhängigkeit. Leben heißt
dann : Mutter Erde auf den Leim gehen, als Vogelfreier an der Leimrute
hängenbleiben. Materialismus geht aus von Mater-ie, Masse, Stoff und
Körper. "Stoff" hängt etymologisch vermutlich zusammen mit „stopfen".
Der Stopf verschließt und füllt Löcher. (Sartre nannte die Freiheit ein
„Loch im Gewebe des Seins".) Masse ist ein ungestalter Haufen und
wüster Klumpen. Griechisch „massein" heißt: kneten, pressen, drücken.
Descartes spricht von der res extensa im Gegensatz zur res cogitans.
„Dehnen" kommt von indogermanisch #ten- : strecken, spannen, ziehen.

Raum und Zeit sind Ex-tensionen; tempus ist die Zeit-Spanne. Was sich zu sich zusammenzieht und in sich versammelt, wird ein „Ding" (german. „Thing"), gleichsam eine In-tension, eine Versammlung zu sich selbst, im Unterschied zur „ek-statischen Intentionalität" des Menschen.

Der Etymologie des „Lebens" entnehmen wir eine gewisse Gegenläufigkeit zweier Kräfte: was lebt, bleibt kleben und gleitet zugleich auf dem Leim. Dieses haftende Gleiten und schlüpfrige Kleben des leibenden Lebens ist genauer phänomenologisch zu untersuchen. Wir leben wirklich, d.h. leib-haftig. Das Denken des Leibhaftigen ist leibhaftiges Denken : das Denken des Körpers, Genitivus subiectivus und obiectivus. Das leibhaftige Denken will Leibhaftiges denken. Das Denken des Körpers ist der Leib des Denkens, und der denkende Körper ist leibliches Denken: Vorstellung von etwas, das leibhaft (nicht) da ist. Denkend realisiere ich, was leibhaftig nicht da ist, oder irrealisiere ich, was leibhaftig da ist - als ob es leibhaftig präsent wäre oder nicht. Aber stets geht das Denken auf eine Als-ob-Leibhaftigkeit oder Als-ob-Nichtleibhaftigkeit sinnlich zu gebender Gegen-stände des eigenen Leibes. Was ist der Leib ? Einmal die biologische Faktizität und anatomische Vorfindlichkeit des Lebewesens als Synthese dessen, was sich an ihm empirisch feststellen läßt. Da der Mensch aber das ausge-zeichnete Lebewesen ist, das es als physiologische Frühgeburt nicht bis zur Perfektion des Tieres, geschweige der Pflanzen oder Mineralien, gebracht hat, besteht seine Faktizität darin, kein Faktum zu sein, d.h. hinter alle Fakten zurückgeblieben zu sein, eine Not, die der Mensch wesensmäßig zur Tugend macht, über alle Fakten hinaus und allen Tatsachen vorweg zu sein, also Geist zu haben. Nun ist der kontrafaktische Geist, ob je nach Blickwinkel subnaturell oder supranatural, selbst ein konstatierbares Faktum, aber diese Faktizität ist von anderer Art als die von ihm zurückgewiesenen oder ihn zurückweisenden innerweltlichen Fakten. Diese Tatsache, diesseits oder jenseits aller Tatsachen (samt meiner eigenen biologischen Existenz) zu sein, nenne ich meinen Leib. Heidegger nannte diese Transzendierung aller Innerweltlichkeiten das „In-der Welt-sein des Daseins", von der bloßen Äußerlichkeit des „nichtdaseinsmäßigen Seienden" getrennt durch das „ekstatische Außer-sich-sein der Ek-sistenz", die aus sich heraus auf sich aus (und gerade darin in sich sei). Er interpretierte das „räumliche Außereinander" der menschlichen Leibhaftigkeit temporal : ich stelle mir etwas vor und räumlich vor mich hin, was leibhaftig noch nicht oder nicht mehr da ist, indem ich mir vor-weg bin und bevorstehe aus der Zukunft her. Erst von dem her, was ich noch nicht bin, ist das, was ich gar nicht bin: das Vor- und Zuhandene meiner Werkzeuge. Radikalisierend können wir dann die menschliche Leibhaftigkeit bestimmen als die Art und Weise, in der die Art und Weise, über alle Welt hinaus zu sein, in der Welt ist.
Die Art und Weise, in der mein Hinausgehen über das Bestehende unter das Bestehende fällt, nennen wir meinen Leib. Meine bestimmte Negation des Ganzen (samt meiner faktisch-empirischen Existenz) ist ein Teil des Ganzen, dieser mein Leib aber nur als transzendierendes Überschreiten alles leibhaftig Anwesenden. Der naturbeherrschende Geist, diese bestimm-te Negation aller Bestimmtheiten, ist ein Stück erster Natur und zur zweiten Natur geworden die subjektive Vernunft und der objektiver Geist als

Entfremdungspole. Der Historische Materialismus wollte eine Theorie des Verhältnisses zwischen der ersten und zweiten Natur des Menschen sein, und genau dieses Verhältnis ist Gegenstand unserer Untersuchung, soweit es sich seit Marx verändert hat. Den Zeitgeist bestimmen wir gut materialistisch als jeweiliges Körpergefühl. In Zeiten blockierter Praxis wird die Emotion zur Ersatzhandlung, zur E-motion und zum Aus-weg aus dem, was ist, sofern es etwas anderes nicht ist. Im Gefühl werde ich nicht eines Objekts inne, sondern Objekt wird die Art dieser Objektbeziehung des Subjekts; ich werde der Tatsache inne, mit Tatsachen Fühlung aufzunehmen. Was ich je fühle, ist die besondere Art, Fühlung mit dem zu haben, was ich nicht bin, was also nicht so will, wie ich wohl will, und was ich will, bestimmt sich von dem her, was ich nicht bin.

Wenn wir unser Weltbild als mystifiziertes Körperbild interpretieren, haben wir die Dialektik zwischen „reinem Körper-Ich" (Freud), also dem „purifizierten Lust-Ich" des Psychotikers, und den sozialen Körperschaften zu entfalten, ohne beides wie der "Anti-Ödipus" (oder Ante-Ödipus) kurzschlüssig gleichzusetzen in der ideologischen Glorifizierung einer generalisierten paranoiden Schizophrenie.

Und es ist ein und derselbe Körper, mein Körper, der einmal als dieses Gefäß aus Aminosäuren, als lebender Leichnam aus Haut und Knochen, den Mitmenschen erscheint (oder mir mit den Augen der anderen) und zum anderen für mich da ist, sofern mein Bewußtsein vom Ganzen der Welt ein leibhaftiges Sein in der Welt ist. Für mich bin ich Selbstbewußtsein vom Sein im Ganzen, für andere ein mehr oder weniger beliebiger Teil des Ganzen. Bewußtsein vom Ganzen bin ich aber als Teil des Ganzen, und Bestandteil des Universums unter anderem bin ich als potentieller Inbegriff des Alls. Der Leib, als Sein des Bewußtseins vom Sein, ist durch den Abgrund einer logischen Meta-Ebene vom Körper getrennt, diesem Seienden unter anderem, und doch ist mein Körper als beliebiger Bestandteil des Universums identisch mit meinem Leib, dieser besonderen Form, in der mein Bewußtsein von allen Körpern wirklich existiert inmitten dieser Körper. Leben nennen wir die ständige Überschreitung dieses logischen Abgrunds, der durch die Überschreitung gleichzeitig aufgerissen und zugeschüttet wird. Ich bin das Eröffnen und Schließen dieser Kluft zwischen meinem Körper und meinem Leib, zwischen meiner faktischen Existenz und der Faktizität meiner kontrafaktischen Notwendigkeit, mich zum Artefakt meiner selbst zu machen.

Erst im Tode werden mein Bewußtsein vom Sein und das Sein dieses Bewußtseins so miteinander identisch wie mein Leichnam mit sich selbst. Aber diese Identität von Sein und Bewußtsein geht auf Kosten des Bewußtseins, wenigstens meines Bewußtseins: sie ist Sein für das Bewußtsein anderer. Zu Lebzeiten ist die transzendentale Synthesis Teil der transzendentalen Analytik, Resultat der Analyse aber gerade als Synthesis. Kant hat diesen Schritt nicht getan, bei ihm ist die transzendentale Logik kein möglicher Gegenstand transzendentaler Ästhetik mehr, das Denken der Körper kein denkender Körper und kein gedachter Körper. Erst Schelling ist auf das kontingente „Daß der Vernunft" gestoßen, auf die Immanenz der Transzendierung aller Immanenzen, auf die Faktizität des kontrafaktischen Geistes, die zweite Natürlichkeit begrifflicher Übernatürlichkeit - wie Walter Schulz gezeigt hat. Als er die Spiritualität der Natur zu Ende dachte, entdeckte er die Materialität der zweiten Natur des Geistes (die das Mittelalter im astralen Scheinleib Christi konkretistisch zu wörtlich nahm). Als dem Geist die Herrschaft über die innere und äußere Natur zur zweiten Natur geworden war, bemerkte er seine eigene unbeherrschte Leiblichkeit in der Naturwüchsigkeit seiner Naturbeherrschung.

Diese Leiblichkeit des Geistes unseres Körpers wollen wir im folgenden untersuchen, eben nicht die physikalisch-chemisch-zoologisch-botanische Meßbarkeit, die wir einem Beobachter zukehren, wenn wir uns mit seinen Augen von außen sehen.

Jeder von uns hat ein Körperbild, mehr oder weniger bewußt und ziemlich unabhängig von den wirklichen anatomischen Gegebenheiten seines Organismus, die hier einmal nicht interessieren. Diese Körper-Imago ist weder nur realistisch noch nur eingebildet, sie ist ebenso real wie imaginär ( - zuweilen psychotisch verabsolutiert oder aus der Verleugnung heraus präsent, hypochondrische Inkorporation einer larvierten Depression oder Konversionsresultat eines resomatisierten hysterischen Dramas), aber immer wirklich weil wirksam. Das Körperbild ist das Weltbild, sofern der Körper nicht nur dieser an der Außenhaut endende Organismus ist, sondern ebenso sehr die besondere Form, in der meine Beziehung zum Ganzen der Welt selbst ein Teil der Welt u.a. ist. Leitende Körperzonen organisieren die Struktur des Zusammenhangs der Organe, je nachdem, ob ich ganz Ohr bin oder „im Arsch" oder die rechte Hand des Chefs, auf eigenen Beinen stehe oder mich zum Sprachrohr von etwas mache etc.. Sicher sind unsere Körperorgane Instrumente und mein Leib selbst ein Werkzeug meines

Handelns, aber neben dieser prosaischen Funktion hat mein Körper einen poetischen Sinn, und das nicht nur in der Bedeutung, daß ich meinen Körper als solchen erst spüre, sobald er an etwas krankt und seine Glieder mir den Dienst versagen. Der Wille steckt nicht im Körper wie die Hand in der Kasperlepuppe: Was sich des Körpers bedient, ist selber Körper.

Der Leib - als weltlich verkörperte Beziehung meines Körpers zu allen Körpern der Welt - ist Werkzeug meines Willens, das mit dem Willen erst zur Leiblichkeit verschmilzt, zu einem Widerstand gegen seine Zustandsänderung, zu einer inertialen Trägheit, die erst der terminus a quo einer funktionalisierenden Überschreitung ist. Die modernen Physiker haben die Doppelnatur der Körperlichkeit ebenfalls entdeckt im Welle-Teilchen-Dualismus, besser noch in folgenden Materie-Modellen : Einerseits wird nach der Allgemeinen Relativitätstheorie der Widerstand eines Körpers gegen Zustandsänderungen, also seine träge Masse, umso größer, je mehr Energie ich aufwende, ihn zu beschleunigen. Bewege ich mich so, wie mein Geist es will, ist meine Trägheit gegen die Realisierung der Idee unendlich groß, und ich stehe realiter still, wo ich idealiter unendlich schnell überall bin. (Immer bleibt alles sich umso mehr gleich, je mehr es sich ändert.) Nach Einstein verwandelt sich meine Bewegungsenergie in Widerstand gegen sie, und das nicht nur, weil meine Aktionen gleich starke Reaktionen in der Umwelt auslösen, sondern Reaktionen in mir selbst, die nicht nur Trotz sind. Mit der Lichtgeschwindigkeit der Phantasie bleibe ich in unendlichem Phlegma auf mir sitzen und verschwinde in Richtung meiner Phantasie realiter aus der Welt.

Andererseits neigt die Mikrophysik heute dazu, Elementarteilchen der Materie als singuläre Lösungen einer Schwingungsgleichung zu verstehen, als relativ stationäre Anregungszustände weniger eines Grundsubstrats als einer Möglichkeitsstruktur. Dabei muß kein als Urpartikel auftretender Anregungszustand des „Quantenvakuums" auf eine äußere Ursache warten, um in ein anderes Elementarteilchen verwandelt zu werden, sondern jeder Anregungszustand enthält das Prinzip seiner Änderung bereits in sich: Was etwas ist, hat einen zureichenden Grund, es nicht zu bleiben und das zu werden, was es nicht ist. Zusammen ergeben diese beiden Modelle in ihrer Komplementarität ein Analogiebild jener Körperlichkeit, die unsere materialistische Rekonstruktion des heutigen Zeitgefühls avisiert. Jede Natur ist ihre eigene Transzendenz, und diese Transzendenz versinkt in der überstiegenen Natur, um als zweite Natur der terminus a quo ihrer Transzendierung zu werden, eine zweite Natur, die als Einheit von Sein und Bewußtsein, von Natur und Geist, im Augenblick der Transzendierung durchaus terminus ad quem war: Jeder terminus ad quem wird terminus a quo seiner selbst und umgekehrt. Und das geschieht nicht nur, weil jedes Ziel ein bloßes Zwischenziel, also ein Startloch wäre, sondern weil die Schwerkraft der zweiten Natur des Geistes die Schwermut des Gravitationsgesetzes der Materie noch übertrifft. Populär gesprochen nimmt der Schuttberg der Vergangenheit vor uns mit jedem Fortschritt exponentiell zu. Die prosaische Bedeutung des Wortes ist der gemeinte Gegenstand, des Urteils der gemeinte Sachverhalt, des Plans das erreichte Ziel, der Arbeit das Produkt - durch das Rohmaterial und die Fertigungstechniken hindurch. Aber all diese prosaischen Unternehmungen haben einen poetischen Sinn, weil jedes Wort für ein Ding selbst ein Ding ist, ein Ding ganz aus Sprache, weil das Urteil über einen Sachverhalt selber ein Faktum besonderer Art ist, über den das Urteil über den Sachverhalt selbst nichts mehr aussagen kann, und weil die praktische Negation der Welt ein Stück Welt ist, die nicht von dieser Welt ist, ein Stück Welt aber gerade nur *als* Negation der Welt, ein Stück Natur ganz aus Unnatur, sprich Praxis, gemacht, die wieder in Natur-Hexis versinkt, sobald das Produkt sich vom Schöpfer trennt und gegen ihn ein Eigenleben als sein Gegenstand gewinnt, also der Schöpfer sich ständig gegen sich selbst schafft. Fichte hat das in der Wissenschaftslehre von 1794 verstanden: Das Ich setzt sich selbst - indem es das Nichtich setzt - indem es sich setzt als beschränkt durch sein Nicht-ich... Ich bestimme mich dazu, mich vom Nicht-ich bestimmen zu lassen, wenn wir hinzufügen, daß dieses Nicht-ich mich dazu bestimmt, es meinerseits zu bestimmen etc..

In der Selbstidentität des Subjekts ist die Differenz des Objekts schon mitgesetzt. Martin Heidegger hatte die „Geworfenheit des existenziellen Entwurfs" in der „Stimmung" erfaßt, welche die „Faktizität des Daseins" in der jeweilig wahrheitsgemäßen Überein-Stimmung mit dem Sein offenbare. Im Gegensatz zur bloßen Vorfindlichkeit des Seienden, das ich bin oder das ich nicht bin als innerweltliches Faktum, gibt die Tönung und Färbung meines Gestimmtseins die Art der Befindlichkeit meines ‚In-der-Welt-Seins' wieder, meiner ek-tatischen Entwürfe zur Enthüllung des Vorfindlichen. Auch wir bestimmen Innerlichkeit als Innewerden des Draußenseins bei dem, womit wir in Fühlung sind, als Selbstbewußtsein eines Bewußtseins vom Weltganzen, und das Selbst, das ich dann fühle, ist winziger Teil der Welt und zugleich besonderes Gefühl für alles.

Emotionen scheinen innere Auswege aus der Innerlichkeit, indem sie die Außenseite der Außenwelt berühren. Jede Empfindung findet die besondere Farbe, den eigentümlichen Geruch, Geschmack und Ton meines Verhältnisses zum All(gemeinen) im Verhalten zu diesem oder jenem besonderen Objekt des Erlebens: Seinsbewußtsein als Selbstbewußtsein.

Wir setzen voraus, daß die herrschenden Diskursformen von Politik, Ökonomie, Recht, Moral, Religion, Kunst, Sexualität etc. keinen kleinsten gemeinsamen Nenner besitzen, kein weltanschauliches Prinzip, aus dem ihre Differenzen ableitbar wären, aber ein Regelsystem implizieren, das die mögliche Abbildung eines Codes auf jeden anderen der Epoche steuert, eine generative Transformationsgrammatik der zeitgenössischen Diskurse, eine Art Tiefensemantik der Moderne. Dazu müssen wir eine bestimmte Abstraktionsebene wählen, die möglichst gleich weit von den kurrenten Codes sich entfernt hält, um ihre Konvertibilität plausibel zu machen, in einer geschmeidigen Weise zwischen Transzendentalien der Moderne und ihren phänotypischen Spezifikationen oszillierend. Wir beteiligen uns nicht an der Suche nach Elementarstrukturen und Generationsregeln zur Rekonstruktion von Kontingenz, sondern suchen die Phänomene in ihrer historischen Komplexität auf, als epochale Radikale und Emotionsmakros gleichsam, die analysiert und resynthetisiert werden durch Konstellationen und Konfigurationen von Transzendentalien in immer neuen situativen Kontexten, um das historische Differential einzukreisen, ohne die Phantasiekomplexe reduktiv aufzulösen in ein Puzzle von Hypostasen. These : Die Interessen der reinen und grünen Natur werden heute wahrgenommen einzig durch rationale Beherrschung der zur zweiten Natur gewordenen Formen rationaler Naturbeherrschung, weil nur so die Natur selbst auch mögliches Subjekt unserer kontemplativen Beziehung zu ihr werden kann.


## Zwischen subjektivistischer Existenzphilosophie und objektivistischer Realontologie: Am phänomenologischen Leitfaden von Heidegger, Sartre und Conrad-Martius


Knüpfen wir dort an, wo unsere Vorgänger endeten; brechen wir von dort aus auf, wo sie sich niederließen: Die „ekstatische Struktur" eines ständigen „Sich-vorweg-seins" hatten Heidegger und Sartre exklusiv dem menschlichen Dasein vorbehalten und dem „nichtdaseinsmäßigen Seienden" vorenthalten. In der Faktizität und naturhaften Basis selbst, die vom Dasein existierend je immer schon transzendiert werde, entdeckte Plessner selbst eine nicht für den Menschen privatistisch reservierte „exzentrische Positionalität". Für die Existenzphilosophen steht das menschliche Dasein exzentrisch zu seiner Faktizität und allen Fakten überhaupt, welche bei Plessner selber exzentrisch zu sich selbst stehen. Der Mensch sei ins Außersichsein geworfen und zur Freiheit von sich und allem Sein verurteilt, aber während Heideggers „Dasein" nichts als seine eigene Geworfenheit entwerfen kann, wirft Sartres Mensch sich gerade aus dieser Geworfenheit heraus, statt in sie hinein. Heidegger betont den Entwurf der Geworfenheit (des Entwurfs), Sartre die Geworfenheit des Entwurfs (aus der Geworfenheit heraus).

Der Franzose gewinnt das Sein dadurch, daß er es hinter sich läßt und überschreitet und als transzendiertes überhaupt erst in seinem Sein aufleuchten läßt, als „Widerstandskoeffizient" von Gegenständen. Das Bewußtsein sei Freiheit vom bewußten Sein, aber seine reflexive Distanz vom Faktischen erreiche es nicht durch Aufschwung zu überzeitlichen Ideen und statischer Wesensschau. Ich stehe bewußt über den Dingen, indem ich sie überschreite, und über sie hinaus und hinweg bin ich nur, sofern ich ihnen vorweg bin in Zukunftsprojekten, in entworfenen Zielen, in vorwegnehmenden Plänen. Von ihnen her komme ich dann auf die transzendierte Realität zurück, die durch dieses Überschreiten erst in ihrer Gegen- und Widerständlichkeit konstituiert werde. Existierend reiße ich mich von mir und allem Seienden überhaupt los, von allem, was ich je gewesen bin, also von meinem Wesen, um mein Wesen zu erfinden, statt es vorzufinden. Was aus mir gemacht wurde, ist bloß plastisches Rohmaterial, aus dem ich mich selbst mache. Das Wesen der Dinge steht über ihnen, indem es ihnen bevorsteht, mehr utopische Vor- als metaphysische Hinterwelt. Der Reflexionsbogen ist da kein Salto mehr vom Sprungbrett des Realen in den Himmel der Ideen und zurück, sondern ein Purzelbaum von der Plattform des immer Gewesenen und gegenwärtig Bestehenden in die Zukunft - und zurück auf den Boden der Tatsachen. Die vormals übersinnlichen Ideen werden Pro-jekte, nicht mehr erschaut, sondern geplant, und im Licht der Absichten werden die Dinge erst sichtbar in dem, was sie sind und auch nicht sind.

Ich habe keine Ideen, sondern mit den Dingen etwas vor, das sie zwingt, sich in ihrem Wesen zu zeigen, als Antworten auf meine gezielten Fragen und Verhöre, deren Protokolle Urteile sind. Plessners anthropologische Exzentrizität wird bei den Existenzphilosophen temporal interpretiert, als Dezentralisation in die Zukunft hinein: Oben wird vorwärts, und die Reflexion ist kein Transzendieren mehr in ein Übersinnliches vertikal zur Zeitachse. Die temporale Deutung der Exzentrizität werden wir mit den Existenzialisten gegen Plessner übernehmen, um sie jedoch mit Plessner und gegen die Existenzphilosophen nicht auf das menschliche Dasein zu beschränken, nicht einmal mit Plessner nur auf organisch sich Entwikkelndes, sondern mit Conrad-Martius auf Seiendes überhaupt, wenn auch in je spezifischer Ausprägung. Für Heidegger endet das Exzentrische am „nichtdaseinsmäßigen Seienden", für Plessner am Anorganischen, während Hedwig Conrad-Martius noch im Seienden überhaupt den Exzentriker entdeckte, nicht erst im Belebten oder gar nur im Menschen.

Die ekstatische Struktur wollen auch wir nicht zur spezifischen Differenz machen, die den Menschen vor allem anderen Seienden auszeichnet und definiert. Sicher ist es das anthropologisch Besondere am Menschen, nichts Besonderes zu sein, sondern die partikularen Bestimmungen verflüssigen zu können und sich zu anderem zu machen, als wozu er sich gemacht findet, als Spezialist der Unspezialisiertheit, der nicht einmal darauf festgelegt ist, auf nichts letztlich festgelegt zu sein, sondern immer schon jenseits seiner selbst zu existieren und immer nur von diesem Jenseits her auf sich zurückkommen zu können. Diese negative Anthropologie, die sich selbst als Anthropologie aufhebt, reduziert das nicht-menschliche Sein der Dinge, Pflanzen und Tiere zu blinden und toten Fakten, zu Werkzeugen oder Hindernissen menschlicher Vorhaben, gerade gut genug, ihr Sein vom Überschrittensein durch menschliche Pläne zu empfangen. Sicher ist die Phänomenalität der Dinge nur Korrelat unserer Entwürfe und Antwort auf die von uns gestellten Fragen. Aber die Art der Antwort ist schließlich durch die Art der Frage noch nicht vorweggenommen, und wir haben mit unseren Fragen an die Realität uns die Antwort nicht schon selbst gegeben, so sehr auch die Antworten mit den Fragen variieren mögen. Selbst wenn wir aus den Dingen nicht mehr herausholen, als was wir zuvor subjektiv in sie investiert haben, verrät doch unsere Erkenntnis uns mindestens soviel über ihren Gegenstand wie über uns selbst. Sie dringt auf synthetische Urteile a posteriori, in denen das Erkenntnisobjekt unseren Erwartungshorizonten Überraschungen bereiten können muß.

Was wird bei den Existenzialisten aus der realen Welt? Schon bei den marxistischen Materialisten, als guten Erben des klassischen Idealismus, war die Materie nur noch zu bloßem Arbeitsmaterial depraviert. Auch für Heidegger ist das Ding in „Sein und Zeit" primär „zuhandenes Zeug" des "besorgenden Umgangs" : an sich sei es, als was es zuhanden ist. Genauer: Was es an sich ist, enthülle sich erst dort, wo das Ding an sich hält und etwa durch Beschädigung sich gegen seine geplante Nützlichkeit sperrt.

Was er an sich ist, zeigt der Hammer danach erst, wenn er kaputt oder verlegt ist, also in seiner „Unzuhandenheit", die aber abgegrenzt wird gegen seine „bloße Vorhandenheit", dem Korrelat eines „Sichenthaltens von jeglicher Hantierung und Nutzung". Wenn ich mit dem Hammer nichts mehr vorhabe, ist er „nur noch vorhanden". Laut Heidegger erkenne ich ihn primär nicht in dieser objektiven Vorhandenheit, um dann nachträglich diese Erkenntnis in praktischer Nutzung auf seine Beherrschung anzuwenden, sondern umgekehrt erfahre ich ihn im Licht meiner vorgängigen praktischen Entwürfe als zuhanden oder unzuhanden, brauchbar oder unverwendbar, um seine vergleichsweise objektiven Eigenschaften, jenseits aller Eignung für meine Vorhaben, dann zu entdecken im „nur noch theoretischen Hinblick" um seiner selbst willen. Dieses absichtslose Absehen von seiner „zunächst und zumeist begegnenden Zuhandenheit" läßt unseren Gegenstand als ziemlich leeres Residuum auf dem Trockenen liegen, ein totes Substrat möglicher und nicht mehr genutzter Bewandtnisse. Was er in und für sich selbst sein mag, beginnt ja erst dort, wo das endet, was er für mich oder gegen meine Ziele dann hervorkehrt. Wenigstens dem frühen Heidegger werfen wir hier zweierlei vor: Erstens entdeckt er, befangen in der aristotelischen Theorie von der göttergleich in sich ruhenden dianoetischen Theorie um ihrer selbst willen (noesis noeseos), im theoretischen Hinblick auf „nur noch Vorhandenes" nicht selbst einen praktisch interessierten Erkenntnisentwurf, den er anderen Zugangsweisen reserviert. Zweitens ist jedes Ding so konzipiert, daß es den ekstatischen Erkenntniswillen des Subjekts in aller Passivität nur erduldet und über sich ergehen läßt, ein unbewegter Klotz, aus dem der Erkennende und Handelnde Funken schlägt. Alle Dynamik ist aus ihm ans Subjekt delegiert.
Der spätere Heidegger hat diese Schwachpunkte zunehmend korrigiert: Auch und gerade im theoretischen Weltentwurf etwa der mathematischen Naturwissenschaft wird der naturbeherrschende Wille der hybriden modernen Subjektivität erkannt und moniert.
Der neuzeitliche Wille zur Macht über das Sein wird im Herzen gerade der Theorie entdeckt, fern jeden „Sichenthaltens von aller Hantierung und Nutzung". Dagegen wird ein Zugang zum Seienden favorisiert, der nicht mehr mit technologischem „Ge-stell" die Natur wie ein Wild oder einen Verbrecher stellt, sich vorstellt, an- und abstellt, sondern das Ding über den Menschen kommen läßt, statt es zu überwältigen und zu vergewaltigen.

Nach der „Kehre" ist der als Beispiel herangezogene Krug zwar noch immer ein Gebrauchsgegenstand, ein „Zeug" und kein Atom; aber der phänomenologische Blick läßt sich eher vom konzedierten Eigenleben des Objekts vereinnahmen, als ihn auf seine subjektive Nützlichkeit kalt abzutaxieren. Diese Eigendynamik des Dinges jenseits seiner bloßen Funktionalität zieht das betrachtend zurücktretende Subjekt in seinen Bann und aus sich heraus, statt umgekehrt von den subjektiven Zielsetzungen verschlungen zu werden. Noch deutlicher wird das am Dingkonzept, das Heidegger zuerst in seinem Aufsatz „Der Ursprung des Kunstwerks" im Zuge seiner Beschäftigung mit Hölderlin entwickelt hat. Zuerst werden die klassischen Dingbegriffe abgelehnt: geformter Stoff, Substanz voller Akzidenzen, Einheit sinnlicher Mannigfaltigkeit etc.. Das Ding komme erst zu sich selbst im ästhetischen Gebilde, also diesseits planer Nützlichkeit, Arbeitsmaterialität und nur noch theoretischer Vorhandenheit. Erst im Kunstwerk sollen die Dinge allererst zu Dingen werden, aber nicht als Einheiten von Formen und Stoffen oder von Materialien und Funktionen, sondern als in sich gespannte und höchst lebendige Konstellationen von Himmel und Erde, Welt und Erde. Das ist sehr weit entfernt vom Dingbegriff des Heideggerschülers Sartre, für den das Seiende ist, was es ist und sonst nichts, eine undurchdringlich opake und kompakte Massivität ohne innere Differenz und Dialektik, eine spannungslos träge Fülle, widerlich parasitär, überflüssig, ungerechtfertigt, sinnlos zuviel, eine kontingente Überfülle, die erst durch menschliche Absichten einen Sinn in ihrem Nutzen oder in ihrer Widersetzlichkeit gegen Vorhaben erlangt und nicht von aus schon hat. Die Dingkonstruktion des späten Heidegger nach der „Kehre" ähnelt schon sehr jenem Begriff vom Seienden, den die christliche Phänomenologin Conrad-Martius entfaltet hat und den wir als Baustein für unsere Theorie aufgreifen und umfunktionieren wollen. Es ist, als habe der ältere Heidegger selbst noch dem „nichtdaseinsmäßigen Seyn" genau jene ekstatische und exzentrische Struktur übertragen, die er zuvor allein der menschlichen Existenz vorbehalten sehen wollte.

Das Seiende ist als Seiendes nicht schlicht, was es ist, und ganz mit sich identisch. Was das Seinde zum Seienden macht, ist nicht seine fugenlose Selbstkoinzidenz und differenzlos unbewegte Selbstkongruenz, durch die es selig in sich ruht, schamlos und obszön sich in seiner selbstgefälligen Grundlosigkeit ausbreitend, wie Sartre empfand. In der Terminologie der mittelalterlichen Scholastik war das Sein als Daß-sein (existentia) vom

Was- und So-sein (essentia) abgehoben. Bekanntlich zerschlug Kant den ontologischen Gottesbeweis, der die Existenz Gottes aus seinem Wesen als vollkommene Substanz ableiten wollte, durch Rekurs auf diesen Unterschied : Sein sei kein reales Prädikat, sondern Positionalität und nicht im Wesen einer Sache schon analytisch mitenthalten. Die Essenz impliziere nie die Existenz: Aus dem Begriff selbst des vollkommensten Wesens folge nicht, daß es deshalb auch existiere. Das Wesen ist nicht seine eigene ratio essendi, und das Sein ist kontingente Akzidenz. In dem, *was* etwas ist, liegt kein zureichender Grund dafür, *daß* es ist. Nach Sartre schafft das Sein sich im Menschen mit dem Wesen seine ratio sufficiens existentiae, den Grund seines So- und Daß-seins. Existierend realisiere der Mensch nicht nur sein von Gott oder von Natur vorgezeichnetes Wesen : existentia ante essentiam. Wenn der Scholastiker den Menschen als animal rationale definierte, hielt er diese Wesensbestimmung für notwendig; ohne sie war der Mensch kein Mensch. Ob es ein Wesen dieser Natur faktisch auch gibt, ist dagegen purer Zufall und der Willkür Gottes überlassen, dem es gefiel, ein solches Wesen zusätzlich nun auch noch existieren zu lassen.

Kehren wir nach diesem kurzen Exkurs zu unserem Konstitutionskonzept des Seienden zurück, im Anschluß an Conrad-Martius. Eine permanente Selbsttranszendierung zu einem vorgegebenen oder erfundenen Wesen findet ihr Gegenstück in einer gegenläufigen Bewegung, die wir Selbst-Suszendierung nennen wollen. Diese beiden metaphysischen Wesenskräfte erstellen den Gegenstand, sobald sie aufeinandertreffen und ineinandergreifen, soweit jede an der anderen auf Widerstand stößt.

Pure Selbst*über*schreitung ohne Verankerung in einer Bewegung, die sich selbst unablässig *unter*schreitet, löste sich in Licht und Luft auf. Umgekehrt würde ein Ding ohne ständige enthebende Selbstüberhöhung gleichsam in sich versinken und unter seine eigene Seinsgrenze abrutschen, in seiner inneren Schwerkraft, die es in sich hineinzieht, sofort untergehen.

Die Astronomie bietet uns dafür eine Naturmetapher in den sogenannten „Schwarzen Löchern", kollabierenden Sternen, die selbst noch das Licht absorbieren und in sich zurückschlucken, das von ihnen künden könnte.

Die Selbstelevation enthebt jedes Seiende der Gefahr eines Gravitationskollapses, durch den es in sich eingehen und gleichsam in ihm selbst verschwinden würde. Umgekehrt verhindert diese ontologische Gravitationskraft, die das Sein in seine Immanenz festbindet, daß es lichthaft zerstrahlt und daß es als Baum in den Himmel der Selbstauflösung wächst.

Die zentrifugale reißt sich klaustrophobisch ständig los von der zentripetalen Seinskraft, und diese zieht jene ebenso ständig auf den Teppich zurück. Ihre Resultante ist das Seiende selbst, der Gegenstand, in dem das Gleichgewicht zwischen Außersichsein und Insichgehen zum Stehen eines Einstands kommt. Das Ding geht aus sich heraus in sich ein und unter sich weg über sich hinaus. Schon beim späten Schelling („Über das Wesen der menschlichen Freiheit", 18o9) wird alles Reale durch geistige Expansion aus einem nächtig „dunklen Ungrund" herausgezogen, der es immer neu zu sich herunterziehen will. Die Kontraktionskraft dieses saugenden Urgrunds bewahrt das Seiende vor einer Vergeistigung in engelhafter Verstrahlung, während umgekehrt die geistige Expansivkraft aus dämonischer Verschlossenheit befreit. (Noch später interpretiert Schelling dieses Expansive umgekehrt als regellose Gier des Realen, die durch geistige Kontraktion formend gebändigt werden müsse). Beim Stiftsbruder Hegel begegnen Spuren dieses Denkmodells im Konzept von der Rückverinnerlichung der Entäußerung und der Rückentäußerung des Verinnerten. Jedenfalls ist dieser Begriff vom Seienden als einer Vektorresultanten von Immanenz und Transzendenz kein Privileg der menschlichen Existenz. Im Bilde des pulsierenden Weltalls der Astronomie, der ex- und implodierenden Sterne, des Ein- und Ausatmens, der Systole und Diastole (bei Goethe) treffen wir auf Naturanalogien, die nachgerade den umgekehrten Schluß nahelegen, daß das anthropologische Konzept „Ek-sistenz und Faktizität (Insistenz)" eher gewissen Naturvorgängen nachempfunden ist.

Was haben wir durch diese Anleihen gewonnen ? Wir sehen das Subjekt sich in ein Objekt hinein überschreiten, welches zurückweichend in sich geht. Vor dieser Selbstübersteigung des Subjekts weicht im Objekt nichts anderes zurück als dessen Selbstunterschreitung. Umgekehrt geschieht die Selbsttranszendierung des Objekts in die Selbstsuszendierung des Subjekts hinein, und diese beiden gegenläufigen Bewegungen konstituieren den einen Akt des Erkenntnisbezuges. Wir sind jetzt im Zentrum unserer epistemologischen Reflexionen. Was wir das „Nichts im Objekt" nannten, bestimmt sich zur permanenten Selbstunterschreitung des Objekts, sein Zurückweichen hinter sich selbst in sich hinein.

In dieses Nichts sehen wir das Subjekt erkennend vorstoßen, eindringen und sich versenken kraft seines konstitutiven Über-sich-hinausgehens. Die Selbstexpansion des Subjekts in die Selbstkontraktion des Objekts hinein nannten wir eine Auffüllung des objektiven Nichts durch subjektives Sein.

Genauer: Durch Selbstaufstufung lockert das Subjekt sich reflexiv auf, es geht auf wie ein Kuchen, das Backpulver des Nichts bläht den Seinsteig auf. Indem es von seinem Seinsgewicht wegstrebt, treibt das Subjekt sein Nichts ins Objekt wie einen Krater. Das Subjekt ist dieser Krater, den es ebenso ins Objekt schlägt, wie dieses sich zu einem Krater zurücknimmt. Andererseits frißt die Selbstinhalation des Subjekts die Selbstexhalation des Objekts in sich hinein. Das Objekt wird vom Subjekt wie von Treibsand angesaugt und treibt sich gleichzeitig ins Subjekt wie der Nagel in die Wand. In seiner Spontaneität des Verstandes geht das Subjekt über sich hinaus in sein Objekt, das davor träge in sich zurückgeht und gleichzeitig sich ebenso überschreitet in das Subjekt hinein, dessen sinnliche Rezeptivität vor dieser leibhaften Gegebenheit des Objekts in sich geht, sich in sich zurück- und das Gegebene mitnimmt, als vernehmende Vernunft und passive Wahrnehmung des Gegebenen. Genauer: Die Selbstüberschreitung des Subjekts *ist* die Selbstunterschreitung seines Objekts und umgekehrt. Subjekt und Objekt bohren sich ineinander *und* saugen einander an.

Das Nichts im einen ist die Selbstaufblähung des anderen, und es ist ein und dieselbe Bewegung des Erkennens, mit der das eine sich ins andere eindrückt und dieses jenes verschlingt. Beide beeindrucken einander, indem sie sich ausdrücken. Beide gehen aus sich heraus, über sich hinaus ins jeweils andere hinein, und jedes der beiden geht vor dem anderen in sich und nimmt es in sich hinein, zieht es aus ihm heraus.

Das Vorstoßen des einen ist das Ziehen des anderen. Das eine bezieht sich aufs andere, indem es von ihm sich entziehen läßt, und indem sich das eine durch Selbstübersteigung ans andere weggibt, hinterläßt es in ihm selbst ein Loch, welches das andere ansaugt, das in dieses Nichts füllend hineinschießt. Indem ich aus mir heraus ins Objekt gehe und gleichwohl auch dort bleibe, wo ich stehe, bin ich je nach dem Ort der Betrachtung über mich hinausgegangen oder hinter mich zurückgegangen, um dem Außersichsein des Objekts Platz zu machen. Ich bin dort beim Ding, das ich sehe, und vom Ding aus gesehen hinter mir zurückgeblieben und von ihm her in mich gegangen, in den Körper, der noch hier steht, ein Meter vor dem Ding.

Es ist also gleichgültig, ob wir sagen, ich gehe aus mir heraus zum Gegenstand, wie ein Blick, oder von dem Gegenstand, bei dem ich bin, hinter mich zurück zu dem Auge, das ihn sieht, wie der physikalische Lichtstrahl, der vom Objekt her mich trifft. Andererseits ist es ebenso gleichgültig zu sagen, daß der Gegenstand als Gegebenheit sich mir gibt und ich ihn hinnehme und wahrnehme, oder zu sagen, daß er mich gefangennimmt, anzieht und vereinnahmt. Was folgt daraus ?

Ich komme, indem ich mich reflektierend von meiner Natürlichkeit entferne, der Natur meines Objekts näher, und nur durch reflexives Über-mich-hinausgehen dringe ich in seinen Kern ein, in den es sich hinter seine Fassaden zurückzieht   Erst diese Selbstauflockerung meines Seins durch Reflexion aber schafft in mir jene Offenheit und rezeptive Erwartungs-bereitschaft, in die sich die objektive Gegebenheit hineinbegeben kann und von der sie dann auf- und wahrgenommen werden kann in ihrem Wesen. Umgekehrt öffnet sich mein Objekt erst durch dieses Außersichgeraten meiner forschenden Selbst-Exaltation.  So ist die Selbstüberschreitung des Subjekts in die Selbstunterschreitung des Objekts in sich die Selbst-kontraktion des Subjekts, welche der Selbstexpansion des Objekts Platz macht. Umgekehrt ist jede Äußerung des Objekts, welche von der subjek-tiven Innerlichkeit entgegengenommen wird, in sich die Öffnung des Objekts durch seine Oberflächen hindurch auf sein Innerstes hin, in die die Selbstentäußerung des Subjekts hinein geschieht etc.. Mein Innerstes ist die Äußerung der Außenwelt, und meine Selbstentäußerung an die Außenwelt ist das Innerste dieser Außenwelt. Die Selbstentäußerung veräußerlicht nicht das Innere.  Im Gegenteil verdinglicht das Bewußtsein erst dadurch, daß es sich dieser Selbstentäußerung entäußert und der Gegenstand selbst wird, zu dem es sich nicht mehr vergegenständlicht. Ebenso wird der Gegenstand kein Geist, indem er sich ins Subjekt übergibt. Im Gegenteil spiritualisiert sich das Ding erst dadurch, daß das Gegebene sich dem Subjekt *nicht* mehr gibt, sondern reiner Projektionsschirm subjektiver Halluzinationen wird.  Wer dem Andrang der Objekte naiv sich darbietet in passiver Rezeptivität, gewinnt nicht den Kern der Dinge, sondern ein von Projektionen umsponnenes Geisteswesen. Schrittweise können die Projek-tionen zurückgenommen werden ins Subjekt durch Reflexion, durch selbstentäußernde Projekte. Das unveräußerte Innere *ist* die krude Äußer-lichkeit der Fassaden sowohl des Objekts wie des Subjekts.  Nur reflexive Selbstdistanzierung rührt an die reflexive Selbstübergabe des Gegebenen: Wer sein Leben hingibt, der gewinnt es; wer es behalten will, der verliert es, sagt auch Hegel gut biblisch.

Für Heidegger sind wir ins Entwerfen geworfen, für Sartre zur Freiheit verurteilt. Umgekehrt entwerfen wir nach Heidegger nichts als diese unsere Geworfenheit, aus der wir uns laut Sartre im Gegenteil hinausentwerfen.

Ist das der Gegensatz zwischen dem Denker des Seins und dem Denker des Bewußtseins, zwischen der Philosophie klaustrophober Immanenz und kontraphobischer Freiheit, zwischen dem Akt des Denkens und dem Denken der agitierten Aktion ? Sehen wir genauer hin.

Geist und Vernunft sind stets als Medien der Befreiung vom Druck des Realen begriffen worden. Ihr naturbeherrschendes Prinzip will Distanz des Bewußtseins vom Sein, Lösung aus tödlicher mythischer Naturverfallenheit. Die „Dialektik der Aufklärung" nun hat gezeigt, daß der naturbeherrschende Geist selbst inzwischen zu einem Stück blinder roher Natur sich geworden ist. Die rationale Befreiung von der (ersten) Natur ist uns zur zweiten Natur geworden. Was in uns steht jetzt vor dieser zweiten Natur technischer Rationalität wie einst unsere Vernunft vor den Unbilden der ersten? Eben diese erste Natur selbst in uns? Aber ist das nicht ein logischer Zirkel, wenn wir die Naturmacht aufrufen zum Aufstand gegen den Sieg unserer eigenen Vernunft über eben diese Natur? Schließlich beherrscht uns unser Triumph über alle Fakten selbst wie ein factum brutum, aber diese Faktizität der Vernunft ist von höherer logischer Ordnung als das Universum der rational beherrschten Tatsachen. Der Aufstand der ersten Natur gegen die Herrschaft der zweiten lieferte uns wieder der Übermacht der ersten Natur aus, der wir uns geschichtlich gerade entrungen haben. Der maschinenstürmende Agrarfetischismus und Humus-Humanismus wäre Repristination unserer archaischen Ohnmacht vor den Naturgewalten. Andererseits greift der rationale Begriff die mimetische Naturbasis an, aus der er selbst hervorgewachsen ist und der zu dienen er sich entwickeln sollte. Wo ist der Ausweg aus der Falle zwischen der Scylla unserer Naturverfallenheit und der Charybdis unserer Ohnmacht vor der zweiten Natur unserer Naturbeherrschung? Unsere Natur steht heute vor dem Geist wie unser Geist einst vor der Natur. Unser Sein ist dem Bewußtsein unterworfen wie nur vormals unser Bewußtsein dem Sein.

Bewußtsein *des* Seins : Genitivus subjectivus und objectivus.

Das Bewußtsein vom Sein ist heute des Seins, und dieses Sein ist das Sein des Bewußtseins. Als Objekt des objektiven Geistes bin ich so objektiv, wie die Welt subjektiv ist. Sind Subjekt und Objekt vertauscht ? Ich stehe als mein Begriff von der Welt im Begriff, von ihr längst als Begreifender begriffen zu sein.

1959 hat Sartre in seiner „Critique da la raison dialectique" versucht, die Dialektik der Aufklärung über den toten Punkt hinauszutreiben, den die

Kritische Theorie erreicht hatte. Anders als die analytisch-positivistische Vernunft seit Descartes wird die dialektische Rationalität wesentlich als Transzendenz verstanden, als Transzendierung auch und gerade des analytischen Verstandes. Die dialektische Vernunft will die Herrschaft der zweiten Natur des analytischen Verstandes über die (erste) Natur beherrschen, ohne in prärationale Naturverstrickung zurückzufallen. Genauer: Die dialektische Vernunft bricht die analytische nicht wie der religiöse Glaube von oben und außen auf, sondern ist nichts als deren Selbstreflexion, die zur Vernunft gekommene Vernunft selbst, die zu sich kommt, wo sie sich als Stück Natur selbst begreifen lernt, als Gegenteil ihrer selbst. These: Natur beherrscht mich als Mängelwesen. Antithese: Geist entsteht als Widerstand gegen den Naturwiderstand. Synthese: Mein Bedürfnis ist befriedigt, der Sieg des Geistes über die Natur wird erneut zu einem Stück Natur, das mir Widerstand leistet; Vernunft ist mit der Natur zu einer neuen Natur verschmolzen, ihre Synthese zur These neuer Antithesen auf- bzw. abgestiegen. So verkehrt sich die Teleologie meiner Praxis unter meinen Händen ständig in ihre eigene „Antifinalität", und die „Antiphysis" menschlicher Aktionen gerinnt zu immer neuer Physik, aus deren Transzendierung wir nach Sartre bestehen. So löse ich mich dauernd von etwas, das mit seiner Lösung ständig wieder zusammenfließt, ohne daß ich deshalb mit dem verschmelze, wovon ich mich loseise. In gewisser Weise reiße ich mich unaufhörlich los von meinem eigenen Michlosreißen, aber nicht in doppelter Negation, die platt zum Ausgangspunkt der Reise zurückführen würde. Für Sartre kann ich mich von nichts befreien, das nicht mit meiner Freiheit dann sofort sich zu etwas verbindet, von dem ich mich befreien wollen muß, falls ich überhaupt mich von etwas freimachen will. Man müsse alles wollen, um überhaupt etwas wollen zu können. Das Wozu der Freiheit wird unablässig ihr eigenes Wovon, weil jeder Versuch, über Bestehendes hinauszugelangen, ein Teil des Bestehenden ist. Was bei Adorno resignativ gemeint ist, wird für Sartre gerade der Motor der Praxis: das „Feld des Praktisch-Inerten", das jeden Entwurf, es zu verlassen, wieder in sich aufsauge wie das Löschblatt die Tinte. Die Integration der Transzendenz in die soziale Supra-Immanenz lähmte Adorno bis zum Rückzug auf die reine Theorie jener Uneinheit von Theorie und Praxis.
Für Sartre ist umgekehrt die soziale Totalität gerade das Sprungbrett ihrer transzendierenden Negation im detotalisierenden Akt des Handelns, der das vermeintliche Ganze als mangelhaft enthüllt. Und wenn der Akt der

Negation Teil der defizitären Totalität wird, hat die dialektische Struktur des menschlichen Daseins diese aus dem Ganzen und seiner Infragestellung zusammengeflossene Ganzheit immer schon durch Überschreitung partikularisiert und ihrer Vollständigkeit beraubt. Das Subjekt entstammt onto- und phylogenetisch seinem Objekt. Mehr als sein Objekt ist es durch das, wodurch es weniger ist als Tier, Pflanze und Stein. Aus der Einheit mit allen seinen Objekten verbannt, macht das Subjekt aus der Not seiner Ausgesetztheit die Tugend der Selbstsetzung, der Selbständigkeit gegen seine Gegenstände. Aus der Selbstreproduktion des Seins vorzeitig ausgeschlossen, gewinnt das Bewußtsein die Kraft, weder dieses noch jenes zu sein und die Zwangseinheit mit dem Sein aufzukündigen. Durch den Menschen schleicht sich in die selbstreproduktive Einheit des Seins mit sich selbst das Nichts, der Mangel und die Verneinung. Bevor es Zeit hatte, sein Sein zu werden wie Tier, Pflanze und Stein, fand sich das Subjekt dazu verurteilt und befähigt, sein Sein nicht sein zu müssen und gleichzeitig sein Nichtsein sein zu dürfen. Seither ist es aus sich selbst wie aus dem Objekt herausgeworfen, mit dem es allein und all-eins war. Es steht weniger in Distanz zum Objekt, als daß es aus dem Abstand zum Gegenstand besteht.

Da ich die Entfernung von und aus meinem Objekt bin, kann ich mich in dem Maße nie wieder mit mir vereinigen - um bloßes Exemplar meiner Spezies zu werden - in dem ich vor die Tür meines Objekts mich gesetzt finde. Alle Versuche, aus meiner Geworfenheit heraus die unterbrochene Vereinigung mit dem Sein doch zu realisieren und zu entwerfen, enden in einem Dilemma: Die Abwesenheit des einen Objekts für mich wird zur Anwesenheit eines anderen Objekts, das sich in die erkenntnistheoretische Zweierbeziehung immer schon eingeschlichen hat. Was das Subjekt von der erkennenden Vereinigung mit dem Objekt abhält, wird in der Philosophiegeschichte Gott genannt. Die Beziehung zwischen Subjekt und Objekt ist eine Form ihrer Trennung voneinander, die nur von Gottvater sanktioniert und geregelt ist. Er ist Garant dessen, was an Verhältnis zwischen den Erkenntnispolen möglich bleibt. Von der Einheit mit seinem Sein ausgestoßen und freigestellt, detotalisiere ich die Subjekt-Objekt-Einheit zu partikularen Objekten unter anderen. Meine Einheit mit dem Objekt wird mein Objekt : Das vormalige All ist plötzlich nicht mehr als ein Gegenstand unter anderen, den es zu retotalisieren gilt von meiner Partikularität aus. Die Triangulierung der Subjekt-Objekt-Beziehung macht aus der Dualunion überhaupt erst eine wirkliche epistemologische Zweierbeziehung. Der „Gott der Philosophen" (Wilhelm Weischedel, 1970) garantiert und limitiert zugleich die Erkenntnisbeziehung.

Die Beziehung von Subjekt und Objekt so von außen sehen, wie Gott sie sieht, heißt die Beziehung Gottes zum Objekt sehen, das ich nicht bin, wie zum Objekt, das ich für ihn bin. Natürlich will ich vergeblich das Objekt so erkennen, wie Er es erkennt, mit dem intuitus originarius dessen, der es erschaffen hat. Genauer: Das Subjekt kommt aus dem Objekt, aber Gott schafft ihr Verhältnis aus seinem Verhältnis zu seinen Objekten, zu denen das Subjekt gehört. Das Subjekt ist wie sein Objekt Gottes Objekt. Nach Seinem Tode steht zwischen Subjekt und Objekt : nichts - eben das Nichts selbst, das dem Subjekt in der metaphysischen Trennungsangst vom Sein seine Geworfenheit aus dem Seienden im Ganzen enthüllt, das Sein des Nichtseienden. Die Ganzheit der Einheit des Seins ist nicht komplett: Subjekt und Objekt sind umeinander verkürzt. Genauer: Die Einheit des Subjekts und des Objekts wird Objekt für das Subjekt gerade als verlorene, nie erreichte, vorzeitig abgebrochene. Das Subjekt setzt jetzt außerhalb des Objekts seine Bemühung fort, sein eigenes Objekt und mit sich identisch zu werden und sein Sein nachträglich doch noch einzuholen.

In seinen Bezugsobjekten sucht das Subjekt objizierte Subjekt-Objekt-Beziehungen. Ein Ding ist ein Ganzes, das zu einem seiner Teile geworden ist, ohne aufzuhören, das Ganze zu repräsentieren. Wenn wir die Ganzheit aller Subjekt-Objekt-Einheiten die Welt nennen, wird jedes Einzelobjekt vor dem Hintergrund der Welt als Welt in jenem Maße erlebt, in dem es Engel und Fossil dieses unum et totum ist. Kein Gegenstand würde unser Interesse erregen, der nicht Symbol jener vereitelten Ganzheit wäre, die zu einem ihrer eigenen Bestandteile herunterkam, zur Metapher der onto-logischen Dualunion von Subjekt und Objekt. Die berühmte Welt im Wassertropfen ist das Bild jedes Wassertropfens in der Welt. Das unendlich Große und das unendlich Kleine sind gleich : Das Ganze ist in jedem seiner Teile ganz enthalten, der Makrokosmos nicht nur im subjektiven Mikro-kosmos voll gespiegelt. Welches Objekt nun zum bevorzugten Symbol der Beziehung des Subjekts zu seiner Subjekt-Objekt-Beziehung wird, ist biographische Sache des jeweiligen Subjekts.

Das Subjekt, wo es zu sich erwacht, ist weder allein auf der Welt noch allein mit der Welt, in die es sich gesetzt findet aus jener „Welt", die sein Ur-Gegenstand ist, aus dem es ent-standen ist. Sicher, außer dem Subjekt, das sich als Abwesenheit des Ur-objekts und in sich das Objekt als

Abwesenheit des Subjekts entdeckt, gibt es nichts, nichts als dieser Selbstbezug zum Objekt, der jedoch nichts Drittes ist außerhalb des Subjekts und des Objekts, sondern aus dem umgekehrt erst das Subjekt-als-Subjekt des Objekts-als-Objekt  geboren wird, beide als Ur-Teile eines unvordenklich Ganzen, das vom Subjekt selbst wieder zum Teil der Meta-ganzheit gemacht wird nach einer Regel, deren Verinnerlichung die Subjektivität ausmacht. Zwischen Subjekt und Objekt ist nichts, nichts als ihr Unterschied, der sie verbindet.  Genauer : Subjektivität ist Bewußtsein dieser Urteilung und nur deshalb Inbegriff seiner Urteile. Das Dritte im Bunde von Sein und Bewußtsein ist eine Abwesenheit des Seins für das Bewußtsein, die das Bewußtsein zwingt, sich das Sein, das nicht leibhaftig da ist, nur vorzustellen.  Diese Vor-Stellung ist die Einheit des Vorstellens und des Vorgestellten im Vorstellenden, Subjektivität als stellvertretende Vereinigung mit dem Objekt.

Was das Bewußtsein vor dem Sein rettet, trennt es von ihm, und was es vom Sein fernhält, bewahrt es vor ihm.  Die Wahrheit ist, daß das, was das Sein vor dem Bewußtsein verwahrt, das Bewußtsein auch vor dem Sein bewahrt und umgekehrt.  Im Mittelalter war das Gottvater, heute das Nichts - Gottes Tod - zwischen Sein und Bewußtsein selbst, leerer Raum, ebenso durchmessbar wie unüberschreitbar. In der Materie, die ihn erzeugt hat, will der Geist zeugen, um nicht zeugnislos wieder in ihr zu verschwinden.

Das Sein ist schön, sofern in ihm die Idee der Einheit mit dem Bewußtsein aufscheint, die nicht auf Gleichschaltung beruht.  Es ist häßlich, sofern es gehaßt wird, und gehaßt wird es für den Mangel an Übereinstimmung mit dem Bewußtsein von ihm.  Mein Bewußtsein muß sich schon für das Sein selbst halten, an das es sich hält und mit dem es ein Verhältnis hat, um sich gut und schön und wahr zu finden. Nichts kann böse und widerwärtig sein, das nicht einmal gut und schön gewesen ist oder sein sollte.  Das gottge-schaffene Sein ist wahr, sofern es sich dem Bewußtsein enthüllt, wie es ist, d.h. mir enthüllt, daß ich es so enthülle, wie es zu sein scheint.

Und das Bewußtsein sagt wahr, sofern es seine Übereinkunft mit dem Sein sagt als seine Zukunft, die Anpassung an das Sein.  Aber das neuzeitliche Bewußtsein wagt sich keinem Sein anzupassen, das es nicht zuvor sich selbst angeglichen hat, und ein Abbild von dem zu nehmen, was es nach seinem Bilde geformt hat.  ‚An sich' ist das Sein dem Bewußtsein nicht gegeben, sondern an das Nichts zwischen Subjekt und Objekt vergeben, diesen Erben Gottvaters, den das Subjekt entfernte, um die Entfernung vom

Objekt und zum Objekt zu ent-fernen. Das Bewußtsein davon, daß das Sein des Seins und nicht des Bewußtseins ist, läßt es vor dem Sein resignieren oder seiner habhaft werden wollen, läßt es sich anverwandeln, um ihm über zu sein. Nach dem Mord an Gottvater zu Beginn der Neuzeit scheint das Sein für das menschliche Bewußtsein wie freigegeben, und dieser Schein trügt nicht, erweist sich aber dialektisch als Gegenteil dessen, was davon erhofft wurde. Menschliches Bewußtsein enthüllt sich über der Leiche Gottes, in dessen Augen alle Menschen der *eine* Mensch waren, als Selbstbewußtsein jedes einzelnen Menschen. Mit Hegel geht jedes Selbstbewußtsein auf Anerkennung und Tod jedes anderen, wie des Selbstbewußtseins des Menschen überhaupt, d.h. aller Menschen, die vormals auf den Tod Gottes zielten. Jedes Bewußtsein ist im Hinblick auf das gleiche bewußte Sein für jedes andere Bewußtsein ebenso ein Objekt wie das Sein selbst. Ich bin mir des anderen so bewußt, wie wir beide des gleichen Seins bewußt sind, ich sehe mich und den anderen etwas ansehen. Mein Rendezvous mit dem Sein, sagt Sartre, ist durch die ständige Möglichkeit gestört, daß ein anderes Bewußtsein, das Bewußtsein eines anderen, uns von außen stört und zum transzendierten Sein macht.

Es stimmt, was Marx sagt, daß das Bewußtsein bewußtes Sein ist, aber Seinsbewußtsein ist auch bewußtes Sein für das Bewußtsein eines anderen. Und jeder laut Sartre kann der Dritte werden, der das Stelldichein von jedem mit dem Sein oder mit dem Bewußtsein eines anderen davon überrascht und zum Objekt erstarren läßt. Nach dem Mord an Gottvater am Ende des Mittelalters bis zum Beginn dieses Jahrhunderts bleiben die Menschenkinder übrig und werden feindliche Brüder, jeder gegen jeden, von keinem Herrn mehr zur Eintracht verhalten außer zur logischen Einheit, nach der jeder anders ist als jeder andere und darin alle gleich sind: Erdensöhne, die sich von Mutter Erde lösten, um sich mit ihr wiederzuvereinigen, einst wie einst. Das Sub-jekt unter-wirft sich das oder dem Ob-jekt, das es sich oder das sich ihm entgegen-wirft, vor die Füße wirft, „vorwirft". Je nachdem, was Sub-stanz ist, liegt das eine dem anderen zugrunde, geht das eine am anderen „zum Grunde" (Hegel). Der ob-jektive „Gegen-wurf" (Lessing) kommt gegenüber der subjektiven Substanz zum Stehen, „gegen dem Gegenstand über", wie Heidegger mit Goethe erinnert.

## Kants unerkennbares Ding an sich

In meiner Sicht kommt es mir vor, etwas sei so oder anders. Wir kennen Dinge nur, wie sie uns ‚erscheinen', wir wissen nur, was sie für uns, nicht was sie für sich selbst sind. Was sie an und für sich nun sind, bleibt uns verborgen hinter der persönlich gefärbten Fassade, die wir sie zwingen, uns zuzukehren. Das ist es, was der gesunde Menschenverstand des durchschnittlichen Bildungskleinbürgers von Kant weiß und an seinem Denken schätzt: „Alles ist subjektiv" (schön wär's ja), und jeder sieht die Welt nur durch seine Brille (ob er eine trägt oder nicht). Praktisch gewendet: ich sehe alles daraufhin an, ob und wie es mir nützt oder nicht oder gar schadet. In meinen Augen ist etwas das, was ich von ihm habe, ist das ‚Gegebene' das, was es mir gibt oder verweigert. Beurteile ich einen Sachverhalt aber nicht so, wie er ‚in Wirklichkeit' ist, sondern wie ich bin und ihn will, nicht so, wie es sich mit ihm verhält, sondern ich mich (zu ihm) verhalte, dann werde ich der Maßstab für die Wahrheit meines Urteils, das sich an mir bewähren muß um den Preis, daß mir die ‚wirkliche' Wirklichkeit verschlossen bleiben muß, aber auch gleichgültig sein kann, sofern sie ja nur Rohmaterial meiner Bearbeitung ist. Für die Realität ist wichtig, was ich aus ihr mache, und in der Erkenntnis schmiegt meine Ansicht nur einem Objekt sich an, das ich zuvor bereits auf meine eigenen Zwecksetzungen und interessierten Absichten hin zurechtgestutzt und mir auf den Leib zugeschnitten habe. Die Dinge sind dann, wie sie mir schmecken. Da sie mir gehören und gehorchen, muß ich nicht auf sie hören. Was an einer Sache dran ist, bestimmen meine Bedürfnisse, meine Vorlieben und Abneigungen: der Rest fällt unter den Tisch, als Knochen für die Metaphysiker. Die Welt ist das, was sie mir wert ist, und was kostet die Welt? Ist das berühmte ‚Ding an sich' also alles, was der Abfall ist, der Abfall von meinem Willen? Das Bedürfnis danach kommt erst auf, sobald das unmittelbar Gegebene nicht genug herzugeben scheint und unbefriedigt läßt, sobald das, was ich an einer Sache finde, als bloße Abfindung empfunden wird, die mir das ‚Eigentliche' vorenthält. Kratzt unser Erkenntnisvermögen also nur resignierend an einer zu harten Schale herum, oder werfen wir mit dem unerkennbaren Ding-an-sich nur den ohnehin unverdaulichen Kern der genossenen Frucht weg? Oder sind wir gar nur allzu froh, der Welt nicht auf einen schauerlichen oder kränkenden (Ab-) Grund kommen zu können und zu müssen, wo das Wesen der Dinge sein Unwesen treibt? Wollen wir nicht auf Granit oder in den Wurm im Apfel vom Baum der Erkenntnis beißen können?

Das Dingsbums-an-sich ist für den Erkenntniswillen unerreichbar. In einem Brief hat Kant einmal etwas von den geheimen Gründen für die Unerkennbarkeit des ‚Noumenon' durchblicken lassen. Wenn ich ein Verhältnis zum und mit dem Ding-an-sich haben will, hält es an sich. Was ist an dem Bezugsobjekt, daß es sich dem versagt, der bei dem Versuch versagt, zu sagen, was es an und für sich ist? Was macht Mutter Natur so unerkennbar für den menschlichen Geist, der ihr zu Leibe rückt?

„Ein sehr verfeinerter Geschmack dient zwar dazu, einer ungestümen Neigung die Wildheit zu benehmen und, indem sie solche nur auf sehr wenige Gegenstände einschränkt, sie sittsam und anständig zu machen; allein sie verfehlt gemeiniglich die große Endabsicht der Natur, und da sie mehr fordert oder erwartet, als diese gemeiniglich leistet, so pflegt sie die Person von so delikater Empfindung sehr selten glücklich zu machen...

Man schätzt manchen viel zu hoch, als dass man ihn lieben könne. Er flößt Bewunderung ein; aber er ist zu weit über uns, als dass wir mit der Vertraulichkeit der Liebe uns ihm zu nähern getrauten... Daher entspringt der Aufschub und endlich die völlige Entsagung auf die eheliche Verbindung..."    Philosophen: Liebhaber einer Dame namens Sophie.

Kant traute sich dem Ding an sich der Mutter Natur nicht mit diesem „etwas groben und einfältigen Gefühl" zu nähern aus „bloßer Achtung vor dem Gesetz" des kategorischen Imperativs: „Wenn nun alle so wie du...".


## Cartesianische Meditation:
### Klassendifferenz von res cogitans und res corporea


Kaum ein Philosoph hat die Ehre, auch und gerade von philosophischen Laien heute so leidenschaftlicher Angriffe gewürdigt zu werden, wie der chevalier Descartes, Seigneur de Perron ( 1596 - 1650 ).

Wer auch nicht mehr von ihm weiß, als daß er zu den großen Rationalisten der europäischen Geistesgeschichte gehört, hat bereits den entscheidenden Grund für diese feindseligen Attacken verstanden.

Der Erfinder der Analytischen Geometrie war ein analytischer Denker. Wer Analysen ablehnt, wird sie zu fürchten haben. Unsere schönen Seelen lieben es nicht, zergliedert zu werden, man könnte ihnen auf die Schliche kommen.  Descartes ist pietätlos genug, die von Deutschen so geliebten schönen „Ganzheiten" in ihre unschönen Bestandteile zu zerlegen, um zu sehen, was darin steckt und wie es funktioniert.

In dem, was die Welt im Innersten zusammenhält, entdeckte er die bloße Äußerlichkeit von Innereien.

Nie hat er die totalitären Organisationen zu organischen Ganzheiten umgelogen, sondern umgekehrt im lebendigen Organismus des gesellschaftlichen Ganzen die totalitäre Organisation analysiert. Sein Blick zerschlägt sie, um ihre Macht über die Gemüter zu brechen.

Es ist klar, daß die gezielt unklaren und undeutlichen Vorstellungen erbitterten Widerstand leisten gegen die cartesianische Zumutung, sich analysieren zu lassen, und noch im Widerstand der Verdrängungen gegen ihre Psychoanalyse lebt der Anticartesianismus weiter fort.

Das finsterste Mittelalter, in welches Descartes das Licht der Vernunft bringen wollte, war der lichte Tag gegen das „Wassermann-Zeitalter", welches heute dem High-Tech-Cartesianismus samt seinen christlichen Gegnern Erleuchtung bringen will und doch nur das Kind mit dem Bad ausschüttet.

Neu aufrollen werden wir hier weder den Prozeß, den dieser gelehrte Aristokrat vor über drei Jahrhunderten im Namen der Naturwissenschaft gegen die kirchliche Scholastik angestrengt hatte, noch den mindestens ebenso hartnäckigen Prozeß, der ihm gerade heute wieder von den vereinigten Obskuranten aller Länder im Namen vernünftiger Vernunftkritik gemacht wird. Wir werden hier nicht noch einmal den dynamischen Prozeß, den er ins statische Weltbild hellenistisch überfremdeten Bibelglaubens gebracht hatte, den Prozeß machen, da keine neuen Beweismittel aufgetaucht sind.

Wir werden das Denken des Descartes nicht noch einmal einer erschöpfenden Prüfung unterziehen, sondern nur soweit für ihn in die Berufung gehen, wie er im geistigen Durchschnittshaushalt seiner neueren Ankläger eine bemerkenswerte Rolle spielt. Die Verbrechen, die gerade heute wieder an diesem Philosophen ideologisch verübt werden, sind größer als jene, die er begangen haben soll. Wer besser denken will als Descartes, darf im übrigen nicht schlechter schreiben als er.

Die Anticartesianer à la mode sagen mathematische Naturzerstörung und meinen doch nur den jüdischen Intellektualismus. Sie hauen die technische Rationalisierung und meinen die typisch jüdische ratio selbst. Es ist ganz so, wie man heute Kapitalismus sagt und die Republik meint. Nichts lieben Deutsche mehr als die Phrase, daß das Ganze mehr und besser sei als die bloße Summe seiner analysierbaren Teile. Deshalb sei Descartes, so heißt es, als Vater der Analytischen Geometrie ein rechter geistiger Schreibtischtäter, der das zerstöre, was er untersuchen wolle, und es nur erforsche, um es vernichten zu können. Cartesianismus, das ist für Ideologen nichts als die schönfärberische Umschreibung für geistige Vivisektion am leben-

den Objekt, an den organischen Ganzheiten. „Ganzheit" auf lateinisch heißt Totalität. Descartes hat die organischen Ganzheiten als synthetisch hergestellte Totalitäten analysiert, und das verzeihen ihm die Öko-Holisten aller Länder nie. Das analytische Denken ist Kritik, es ist ein philosophisch reflektierter Antitotalitarismus.
Descartes flüchtete wie Spinoza ins liberalere Holland und blieb zeitlebens der „homme en masque". Bis heute ist die Frage nicht beantwortet, ob in seinem Falle der Fortschritt eine katholische Maske trug oder der christliche Glaube sich eine wissenschaftliche Larve aufgesetzt hatte. Frankreich sei ein ewiger Dialog zwischen Pascal und Descartes, sagt man. Descartes bewaffnete den esprit de géometrie mit jenem esprit de finesse, mit dem Pascal die Religion gegen die mathematisch maskierten Befreiungsbewegungen des Barock bewaffnete. Hatte Pascal die Religion gegen die Technokraten oder nur die kirchlichen Theokraten gegen die Vernunft verteidigt? Hatte sein Gegenspieler Descartes die analytische Rationalität gegen jeden Aberglauben oder nur die Schöpfungszerstörer zu Babel gegen Gottvater und sein universelles Emanzipationsgesetz verteidigt ?

Ich denke gut, also bin ich gut, dachte der Seigneur de Perron, der in den Sitten und Bräuchen seiner Zeit eine ‚provisorische Moral' achtete. Diese vorläufige Ethik hielt er nicht viel anders als heute Jürgen Habermas für lern- und entwicklungsfähig. Aber anders als der deutsche Sozialphilosoph machte er die Verbesserung des Gewissens nicht abhängig vom Diskussionsstand der Alternativdeutschen, sondern vom Fortschritt der Wissenschaft. Wissenschaft aber schien ihm nur fortschreitend tradierbar, sofern sie formalisierbar ist, und nur der jederzeit reproduzierbare und methodisch gesicherte Erkenntnisfortschritt, der von unkontrollierbaren Geniestreichen abgekoppelt sei, garantierte in seinen Augen jene rationale Bewältigung drängender Überlebensprobleme, die mit profitablem Raubbau an allen Naturressourcen wenig zu tun hat. Der Große sieht weniger weit als die Kleinen auf seinen Schultern, und eine Kuh, die Milch geben soll, darf nicht zu früh geschlachtet werden.
Dem wissenschaftlichen Urteil wollte er nicht durch neue soziale Vorurteile vorgreifen. Praktische Überzeugungen brauchen gar nicht aufgegeben zu werden, bevor sie wissenschaftlich falsifiziert seien, und theoretische Überzeugungen müssen nicht angenommen werden, bevor sie wissenschaftlich verifiziert seien. Es genüge, gut zu denken, um gut zu handeln, heißt es bei Descartes gut sokratisch und weltmännisch stoisch.

Der Anticartesianismus hat größere Tradition als der Cartesianismus selbst. 1926 hatte Ex-Katholik Martin Heidegger in seinem frühen Hauptwerk

„Sein und Zeit" die Grundzüge jeder Descartes-Kritik dieses Jahrhunderts entworfen. Vieles an diesem Buch wurde bewundert, weniges getadelt und am wenigsten gerügt die Kritik an Descartes. Ist es Zufall, daß Heidegger zum wichtigsten NS-Denker wurde, als er sich an den „Cartesianischen Meditationen" seines jüdischen Lehrers Edmund Husserl nicht länger beteiligen mochte? 1926 hatte Heidegger bereits alle späteren Einwände gegen Descartes vorweggenommen und überboten. In Hamann, Herder und Nietzsche hatte er einflußreiche Vorläufer gehabt. Beschwörend hatte Husserl gefragt: „Sind wir in dieser Gegenwart nicht in einer ähnlichen Situation, als welche Descartes in seiner Jugend vorgefunden hatte ? Ist es also nicht an der Zeit, seinen Radikalismus des anfangenden Philosophen zu erneuern,... weil der Geist des Radikalismus philosophischer Selbst-verantwortlichkeit verlorengegangen ist ?" Heideggers „ Überwindung der Metaphysik" antwortete: „ Die Verwüstung der Erde beginnt als gewollter, aber in seinem Wesen nicht bewußter und auch nicht wißbarer Prozeß zu der Zeit, da das Wesen der Wahrheit sich als Gewißheit umgrenzt, in der zuerst das menschliche Vorstellen und Herstellen seiner selbst sicher wird."

Wo alle die Einheit von Körper und Geist beschwören, hat dieser Feudalist es gewagt, Leib und Seele säuberlich auseinanderzuhalten. Nun ist es klar und deutlich, daß der Geist der meisten Leute sich so wenig erhebt über das dumpfe Bewußtsein von Essen und Trinken, Schlafen und Beischlafen, Verdauung und Körperpflege, daß die Einheit von Leibhaftigkeit und Begeisterung allerdings zutrifft.
Für den Geist derer, die nur auf ihr leibliches Wohl bedacht sind, liegt in Descartes die Zumutung, an mehr zu denken als an Fleisch und Blut, aber auch körperliche und geistige Arbeit nicht zu verwechseln.
Im Denken dieses Edelmanns ist noch gut scholastisch der Geist durch zeitsparendes Denken und der Körper durch seine räumliche Ausdehnung gekennzeichnet. Bei Descartes denkt der Körper nicht darüber nach, wie er sich weiter ausdehnen kann, und der Geistreiche ist etwas mehr als ein dicker Neureicher.
Den allfälligen Phrasen von der schier unauflöslichen Leib-Seele-Einheit zwischen Natur und Geist setzte der scharfsinnige Sieur du Perron die klare und deutliche, die fast schon proletarische Vorstellung entgegen, daß jeder einzelne Mensch mehr und anders sei als sein verdammtes Arbeitsmaterial und daß seine Seele nicht nur ein Feuchtbiotop aus Haut und Knochen sei.
Ein Adliger hat die Sklavenseele daran erinnert, daß sie unendlich mehr sei als der Körper, der die körperliche Welt für andere Menschen bearbeitet und sich an der Natur für andere abarbeitet, also mehr als der Körper, der sich für fremde Verbraucher verbraucht. Mit anderen Worten:

Die eherne Schranke zwischen res cogitans und res corporea ist nicht nur eine Inzestschranke, welche Kultur ermöglicht, sondern auch als Klassenschranke zu denken, die nicht verwischt werden darf, bevor sie aufgehoben ist. An beides wollen all jene nicht erinnert werden, die ganz Geist und Seele sein wollen, damit ihre Unterbauarbeiter nur Haut und Knochen bleiben mögen.

Descartes auf gut Proletarisch, das wäre: Ich denke, also bin ich - mehr als der Holzkopf und der Holzklotz, auf dem der für hellere Köpfe ewig herumhackt. Wo kämen wir hin, wenn der Prolet nicht nur jener Rohstoff wäre, den er für andere bearbeitet, sondern auch und vor allem eine „denkende Natur" und ein erleuchtetes Arbeitstier, also Bürger zweier Welten, der sinnlichen wie der intellektuellen Welt ? Proletarisches Selbstbewußtsein sollte ein Ego cogito sein, das an allem zweifelt außer daran, mehr zu sein als die von ihm in Form gebrachte Materie. Der Sklave könnte Cartesianer werden und an jeder Autorität zweifeln außer an Gott, an der Realität und an seiner zum rationalen Gewissen erhobenen Selbstgewißheit. Die anticartesianischen Herrschaften hätten es nur zu gern, wenn der Arbeiter der Faust und sein Arbeitsmaterial eine untrennbare Einheit bildeten, wenn also der junge Handarbeiter kein Geistesarbeiter würde. Cartesianer sehen körperliche und geistige Arbeit noch nicht dadurch versöhnt, daß fernsehende Arbeiter der Faust sich von joggenden Arbeitern der Stirn „anführen" lassen. Kritik an Descartes ist heute in Deutschland wenig mehr als ein bloßer Vorwand, um den Irrationalismus als die vernünftigste Sache von der Welt erscheinen zu lassen und die ratio als methodischen Wahnsinn. In Descartes lehnte Heidegger den philosophischen Begründer des auf dem Wege von Plato zu Nietzsche nur noch nihilistischen Machtwillens der „Hure Vernunft" (Luther) ab. Wer heute Descartes zum Baumfrevler und ideologischen Umweltvernichter der ersten Stunde macht, zum Sündenbock für apokalyptische Folgeschäden der Weltindustrialisierung (welche die Probleme ja erst schafft, die sie kapitalistisch wie sozialistisch so vergeblich zu beseitigen verspricht), wer diesen welschen Edelmann als geistigen Vater aller „patriarchalischen" Dauerschänder einer jungfräulich unberührten Mutter Natur brandmarkt, ist dem faschistoiden Anti-Cartesianismus des entlaufenen Jesuitenzöglings Heidegger bereits auf den Leim gegangen. Von Jesuiten unterwiesen wurde Heidegger übrigens wie Descartes.

Es waren zwei Königskinder, die nicht zueinander kommen konnten, das Wasser war viel zu tief. Es ist, als habe Descartes den platonischen Mythos säkularisiert, der den Ur-Menschen in zwei Hälften teilt, eine gute und eine bessere, die sich im philosophischen Eros wiedervereinigen wollen und nicht können. Adorno tadelte an Descartes, er habe im naturbeherrschenden

Geist nicht das Stück roher Natur erkannt, während Ernst Bloch umgekehrt monierte, die res corporea sei ein toter Holzklotz und keine beseelte Mutter Natur. Heidegger beklagte die Autarkie der beiden nicht intentional aufeinander hingeordneten Ursubstanzen und daß hier überhaupt von objektiver Erkenntnis gesprochen werde statt von „nichtendem Seyn". Was Subjekt und Objekt primär verbinde, sei kein Akt der Erkenntnis, sondern ein „In-der-Welt-sein" des homo faber. Anders gesagt: Heidegger will eigentlich den forschen und nicht den forschenden Menschen. Daß subjektive Empfindungen auf körperlichen Bewegungen beruhen, hat übrigens von Descartes nicht nur Spinoza übernommen, sondern noch Adorno bestätigt.

Keine Kluft scheint uns von Descartes tiefer zu trennen als die Kluft, die er zwischen Erkenntnissubjekt und Erkenntnisobjekt zu legen wagte, „so daß dieses Ich, d.h. die Seele, wodurch ich bin, was ich bin, vom Körper völlig verschieden und selbst leichter zu erkennen ist als dieser." (Discours de la méthode, Kapitel 4). Seit Sigmund Freud allerdings ist umgekehrt die Materie leichter zu analysieren als die Seele, die sich ihren Körper baut.
Das christliche Mittelalter hatte die Möglichkeit zu menschlicher Erkenntnis in der gemeinsamen Abkunft des Erkennenden wie des zu Erkennenden vom selben Schöpfergott gesehen. Wenn beide vom gleichen Vater im Himmel stammen, sind sie gleich genug, um die Möglichkeit von Wahrheit zu gewährleisten als Angleichung des Verstandes an seinen Gegenstand. Die bis zu ontologischer Blutsverwandtschaft gehende biblische Familienähnlichkeit zwischen Subjekt und Objekt der Erkenntnis ist bei Descartes bereits nicht mehr anerkannt und vorausgesetzt. Er zitiert noch Gottvater, um die Übereinstimmung zwischen seinen so grundverschiedenen Ursubstanzen zu ermöglichen, und wer Gott als Dritten im Bunde verabschiedet, macht das Objekt für das Subjekt undurchsichtig oder muß den cartesianischen Substanz-Dualismus aufgeben. Für Descartes war wissenschaftliche Erkenntnis gerade möglich, weil das Sein so ganz anders ist als jedes Bewußtsein von ihm, nicht weil es ihm so gleicht wie ein Ei dem anderen, aus dem es schlüpfte. Gleiches erkennt nicht Gleiches, davor sei das Inzesttabu. Der gesunde Menschenverstand kann seinen Gegenstand nur erfassen aus genügendem Abstand zu ihm, er muß den Widerstand des kleinen Unterschiedes überwinden.
Wenn wir für einen kleinen Augenblick diesen großen Analytiker psychoanalysieren dürfen, dann wagen wir die Deutung, er habe zwischen res cogitans und res corporea die petite différence der Geschlechter gelegt.
So wird die Substanz Subjekt und das Subjekt erst substantiell. Der Mann kann Ein Fleisch werden mit der Frau, weil er ganz anders ist als sie, und ganz anders ist er nur, um mit ihr sich zu vereinigen.

Weit entfernt, die Vereinigung im Akt der Erkenntnis unmöglich zu machen, ist die substantielle Verschiedenheit erst das fundamentum inconcussum ihrer Verbindung. Meist wird übersehen, daß die unüberbrückbare Kluft sich bei Descartes nicht auftut zwischen Mann und Weib, sondern zwischen Erdensohn und Mutter Natur. Der cartesianische ‚Occasionalismus' (Malebranche und Geulinx) schafft durchaus Gelegenheiten zum szientifischen Rendezvous zwischen männlichem Erkenntnisvermögen und leibhaftiger Weiblichkeit, aber nicht zwischen der Mutter Natur und ihren vielen Erdensöhnen.

Man versteht diesen Mechaniker der Lebenskunst nicht nur besser, sondern gewinnt auch mehr Verständnis für seine Grundgedanken, wenn die tiefe Verschiedenheit zwischen sum res cogitans und res extensa, die es verwehrt, das eine aus dem anderen abzuleiten oder das eine auf das andere zurückzuführen, einfach auch als ein Geschlechtsunterschied gedeutet wird, aber nicht nur zwischen Adam und Eva, bei denen Descartes anfängt, sondern zwischen Erdensohn und Mutter Natur. Wer den kleinen Unterschied zwischen Sein und Bewußtsein nicht liebt, wird auch das cartesianische Inzestverbot hassen und es dann im Erkenntnisakt übertreten wollen.

Descartes legt wie Kant die Inzestschranke zwischen Menschenkind und Mutter Natur; Descartes tut es ontologisch, Kant tut es epistemologisch.

Für Kant bleibt das Dingsbums an sich unerkennbar, weil der Erdensohn mit seinem transzendentalen Ödipuskomplex sich einbildet, in seinem Erkenntnisobjekt, dem anderen Geschlecht, die unerkennbare Mutter Natur vor sich zu haben, während für Descartes das Subjekt seinen Gegenstand gerade erkennen kann, weil beide keine inzüchtige Blutsverwandtschaft verbindet.

Kant kann die Mutter Natur nicht erkennen, weil sie ihm zu blutsverwandt scheint, Descartes kann sie gelegentlich erkennen, weil ihn mit der fremden Schönen exogame Bande verknüpfen; er will nicht heim zu den Müttern.


Wen die cartesianische „Subjekt-Objekt-Spaltung" (Jaspers) der Welt stört, möchte am liebsten die Abnabelung des Menschenkindes von Mutter Natur leugnen oder rückgängig machen. Er will den Menschen hindern, erwachsen zu werden, und träumt von ewiger Ursymbiose von Ursprung und Entsprungenem, von Schoß und Geborenem. Er erträgt nicht die klare und deutliche Vorstellung, daß jeder Einzelne vom Busen der Natur zu entwöhnen ist, um ein Mensch zu werden, der das ganz andere Geschlecht „erkennen" (hebräisch „jadah") kann und in diesem sich selbst. Heute will Adams Erkenntnisvermögen nicht mehr die Distanz zum Leibe des legitimen Weibes und zu seinem eigenen Leibe überwinden, sondern sogar die

Inzestschranke zur ausgedehnten Leibeshöhle der Mutter Natur überspringen, um wieder im Kindergarten Eden ihres Schoßes zu verschwinden, dem er entstammt.

Weil Heidegger genau diese Regression wollte und Descartes genau diese Regression nicht wollte, ist Heidegger Anti-Cartesianer und wäre Descartes Anti-Heideggerianer gewesen.
Für Descartes war die Vernunft, was für die Griechen der Liebestrieb war, nämlich wichtiger als ihre gleich-gültigen Objekte. „Vernunft und Liebe sind dasselbe", hatte Pascal geschrieben. Die Einheit der Vernunft und die Allgemeinheit der Liebe im Wandel austauschbarer Objekte gilt als Kern des cartesianischen Paradigmas menschlicher Erkenntnis. Der linke Adorno hat bekanntlich die Kritik dieses Paradigmas fast zu seinem Lebenswerk gemacht. Es läßt sich beileibe nicht sagen, daß sich gegen Descartes nichts Triftiges sagen ließe, aber gegen das, was heute gegen ihn vorgebracht zu werden pflegt, ist er allemal zu verteidigen. Adornos reflexive Dialektik der Aufklärung wird in den Dienst blanker Gegenaufklärung gestellt, wenn Adorno von den neuen Rechten in eine Koalition mit seinem Widersacher Heidegger gegen Descartes gebracht wird, und wenn die Kritik Adornos und Heideggers aneinander verstummt vor ihrer gemeinsamen Kritik an Descartes. Sartre war eine regelbestätigende Ausnahme, denn er lernte von seinem contra-cartesianischen Lehrer Heidegger, gegen Heidegger ein Cartesianer in zweiter Potenz zu sein. Er war auch der einzige unter den Existenzphilosophen, der dem Erzrationalisten Descartes durchaus nicht die existenzielle Bedeutung absprach, weil er das klare menschliche Bewußtsein für wichtiger hielt als alles Unbewußte, welches so beliebt ist, weil es so schön bewußtlos schlägt.


**Lust und Verlust: Fundierung der Erkenntnis in Gefühlen**


Für Heidegger ist nicht das platonische Erstaunen (thaumazein) der Ursprung des reflektierten Menschseins, des Philosophierens, sondern die „Grundbefindlichkeit der Angst". Nicht die Verwunderung darüber, daß überhaupt etwas ist und nicht vielmehr nichts, sei das metaphysische primum movens, sondern die Angst des Lebendigen um sich selbst vor dem Nichts, die Angst davor, daß das „Seiende im Ganzen samt dem menschlichen Dasein" nichtig wird und sich „entgleitet". Dieses Nichts als

Abwesenheit alles Seienden sei die „Öffnung" und Wahrheit des Seins selbst, und menschliche „Ek-sistenz" das „ek-statische Hinausstehen in die Lichtung des Seins". Heidegger hält diese Stimmung der Angst-um-sich-selbst-vor-nichts für ein „Existenzial", das dem menschlichen Dasein seine bodenlose Faktizität enthülle, sein „Hineingehaltensein in das Nichts", sein „Sein zum Tode", von dem her und in dessen Licht sein Verhältnis zum Seienden dann sich gestalte. Diese „wesenhafte Angst und Scheu" ohne Schüchternheit sei ebenso selten, wie die „kopflose Furcht" vor diesem und jenem besonderen Seienden verbreitet sei. Das Prinzip Angst, Negativ zu Blochs Prinzip Hoffnung, ist die Erwartung eines malum futurum, der unmittelbar bevorstehenden „Nichtung des Seienden im Ganzen" samt dem menschlichen Dasein selbst, das sich ängstigt. Im schwarzen Licht dieser tödlichen Zukunft leuchte alles Seiende allererst auf in dem, was es je sei, in der spezifischen Färbung seiner Eigenart und „Eigentlichkeit". Diese Angst mag nun die Wahrheit des philosophischen Staunens sein, was aber ist die Wahrheit der Angst, die wir dehypostasieren müssen? Ist der in der Vernichtungsangst drohende Verlust jenes Seienden, zu dem ich mich haltsuchend „zunächst und zumeist im Besorgen" verhalte, nicht eher „immer schon" passiert und in der Angst nur noch ausdrücklich realisiert? Steht in der Angst mir nicht etwas bevor, was „eigentlich" immer schon geschehen ist und eben deshalb immer neu wiederholt und wieder vorge-holt werden kann ? Auch für Heidegger ist die Geschichte ja anfängliche Wieder-holung des Geschehenen und ein Zukunftsentwurf die menschliche Art, das Wesen des längst Gewesenen zu entschleiern, die „Geworfenheit ins Nichts" zu leben. Die Grundbefindlichkeit, die sich abfindet mit dem, was ist, mit dem Nichts in dem Maße, in dem kein Seiendes mehr da ist, wird ja aber Trauer genannt. Wenn auch nach Heidegger immer nur bevor-steht, was war, nämlich nichts, dann realisiert die Angst nur den Gram. Die in „Sein und Zeit" als Struktur des menschlichen Daseins herausgestellte „Sorge" wäre dann recht eigentlich dieser Kummer über den endgültigen Verlust des Seienden, der in der Angst aufbricht.

Und ich kümmere mich um das Seiende, das ich „zunächst und zumeist besorge". Heidegger wird gewußt haben, weshalb er die „Sorge" ihren assoziationsreicheren Synonymen vorzog. Etymologisch kommt ‚Kummer' von lat. „cumbrus" : Schutt, Abfall, Hindernis, Sperre, Wehr (auch Mhd. Kumber). Das Synonym „Gram" bedeutet eigentlich: Wut, Groll, Zorn, Unmut und steht im Ablaut zu jenem „Grimm" aus dem Humanismusbrief, den Heidegger in Gegensatz bringt zur Gunst und Huld des Heilen. Über gallolat. „comboros" (‚Zusammengetragenes') ist Kummer verwandt mit Heideggers Übersetzung des griech. „Logos" : Sammlung, „legende Lese". Was erzeugt nun Gram und Groll und Grimm? „Das Sein gibt sich und entzieht sich zumal." Droht das Sein sich in der Todesangst zu entziehen und zu versagen, kann ich mich auf nichts mehr verlassen als auf meine Verlassenheit von allen guten „ontischen" Geistern. Der Mensch sagt, daß das Sein sich ihm versagt und verweigert und gerade durch diesen Entzug erst richtig sich ent-fernt, d.h. in seiner Abwesenheit ganz nahe ist.

Ich sorge mich um mein eigenes Sein, wenn das „nichtdaseinsmäßige Seiende" für mich gerade wie gestorben ist. Ist das, was ich nicht bin, nicht da, dann ist sein Nichtsein ganz besonders für mich da, und ich begreife diese Präsenz des Nichts als Angriff auf mein Sein, das in den Seinsentzug hineingezogen werden soll. Nie entscheidet Heidegger, ob das Sein sich vom Menschen abwendet, weil der Mensch sich vom Sein abgewendet hat, oder ob umgekehrt ich mich von dem abkehre, was ich nicht bin, weil es mich in Stich gelassen hat. Dieses Nichtsein erleide ich ebenso, wie ich es verantworte. In der Trauer vergegenwärtige ich, daß ich nicht alles bin, daß in der Welt etwas ist, was nicht so ist, wie ich bin, daß ein Teil der Welt für mich verloren ist, und daß ich von mir getrennt bin, sei es auch nur durch die „Zeit", die meine Wünsche brauchen, sich zu erfüllen. Seiendes weigert sich, ich zu sein, und ich weigere mich, jedes Seiende zu sein. Dieser Urschmerz, nicht das „Seiende im Ganzen", also nicht die ganze Welt zu sein, ist in sich Wut auf das, was ich „je selbst nicht bin", also das „nichtdaseinsmäßige Seiende" und seine „unzuhandene" Sperrigkeit, erst kaputtes oder verlegtes Werkzeug, dann das „Seyn selbst". Die Wut, die mich wie die Angst anfällt, fällt eigentlich das Seiende an, das sich wehrt, ich zu sein und nicht so zu wollen, wie ich wohl will. In dieser Wut auf das Nichts ist das Sein da, das ich nicht bin, und ich bin diese Wut, die immer neu vernichten will, was schon für mich gestorben ist - durch mich.

Was war eher da, die Henne oder das Ei, der Zorn oder das Nichts?

Diese „existentiale" Wut verdrängt Heidegger aber hinter der Angst vor ihr, obwohl er sagt: „Mit seiner Faktizität wütet das Existieren."

Versagt sich das Sein mir, weil ich böse war, oder bin ich wütend auf das Sein, weil es mich enttäuscht? Dieser Zirkel selbst ist der Ursprung auch noch der „ek-sistentialistischen" Angst. Ursprünglich ist das menschliche Dasein Wut auf das Sein, das sich aus Wut über das Dasein als Nichts enthüllt. Das „ek-statische Außersichsein der Ek-sistenz" bei Heidegger ist eigentlich „je und jäh" eines vor Jähzorn: In der Tat ist das menschliche Dasein ursprünglich außer sich, aber vor Wut darüber, daß es ist, was es ist, indem es nicht ist, was es nicht ist. Ich bin jenes, nicht das Sein zu sein, und das Sein ist genau jenes, nicht nur ich zu sein. Die Realisierung dieser wechselseitigen „Nichtung" ist die originäre Dynamik des seiner selbst innewerdenden Lebens : Jeder Mensch werde geboren aus dieser primären Gemütsbewegung des Unmuts darüber, daß er nicht das Seiende im Ganzen ist, nicht nur allein auf der Welt, sondern nicht alleins mit ihr. Er ist außer sich vor Angst vor seiner Urwut, die das angreift und zu vernichten droht, woran er sich halten zu müssen fürchtet. Mein Entwurf des Seins wirft ihm vor, nicht ich zu sein, und was nicht ganz da ist, wenn ich da bin, ist nicht für mich da. Was nicht für mich ist, ist an sich und gegen mich das Ding-an-sich als Gegenstand und Widerstand, den ich nicht ausstehen kann.

Die Wut auf das Sein, das ich nicht bin, ist existenzielle Wut darüber, das es nicht da ist - für mich. Dieses Nichtsein des Seienden, das ich je nicht bin, ist aber als doppelte Verneinung das Seiende, das ich selbst bin. Damit wird der Zorn auf das Nicht-sein des Seienden, das ich nicht bin, Zorn auf das Seiende, das ich selbst bin, Zorn darauf, daß ich nicht das Seiende bin, das ich nicht bin und das nicht ich ist. Ich fürchte, das Seiende zu zerstören und immer wieder neu zu vernichten, das ich im gleichen als Halt brauche, zu dem ich mich verhalte. Die Raserei findet keinen Adressaten, der ja gerade nicht da ist in dem Maße, wie er für mich gestorben ist und ich ihn vernichtet habe; sie stößt ins Leere, d.h. auf sich selbst. „Zorn" hängt etymologisch zusammen mit „zehren". Diese verzehrende Leidenschaft verschlingt sich selbst in ihrem Objekt und ihr Objekt in sich selbst. „Zehren" heißt eigentlich: zerreißen, spalten, trennen. Der Zürnende gewahrt, daß der Zusammenhalt mit seinem Gegenstand aufgehoben ist und daß er sich selbst ständig losreißt von dem, wogegen er wütet. Gleichzeitig will er den Graben, der ihn vom Objekt trennt, genau durch jenen Akt überwinden, durch den er ihn aufreißt - indem er das Attackierte verzehrt, in sich begreift und in sich angreift. Das aufgebrachte Subjekt findet sich von einer ontologischen Tobsucht angefallen, welche die Welt anfällt, über-fällt, überwältigt, vergewaltigt. Ich bin eingenommen gegen das Sein, das es (nicht) gibt, weil es sich mir nicht ergibt. Weil es nicht da ist - für mich, kann ich es nicht leiden und riechen. Ich leide daran, es nicht leiden zu können. Es ist böse, weil ich ihm böse und gram bin - und umgekehrt.

Auch Heidegger spricht ja, erst zustimmend, dann ablehnend, von der nur allzu erfolgreichen Verfolgungsjagd des Subjekts aufs Objekt der Erkenntnis. Der dingfestmachende wissenschaftliche Erkennungsdienst der neuzeitlichen Rationalität legt den Gegen-Stand um, macht ihn kalt und fix und fertig, macht das, was ich nicht bin, erst zu meinem Gegenstand und umgekehrt mein Objekt erst zu dem, worin meine Befindlichkeiten sich nicht wiederfinden und wiedererkennen. Letztlich will ich das, was ich nicht bin und weil es nicht ich sein will, verletzen. Das scheinbar nur beobachtende Subjekt verachtet und ächtet sein Objekt. Die Kausalitätskette von Ursachen und Folgen ist ein Verfolgungswahn der Subjektivität, die dem, was es vom Objekt auf sich zukommen sieht, zuvorkommt und dem Beutewild unreflektiert den wilden Wunsch unterstellen muß, den verfolgten Verfolger fressen zu wollen, um einen zureichenden Grund zu haben, es seinerseits zu fressen. Ich stelle dem Gegenstand nach, und ich stelle ihn, laut Heidegger durch das epochale „Ge-stell" meiner Techniken.

Die Natur wird vom Geist zu Tode gehetzt, und diese rationale Hatz hängt etymologisch zusammen mit „Haß", der seit Hegel immer auf den Tod des anderen geht. Ich habe gegen den Gegenstand etwas : mich und alles.

Ist er nicht mehr da, nicht ganz für mich da, sofern ich ihn vernichten will, weil er sich mir entzieht und nicht ich sein will oder sofern er mich verläßt, weil ich ihn beseitigen will; ist er also abwesend, weil ich ihn verschlungen habe, dann kann mein Begriff von ihm ihn nur noch in mir selbst angreifen. Dann bin ich selbst das Seiende, das ich nicht bin, ohne meine Wut darauf aufzugeben. Dann verhält das Subjekt sich zu sich selbst wie zu dem Seienden, das es nicht ist und weil es dieses nicht ist - in verzehrendem Zorn. Dann wird das Subjekt, was es nicht ist : sich selbst ein Anderer und kennt sich nicht mehr. Es vergißt sich und tut kurzerhand sich selber an, was dem Objekt zugedacht war. Es gerät außer sich, indem es in sich geht und eingeht. Trifft der Geist die Natur in sich und sich in der Natur, begegnet er seinem Gegenstand in dieser Gegnerschaft zu sich, dann ist er niedergeschlagen, wo er die Natur niederschlägt, und er findet in sich jene Leere, die sein Kahlschlag draußen erzeugt. Die Trauer über den Verlust der Einheit mit dem Sein schlägt um in jene epistemologische Depressivität, die wir bereits beschrieben haben. Der Begriff greift sich selbst an, greift in sich das an, was er unter sich begreifen will, und der Ausgriff auf die Welt stößt dann ins Leere. Der appetitus mundi verzehrt sich in sich selbst, kann es nicht schlucken, daß er alles verschluckt hat.

# Adam erkennt Eva : Sartres Liebesphänomenologie



Das Liebesgebot der Bergpredigt und in Mt 22, 34-40 ist vermittelt mit je historischen Bedingungen seiner Erfüllbarkeit durch zuvorkommende göttliche Intervention. Adamitische Schwächung des Individuums lüde anders ein, abstrakt sich mit ihr abzufinden wie mit der gesellschaftlichen Formierung, die sie ausnutzt. Noch Kierkegaard nimmt das Maß der Nächstenliebe unbesehen naiv hin: „Wäre das Gebot der Nächstenliebe anders ausgedrückt als durch das Wörtlein ‚wie dich selbst', das so leicht zu handhaben ist und doch die Spannkraft der Ewigkeit hat, könnte das Gebot die Selbstliebe bemeistern. Dies ‚wie dich selbst' läßt sich nicht drehen und deuteln; mit der Schärfe der Ewigkeit richtend, dringt es in den  innersten Schlupfwinkel ein, wo ein Mensch sich selbst liebt; es läßt der Selbstliebe nicht die leiseste Entschuldigung übrig, nicht die mindeste Ausflucht offen. Wie wunderbar!"

Zweimal wird die Selbstliebe ihrer historischen Dimension beraubt und in ihre Apriorität eingemauert, um zum invarianten Maß für eine ebenso abstrakte Nächstenliebe zu taugen. Mt 7,12 hat sich immer als Inbegriff des Gesetzes angeboten: „Alles, was ihr wollt, daß die Leute euch tun, das sollt ihr ihnen tun". Unterschlagen ist die heute wohl schon „ontologische Differenz" zwischen authentischen und vorab mystifizierten Bedürfnissen des Individuums, dessen falsches Selbstbewußtsein schon Hegel durchschaute, als er noch in der individuellsten Neigung selbst das heteronom Allgemeine arbeiten sah. Auch wenn das bestochene Bewußtsein dem Demoskopen schwört, mit dem glücklich zu sein, wofür es arbeiten darf, muß Ideologieverdacht zu bezweifeln wagen, was es wahrhaben möchte. Objektive Verzweiflung beteuert ihr Gegenteil, um das Subjekt nicht zu überschwemmen im Eingeständnis seiner faktischen Ohnmacht. Wut auf die anbefohlene Selbstverstümmelung rächt sich an allem, was sich anderes zu gönnen wagt und die Abrichtung zur zweiten Natur als konditionierenden Mythos offenbar machen könnte.

Die Bedürfnisse, welche die Selbstliebe konstituieren, sind unfrei wie die Arbeit, die sie erfüllt. Erhaltung der punktuellen Armseligkeit des Selbst ist nur teurer geworden. Die Ewigkeit, der Kierkegaard jeden Ausweg nimmt und die er an Unsterblichkeit bindet, ist laut Adorno mythisch. Noch selbstverständlicher Narzißmus ist, weit entfernt, als historische Konstante angesetzt werden zu können, zum Selbsterhaltungstrieb funktionalisiert. Ausbeutung macht halt nur vor der Selbstreproduzibilität der Arbeitskraft.

Das Selbst hat sich in seiner Qualifikation für rentablen Einsatz zu erhalten, zu lieben. Dieses Prinzip erscheint nackt, weil auf überholter gesellschaftlicher Stufe, heute nur noch am Kolonisierten: „Das ist der Ärger mit dar Versklavung: wenn man ein Mitglied unserer Art zähmt, vermindert man seinen Ertrag, und so wenig man ihm auch gibt, ein Mensch als Arbeitstier wird immer mehr kosten, als es einbringt. Aus diesem Grunde sind die Kolonialherren gezwungen, die Abrichtung auf halbem Wege abzubrechen... Armer Kolonialherr:  da liegt sein ganzer Widerspruch. Er müßte, wie es (so sagt man) das Genie tut, jene, die er ausplündert, töten. Aber gerade das ist unmöglich, denn er muß sie ja auch ausbeuten."
(Sartres Einleitung zu Frantz Fanon: „Die Verdammten der Erde")
Heute ist die gejagte Jagd auf die Sichtbarkeit des Schmerzes und nach ebenso luxuriertem wie verordnetem Glück die allein noch mögliche Form der Flucht nach vorn vor Deklassierung und letzthin subsistentieller Angst, wie Bertrand Russell in einem Essay sagt.

Theologie, die sonst allem Existentiellen nachläuft, scheut sich vermutlich nicht deshalb, die vorläufig letzte nennenswerte Ideologie erotischer und agapischer Interaktionen, Sartres Phänomenologie der Liebe aus „L'Etre et le Néant" (1943) zu integrieren, weil dort weder Ehen noch im Himmel geschlossen werden, sondern weil das ahistorische Abstraktionsniveau der theologischen Liebeslehre unfähig ist, in den phänomenologischen Hypostasen andere als ihre eigenen statischen Implikationen flüssig zu machen. Daß zu wenig Liebe sei, rennte offene Kirchentüren ein. Daß sie heute hingegen unmöglich sei, weil die Bedingung ihrer Unmöglichkeit als ontologische nicht zu beseitigen wären und weil sie unausweichlich eine „zwischenmenschliche Beziehung" zwischen Herr und Knecht sei, scheint theologisch weniger einzugemeinden als der dogmenreife Tod Gottes. Dabei ist die These vom metaphysischen Schwindel in ihr, die falsche Ontologisierung der unmöglichen Liebe, aufrichtiger noch als eine Reklame, die an die Mobilisierung von Liebesreserven unverdrossen appelliert. Sartre verläßt die bloß kasuierbare Programmebene. Zwar unvermittelt außerhalb der ontologischen Befunde bleiben methodische Rekursionen auf Empirie, die gleichwohl reduktiver Intention zum Opfer fällt, doch inhärieren dem phänomenologischen Explikat alle Male von Faktizitat in dem selben Maße, wie Fakten an den phänomenologischen Wegbiegungen der „ideierten" Mäander abgelagert werden.  Eine Zensur phänomenologischer Begriffsbewegungen durch Empirie freilich bliebe diesen so äußerlich, wie das ontologische Modell dazu ersonnen wurde, von Soziologie und Psychologie nicht sich mehr einholen zu lassen. Empirie ist hier nur Alibi der Intention. Sartre gibt in „Les mots" zu, daß er die Wörter früher als die Dinge entdeckt habe, daß Ideen, die zu Dingen wurden, alle Dinge ihm zu Ideen machten. Was den Existentialismus immanent dazu trieb, sich als kritische Enklave und Korrektiv von einem Marxismus aufheben und erklären zu lassen, der diese Integration ablehnte, weil er nicht unverändert aus ihr hervorginge, wäre gleichsam im Negativ auch abzulesen daran, daß von einer Ontologie der Nächstenliebe in der späteren „Critique da la raison dialectique" (1960) keine Rede mehr ist, allerdings nun auch nicht von Liebe als einer Ersatzbefriedigung für sozialistische Gerechtigkeit.

In den Dreißigerjahren hörte Sartre die Hegel-Vorlesungen von Alexandre Kojève. Wurde aber noch bei Hegel die Substanz subjektiv, auf daß sich das Subjekt resubstantiviere, läßt sich bei Sartre in der Liebe umgekehrt das Pour-soi zum En-soi machen, um pour-soi zu werden, was es pour-autrui ist. Gott, der Inbegriff eines Blickes, der sieht, ohne gesehen zu werden, offenbart sich und legt sich freiwillig die neue Dimension eines Etre-pour-autrui zu, setzt sich dem Blick seiner Kreatur aus, deren Freiheit er intakt läßt, um sie zu bewegen, bei ihm als „Objektganzheit" haltzumachen und dieser die Vollmacht zu geben. Er identifiziert sich mit dem Bild, das er in Christus der Kreatur bietet und will zugleich dieser Blick sein, dem er seine authentische Objektivität enthüllt. In Christus verführt er die Kreatur, sich angesichts Seiner faszinierenden Objektivität als nichtig zu empfinden.

Der existentialistische Christus ist die Objektganzheit Gottes. Anselms „cur deus homo?" wird zur Frage, warum das Subjekt selbst und freiwillig sich zum Objekt einer Fremdsubjektivität mache: Gott eignet sich die Freiheit an, von der Christus betrachtet wird, indem er sich zum freien Grund dieser Freiheit macht, zu ihrer Entelechie, von deren Blickpunkt aus die kreatür-liche Freiheit sich dazu bestimmt, fasziniert zu sein bis zu einem Grade, der sie nur noch in den allerdings kündbaren Grenzen der göttlichen Objekt-ganzheit existieren läßt. Sünde wäre von daher der Versuch, Transzendenz zu transzendieren, und das heißt, sich nicht transzendieren zu lassen von ihr, die - um nicht transzendiert zu werden - darauf verzichtet, die Kreatur und das Bild zu transzendieren, das sie in Christus ihr bietet.

Sartres These, alle Objektivität sei eine unter einem Blick, will beweisen, daß die Aufforderung zum Blick allein schon ausreiche, den solipsistischen Verschlag des spätbürgerlichen Atoms zu sprengen mit nichts als eben den Mitteln, die dem Inhaftierten gelassen wurden gerade, um ihm seine Un-freiheit ständig vor Augen zu halten, andere Möglichkeiten zu wählen.
Mehr noch: Da der Blick leibliche Freiheit des Leibes von sich selbst ist

und jedermann Augen im Kopf hat, beweise schon Biologie, daß es keine Unfreiheit gibt, es sei denn die der Blinden. Zur Subjektivität ätherisch genug, ist der Blick gleichwohl zu leibhaft für den Verdacht, aus nur platonischen Augen des Geistes geworfen zu sein. Untrennbar vom leiblichen Auge, das ihn aussendet, trifft er auf sein Objekt nicht anders, als es allererst zu konstituieren, und bleibt die „intentionale Ek-stase" des Leibes, über ihn nicht weniger hinaus bei den Realia wie über diese instrumental wieder hinaus zu sich zurückgekehrt. Wo er den Blick des anderen in dessen tote Augen zurückschiebt, empfiehlt er sich als innerer Entsatz der belagerten Monade, die von allen Seiten auf ihre Gegenständlichkeit hin zementiert wird. Implodiert das Subjekt allemal objektiv unter nicht mehr als dem Druck eines coup d'oeil, dann genügt dieser Blick im Schlagabtausch zur subjektiven Explosion des Objekts. Er weist in die Schranken, hält in Schach und vom Leibe. Die Entmythologisierung des gegnerischen Potentials zum bloßen Blickwerfer bewaffnet dessen Opfer mit dem Vergeltungsschlag. Solcherart verwischt wird die reale Distanz derer, die über mehr als ihren harten Blick verfügen, von denen, die wenigstens ihre treuen blauen Augen haben, dem einschüchternden Taxieren der Personalchefs standzuhalten. Die Einziehung der Klassendistanz durch das tertium comparationis eines Blickwechsels zwischen Verfügenden und Behandelten täuscht eine Kommunikationsebene vor, die auf zwinkerndes Einverständnis hinausläuft, auch wo Sartre im tertium non datur zwischen Sehen und Gesehenwerden die ontologische Wurzel des struggle for life ausgräbt. Das Gleichgewicht des Schreckens ist von Natur aus gewahrt, eine organische Isostasie, die sich über reale Ohnmacht dann hinwegtröstet mit den Gesetzen der Optik, nach denen sichtbar ist, wer gesehen wird und unsichtbar für den, den er sieht. Aber die Selbstentfremdung im „videri" ist bloßer Schein: Der Betrachter ist vom Betrachteten fixiert bis zum paralysierten Hinstarren, das ihn seiner eigenen Möglichkeiten beraubt.

Das Organ des schopenhauerischen Weltvoyeurs mausert sich kurzerhand zum genuinen Instrument von Praxis. Taschenspielerisch armiert sich der ‚theoretische Blick' Heideggers auf nur noch Vorhandenes zum Dolchblick des Aufrührere, vor dem die Realität kuscht. Aristotelische Dianoia ist die Aktion selbst, deren sie enträt, verharmlost zum Blickgeplänkel.

Sartres Blick als res cogitans versteht sich nicht vornehmlich rezeptiv, er nimmt nicht zunächst das Objekt hin und wahr, sondern inkarniert die Kategorienlehre der transzendentalen Vernunft. Er am Leib ist das sinnliche Schema der reinen Konstitutionebegriffe, der Leib ist das überschrittene Bewußtsein, der Blick ein überschrittener Leib.

Der objektivierende Blick überschreitet den Leib und sein Objekt, und diese Überschreitung, die den Gegenstand hinter sich läßt, resubjektiviert den überschrittenen Leib so, daß vom Zielhorizont der Selbstüberschreitung her, die über den Umweg des Gegenstandes mit sich zusammengeschlossen ist, dieser als Gegenstand überhaupt erst aufscheint und als sichtbarer Brechungskoeffizient im reinen unsichtbaren Blickstrahl eintaucht. Nur die konstitutionelle Insuffizienz des Blicks, Objekt seiner selbst zu werden, ohne aufzuhören, Subjekt zu sein, macht ihn gleichzeitig angewiesen auf den anderen und auf die Gefahr, von dessen Blick sich entfremdet zu sehen. Die Selbstbegründung des Blicks, in der er sein eigenes Subjekt und Objekt zu bleiben hofft, findet sich verwiesen auf den medialen Spiegelblick von Fremdsubjektivität. Der sich wie aus dem gespiegelten Spiegel des fremden Blickes betrachtende Blick hofft, sich als Objekt konstituiert zu finden, um in seiner ihm selbst entgehenden Natur erkannt zu sein, und gleichzeitig das Subjekt dieser Verdinglichung zu werden. Mein Geheimnis liegt in meiner Objektivität, und diese „ruht" in der Subjektivität des gegnerischen Blicks. Dessen Expropriation, die Wiederaneignung der Objektivität unter ihm, gelingt tendenziell in der Absorption der Fremdsubjektivität, meiner Identifizierung mit ihr, ohne sie doch ihrerseits durch bloße Objektivierung zu zerstören: in der Liebe.

In „L'Etre et le Néant" widmet Sartre der Frage, wie der Solipsismus zu überwinden sei, großen Raum. Stets bleibt unklar, ob der Ausbruch aus dem monadischen Kerker der bürgerlichen Innerlichkeit nur Desiderat ist oder moralisches Postulat oder gar ideologisch als empirisches oder bloß philosophisches Faktum unterstellt wird. Sartre sieht ganz richtig, daß das Subjekt den Graben zum Objekt niemals überbrücken kann, sofern es als Subjekt bereits fertig vorliegt, bevor es seine nur subjektiven Beziehungen zum Objekt aufnimmt. Es bleibt in seine Immanenz eingemauert, solange es nicht im vorhinein vermittelt ist über das, was es nicht je selbst ist. Es ist nicht Subjekt außer als „Sein-beim-Objekt", jene Transzendenz, die sich zum Objekt hinneigt und das Objekt in Richtung auf das Ego cogito hin rücküXbersteigt und sonst gar nichts. Dieses Nichts soll nach Sartre die Aporien des solipsistischen Cartesianismus auflösen. Das Sein ist, bevor es bewußt wird, aber wie Marx betont hat, gehört das Bewußtsein selbst zum bewußten Sein. Allerdings geht das Bewußtsein um genau soviel im bewußten Sein nicht auf und unter, als es Selbstbewußtsein ist, und das Sein erschöpft sich nicht im Bewußtsein, weil es nie aufhört, nicht jedem jederzeit bewußt zu sein. Wenn das Subjekt am Objekt wie an der Subjektivität anderer immer nur seine eigene Subjektivität wiederfindet, wie ist dann das Subjekt sich selbst gegeben?

Macht es sich zum Objekt seiner selbst, dann auf subjektive Weise. Aber diese seine Subjektivität, die ihm bei allen übrigen Objekten als Vorurteil zum Verhängnis wird, scheint in diesem ausgezeichneten Falle ihrem Gegenstand einmal angemessen. Ist das Subjekt selbst nicht sein einziges Objekt, vor dem es seine subjektive Befangenheit nicht abstreifen muß, um objektiv zu urteilen? Verhält das Subjekt sich nicht umso objektiver zu sich selbst, je subjektiver es sich erfaßt? Nach Sartre jedoch kann das cartesianische Subjekt sich gar nicht zum Gegenstand seiner selbst machen, ohne jenseits des Bildes zu bleiben, das es von sich selbst anfertigt. Es hat vor sich selbst kein Privileg, da es den Blick sehen müßte, den es auf sich selbst wirft. Sich ansehen heißt aber schon, sich mit den Augen eines anderen sehen, von außen.

Über Husserl, Hegel und Heidegger sieht Sartre Fortschritte in der Auffassung, daß das Subjekt das ihm Transzendente nur berühren kann, weil und sofern es selbst Transzendenz ist. Produkt und Produzent seiner intentionalen Entwürfe i s t des Subjekt nur als Selbstbewußtsein; anders fiele es in die Welt des An-Sich-Seins zurück. A ist A, sofern A sich seiner bewußt ist; seiner selbst bewußt aber nur, sofern es sich eines solchen B bewußt ist, das ein Bewußtsein von A gewinnt. Mit Hegel gesprochen: A ist über B mit sich als A vermittelt, genauer: darüber, daß B mit sich selbst über A vermittelt ist etc.. Man sieht, wie die erkenntnistheoretische Grundfrage sich umgekehrt hat. Hieß es vormals: „Wie erreicht das Subjekt A sein Objekt B?“, so lautet jetzt das Problem: Wie erreicht das Subjekt A das Subjekt B, dessen Objekt es ist? Die Frage nach der Wahrheit, der Übereinstimmung des Subjekts mit dem Objekt, der Identifikation des Ich mit dem Nicht-ich, nimmt die Gestalt an: Wie identifiziert sich das Subjekt A statt mit dem Objekt B nun mit dem Subjekt B, dessen Objekt es ist? Das bevorrechtigte Objekt von A ist das Fremdsubjekt B, das jene Subjektivität von A allererst erstellen soll, die kein empirisches Produkt eines transzendental präexistenten Ego ist. Genauer: Mein faktisches Dasein ist nicht Konstitut meiner eigenen, sondern der intelligiblen Freiheit des anderen. Will ich nicht der sein, der den anderen sieht, dann bin ich der, der vom anderen gesehen wird. Ich bin so, wie der andere mich sieht und sonst nichts. Dieses Nichts ist meine Freiheit, den anderen so zu sehen, wie ich will, samt dem Bild, das er von mir entwirft und das ich zurückweisen kann. Bewundernswert die Unbeirrtheit, mit der Sartre daran festhält, daß mein Sein nicht aus dem Bewußtsein besteht, das ich von mir habe, sondern aus dem Objekt, das ich darstelle in den Augen des Inbegriffs aller anderen, der Gesellschaft. Noch einmal entmystifiziert Sartre in der Idee Gottes, der sieht, ohne gesehen zu werden, die Idee von Gesellschaft.

Um nicht nur zu sein, sondern mich selbst zu dem zu machen, zu dem der andere mich macht, muß ich der andere werden: Die Identifikation mit dem Fremdsubjekt gelingt nur durch freiwillige Identifikation mit dem Objekt, das ich für ihn bin. Aber sind diese beiden Identifikationen nicht ohnehin bereits identisch? Bin ich nicht bereits (wie) der andere, wenn ich nur durch mich selbst sein will, was ich für ihn bin? Die gesellschaftliche Ontologie hat die individuelle Moral des Existenzialisten längst überholt.

Mein Geheimnis liegt außerhalb von mir, beim anderen, im Exil. Sartre beschreibt nun die Geschichte all jener Versuche des Subjekts, seiner selbst habhaft zu werden, indem es sein Sein-für-andere dazu benutzt, um der andere zu werden und Urheber seines Seins von Gnaden des anderen. Dazu muß Sartre die Ebene der Erkenntnistheorie verlassen, denn ich will mich und den anderen nicht erkennen, sondern der andere *sein*, der mich erkennt. Der andere, den ich sehe, ist nicht der andere, der mich sieht. Ich erfasse den anderen nicht in seiner, sondern nur in meiner Subjektivität. Und wenn mein Bild in den Augen des anderen ihm gehört, dann eigne ich mir dieses Bild gerade nicht dadurch an, daß ich mir ein Bild vom anderen mache.

Das Bild, das ich mir von mir selbst mache, indem ich mir ein Bild von dem Bild mache, das der andere sich von mir macht, bleibt in meiner Subjektivität befangen : Die Vermutung darüber, wie der andere mich sieht, bleibt so  subjektiv wie die Meinung über nur irgend ein Objekt außerhalb von mir. Um also das Objekt wieder in Besitz zu nehmen, das ich für den anderen bin, genügt es nicht, den anderen oder das Objekt, zu dem er mich macht, meinerseits zu meinem Objekt zu machen. Um mich so zu sehen, wie der andere mich sieht, muß ich der andere selbst werden, ohne deshalb aufzuhören, der zu sein,  welcher gesehen wird.

Um die Wahrheit über mich zu erreichen, die Identität mit dem Fremd-subjekt, nicht mit seinem Sein-für-mich, sondern mit seinem Für-sich-Sein via meinem Für-ihn-Sein, wähle ich nach Sartre die Haltungen der Gleich-gültigkeit, des Hasses, der Liebe, der Sexualität, des Sadismus und Maso-chismus, der Gruppensolidarität etc.. Sartres Beschreibung dieser Versuche wird zur Beschreibung ihres prinzipiellen Scheiterns, ihrer ontologisch begründeten Vergeblichkeit. So zerstöre ich im Haß und Sadismus gerade jene Subjektivität des anderen, die mich konstituieren soll, eine Subjektivi-tät, die ich im Masochismus zwar intakt lasse, aber nicht erreiche, weil ich dort das Subjekt meiner Objektivität für den anderen bleibe.

Die Sexualität scheitere, weil sie wesentlich Sado-Masochismus sei und weil das Fleisch des anderen, seine sich in seinem Leib klebrig verfangende Subjektivität, im sexuellen Genuß wieder zu Leib und zu meinem Instrument werde, aus der die Freiheit des anderen entwichen sei wie die Luft aus einem Ballon.

Da der andere in der Liebe von meiner Faktizität nur soweit sich bezaubern läßt, als sie für ihn der Anlaß wird, sich in seinem Für-mich-Sein von meiner Freiheit rechtfertigen zu lassen, bleibe ich mit meiner Subjektivität und der Verpflichtung allein, mich sein zu lassen. Die Liebe sei Betrug: Der Liebende gebe nur vor, seine Freiheit zur Rechtfertigung der bezaubernden „Objektganzheit" des Geliebten herzugeben, während doch, was er als seine Freiheit anbiete, nur das tote potentialunendliche Feld seiner Faktizität sei. Er lege dem Geliebten die Welt statt seiner rechtfertigenden Freiheit zu Füßen. Der Liebende tue so, als sei seine Freiheit fasziniert und verführt von der Potentialunendlichkeit des anderen, die er ihm zu rechtfertigen verspreche als gleichzeitig freiwillig selbstgewählte und unwiderstehlich in Bann schlagende Grenze, die der Liebende seiner Freiheit setze und setzen lasse, während er in Wirklichkeit die Freiheit des Geliebten meine, von der er sich autorisieren lassen wolle, ihm das Alleinvertretungsrecht in Bezug auf das Universum abzutreten. Jemanden lieben heiße lieben, daß er mich liebe und sonst gar nichts. Im anderen liebe ich den, der mich liebt und der mich lieben, d.h. rechtfertigen soll als ebenso reale wie ideale Grenze, die der andere - freiwillig und gleichzeitig von mir verführt - seiner Freiheit setzt und von mir setzen lassen möge. Geliebt werde ich aber nur als der, der lieben soll: Der andere verwandelt sich vom Sinn meines Lebens stets in den, für den ich Sinn seines Lebens werden soll. Vom anderen geliebt werden wollen heißt also unfreiwillig wollen, der andere möge von mir geliebt werden wollen. Um geliebt zu werden, gebe jeder vor zu lieben: So betrügen wir einander und jeder sich selbst.

Mein Liebesideal besteht nach Sartre in der Sehnsucht, von Wesen geliebt zu werden, die ihre Liebe nicht an die Bedingung knüpfen, von mir wiedergeliebt zu werden, die mich also lieben unabhängig davon, ob ich liebe. Aber ist nicht dieses Bild der idealen Liebe, mit der wir nicht geliebt werden, w e i l und d a m i t wir lieben, das Bild der Liebe von Eltern zu ihren Kindern? Dann träfe Sartre mit der Analyse, die er dem Wesen der Liebe überhaupt widmet, nur das Wesen präödipaler Objektbeziehungen? Mein Wunsch, mir die Freiheit des anderen „einzuverleiben", ohne sie zu zerstören, also seine Macht durch Identifikation zu „assimilieren", von einem Wesen, das nicht seinerseits meine Liebe braucht, geliebt (vor der

Überflüssigkeit und Überzähligkeit meiner grundlosen Existenz gerettet) werden zu wollen, dieser Wunsch samt der Überzeugung, das Geheimnis meines Seins liege draußen beim anderen, macht Liebe zur oralen Magie. Der Vorwurf, Sartre denunziere am Ideal der Liebenden nur den Betrug der oralen Sehnsüchte, ist berechtigt, aber hat sich das orale Ideal heute nicht weitgehend zum Schwindel mit der wahren Liebe aufgeworfen? Wenn Sartre an der Liebe nur ihr orales Moment trifft, dann deshalb, weil nicht Sartre sie auf diese Partialität verkürzt, sondern weil die infantilistische Sucht nach den Wonnen prägenitaler Fixierungen einem mächtigen sozio-historischen Zug folgt, wo sie beansprucht, den Begriff von Liebe auszuschöpfen. Man hat dem Sartre von 1943 vorgeworfen, er habe Geschichte und Gesellschaft aus seinen apriorischen Analysen ausgeblendet. Aber nicht Sartre ontologisiert das, wohin Liebe verkommen ist, zu dem, was sie apriori an sich und überhaupt sei, sondern weil die paradigmatisch vorherrschende Oralität sich selbst ontologisierte, weil das, was aus der Liebe wurde, sich für wahre Liebe an sich und überhaupt ausgibt, kann Sartre in ihr und ihrem Ideal den Betrug entlarven: Wozu sie herunterkam, widerspricht nicht erst einem Ideal, das vom Himmel heruntergeholt und von außen an ihre heutigen Erscheinungs- und Geltungsformen angelegt werden müßte, sondern widerspricht bereits formallogisch ihrem eigenen Begriff von sich selbst. Aber seit wann darf Logik sich an Gefühlen vergreifen? Sartre antwortet: Wo das angegriffen ist, worauf das Gefühl sich soviel einbildet, nämlich seine Aufrichtigkeit.

Im Wunsch geliebt zu werden, will ich nach Sartre für mich sein, was ich an sich, d.h. für den anderen bin. Was kann mich nun dazu bewegen, mir mein Sein eher von diesem als von jenem Menschen in der Liebe recht-fertigen zu lassen? Da ich das Sein nicht wählen kann, das ich für den anderen, also an sich bin, komme es laut Sartre nur darauf an, überhaupt geliebt zu sein (in meinem Sein gerechtfertigt und unentbehrlich gebraucht), weniger darauf, für wen und d.h. als wer oder was.

Sartres Phänomenologie der Liebe wird trotz und gerade wegen ihrer Peinlichkeit gültig bleiben, solange die Gesellschaft im Zuge von Arbeits-teilung der Liebe aufbürdet., was sie selbst dem Leben nicht gibt: Sinn. Solange die Welt die Menschen dazu verhält, daß sie, wie Adorno schrieb, nicht lieben können, weil sie geliebt werden wollen, ist Liebe allerdings, als was Sartre sie entlarvt: Betrug. Der universale Schwindel schlägt auch und gerade dort durch, wo er seiner Idee nach enden sollte: in einer unfreien Gesellschaft rettet auch Liebe vor gar nichts.

Der Liebende versucht, sich wieder in den Besitz seiner Objektivität zu bringen, die im Belieben des anderen steht und zugleich dessen Interiorität und die eigene intakt zu lassen, die durch den Blick des anderen gefährdet ist. Das Objekt, zu dem der Blick des anderen den Liebenden heruntersetzt, und das Subjekt, das er unter diesem Blick zu bleiben wünscht, um seine enteignete Objektivität begründen zu können durch Identifikation mit der ihn objizierenden Fremdsubjektivität, nennt Sartre Objektganzheit. Ein intranszendables Objekt aber zerstöre sich selbst, weil es ontologisch widersprüchlich sei, ein labiler Zwitter zwischen Sein und Bewußtsein. Sartre beschreibt die Geschichte dieser suizidalen Synthese eines Objekts, das sein Subjekt, welches es außer sich weiß und in dem es seine Natur spiegelt, absorbieren muß, um causa sui zu werden. Der Kampf der einander objizierenden Subjekte um das Statussymbol der Objektganzheit in den Augen des Konkurrenten basiert auf Betrug, den Sartre in der Liebe entlarvt wie in der Aseität Gottes, die sie imitiert.

Der Phänomenologe friert gesellschaftliche Konditionen soweit ein, daß der Widerspruch, in dem Liebe zu ihrem eigenen emphatischen Begriff steht, formallogisch demonstrierbar wird. In der Sucht, vom anderen sich rechtfertigen lassen zu müssen, sucht das Subjekt sich als Objektganzheit konstituieren zu lassen, ohne sich vom Selbstbildnis auf dem Grunde fremder Augen zu distanzieren: In der Liebe erkenne ich freiwillig an, daß das Bild des anderen von mir mehr über mich als über den anderen verrät. Ausdrücklich erklärt Sartre die geliebte Objektganzheit vom Liebenden ermächtigt, ihm Totalität einer ganzen Welt zugänglich zu machen. Der andere als Ursache der von ihm geliebten Objektganzheit inthronisiert sie gleichwohl zur Hauptsache für ihn, kann diese Determination per definitionem aber vollziehen nur durch Konstitution einer Objektganzheit, von der er seinerseits determiniert sein will. Die Ursache der Ursache ist die Wirkung der Wirkung. Das existentielle Feedback ist eine bindende Austauschkraft von Subjekt und Objekt in ontologischer Simultaneität. Die liebende Begründung des Geliebten erhebt das Begründete zum Grund des Begründenden selbst. Hegel spricht von der Kraft der Ursache, Ursache ihrer selbst dadurch zu sein, daß sie Wirkung zeigt. Das objektivierende Subjekt erstellt eine subjektivierende Objekttotalität, deren Konstitution eine Subjektivierung ist im strengen Wortsinn, nämlich Freisetzung einer fremden Freiheit. Das Subjekt A objektiviert das Fremdsubjekt zum Subjekt jener Objektganzheit, die A für das Fremdsubjekt darstellen will. Sartre nennt Liebe einen Schwindel, weil jeder der Kontrahenten dem anderen vorspiegele, von dessen anblickender Transzendenz fasziniert zu sein, ohne durchblicken zu lassen, daß es ihm um die erlösende

Rechtfertigung seiner eigenen Objektganzheit in den Augen dieser Transzendenz geht. Die objektive Ironie der Liebe bestehe darin, daß die Prätention sich unbeabsichtigt decouvriert durch die quasi-ontologische Struktur von Intersubjektivität selbst.

x liebt y heißt, x liebt nolens volens mit, daß y in dem Sinne x wiederliebt, als es von x geliebt sein will. Diese Phase fordert logisch sofort die nächste: Jede Stufe des Progresses zerstört und verwirklicht rückwirkend die vorhergehende und im vorhinein die folgende, die in ihr bereits mitgesetzt ist. Da x nur liebt, um von y geliebt zu werden, kann y diese Liebe nur realisieren, indem es sich von x lieben läßt. Da x nur den rechtfertigt, von dem es gern gerechtfertigt wäre, kann gleichzeitig y diese gewünschte Rechtfertigung nur vollbringen, sofern y sich von x rechtfertigen läßt: Jeder rechtfertigt nur sein Gerechtfertigtwerden durch den jeweils anderen. Die Rechtfertigung des Rechtfertigers durch den Gerechtfertigten, die Ermöglichung der Bedingung der Möglichkeit durch das Bedingte selbst sei jenes betrügerische Paradox, aus dem laut Sartre die wahre Liebe besteht. Er expliziert an ihr seinen Begriff der lancierten Gnade: Determination ist ideologisch abgeschwächt zur Ermächtigung, Determinanten zu determinieren. Meine Freiheit soll immer nur das bestimmen, was mich als den bestimmt, der zu bestimmen hat. Ich determiniere nur, wovon ich determiniert sein will und werde darauf konditioniert zu konditionieren. Determination befreit den anderen dazu, mich zu determinieren, und determiniert mich dazu, ihn zu befreien.


## Die ganze Erkenntnis und die Erkenntnis des Ganzen


Das Ganze interpretiert jeden Versuch, es zu transzendieren, als Teil des Ganzen selbst, durch den es sich als ein Ganzes allererst reproduziert und konstituiert. In jedem Bestandteil, der es verläßt, geht das System nur aus sich heraus, nicht um sich zu sprengen, sondern durch diesen Selbstaufbruch sich zu regenerieren und *als* Ganzes wiederherzustellen, das durch ein Draußen in seiner Wesensqualität bedroht wäre, Ganzes zu sein und durch jedes Außerhalb zu einem seiner eigenen Teile reduziert wäre. Die Differenz des Totalen zu jenem Teil, der es überschreitet, wird vom Totalen umfunktioniert zu einer Differenz der Teile innerhalb der Totale, zu infraholistischen Differenzen und Fraktionierungen, die, weit entfernt, die

Ganzheit des Totum aufzulösen, dessen Totalität gerade bilden. Das Ganze ist jenes Gebilde, das nichts ist als diese Bewegung, sich zu seiner um jenen Teil, der in Frage stellt, daß es das Ganze schon ist, bereicherten Ganzheit je neu zu ergänzen. Diese seine das Ganze negierenden und dadurch gerade ergänzenden Momente treibt das Ganze als Ganzes aus sich selbst hervor seit Hegel. Etwas definiert sich als Außerhalb des Systems und findet sich von ihm bewegt, sich als Fremdkörper zu deklarieren, um es durch Ausschluß eingemeinden und durch Vereinnahmung ausstoßen zu können. Teil des Ganzen bin ich gerade als Jenseits des Ganzen, als seine Negation, die seine Totalität affirmiert. Erklärt aber das Ganze jeden Versuch, es von außen zu sehen und als Objekt zu behandeln, zu einem seiner integralen Bestandteile und Wesensmerkmale, gehört selbst und gerade die Außenseite des Systems zur „Innenausstattung der Macht" (Glotz), ist dann nicht umgekehrt die Integration ins Große Ganze dessen wahre Transzendierung? Lebt nicht das Ganze so von seinen Teilen, daß jedes von ihnen in sich das Ganze und jedes andere Teil negiert und abweist? Schließlich ist ja das Ganze das Ganze seiner voneinander gut abhebbaren Teile und erreicht sich als Ganzes nur durch die Vereinzelung jeder seiner Einzelheiten hindurch. Das Detail dort, wo es aus dem allgemeinen Rahmen herausfällt, speist erst die Ganzheit und komplettiert die Ganzheit des Ganzen. Im herausgehoben Besonderen geht das Ganze in seine eigenste Ganzheit über, die eine synthetische Einheit seiner Partikel ist. Und wenn dieses Ganze mehr und anderes ist als die bloße Summe seiner Teile, dann durch das, was in jedem Teil über dieses Ganze hinauszeigt - in dessen Ganzheit hinein. Ein jedes versinkt in seiner Einzigartigkeit und bildet den allgemeinen Rahmen erst dadurch, daß es aus ihm herausfällt und wie es das tut. Alle ganz gleich : jeder ganz anders.

Das wirklich Besondere an allen Einzelnen dagegen ist das, wodurch jeder gerade je nichts Besonderes ist : seine Gleichheit mit allen anderen. Ist dies das ontologische Geheimnis des „gewaltlosen Widerstands" durch gewaltige Widerstandslosigkeit? Alles kommt darin überein, Teil eines Ganzen zu sein. Wo ein jedes Etwas aber bloßer Bestandteil des Ganzen und ‚Partner' jedes anderen ist, fällt es aus dem allgemeinen Rahmen so heraus, wie es ihn bildet durch die Art, ihn zu übersteigen : durch seine unverwechselbar unaustauschbare, irreduzible Eigenart. Das Ganze delegiert Funktionen an seine Subsysteme, die zur Erfüllung ihrer Missionen eine relative Selbständigkeit gegen das Ganze brauchen und gerade durch ihre funktionale Unabhängigkeit an das delegierende Totum-Totem religiert sind. Nur Teile, die ins Ganze aufgehen und damit als Teile aufhören, können ihm nicht mit sich dienen, also das Ganze nicht länger durch seine Erhaltung ausweiten und durch Ausweitung erhalten. Ausgesondert hat sich etwas ganz Besonderes nur durch Verzicht auf sein Absonderliches, einzig durch Aufgabe seiner Einzigartigkeit an die Einheit mit allem anderen. Desintegration ist nur durch Überanpassung zu haben wie Einbettung durch Überschreitung. Die (Re-)Produktion des Ganzen erfordert Arbeitsteilung seiner Teile, ihre relative Autonomie gegen das Ganze und gegeneinander aber kraft ihrer Individuation und Spezifikation. Wir sahen: Weit entfernt, durch seine Besonderheit aus dem Allgemeinen sich herauszudifferenzieren und zu entfernen, ordnet jedes Teil sich umgekehrt gerade durch seine Singularität ins Ganze ein, das ein Ganzes von nichts, also kein Ganzes wäre, bildete es keine Synthese unterscheidbarer und isolierbarer Partikularitäten. Eher umgekehrt fällt nur jenes Teil aus dem Ganzen heraus, das sich mit seinem Part in dieses Ganze auflöst, im kleinsten gemeinsamen Nenner seiner Co-Partizipienten verschwindet. Eine symbiotische Dualunion mit dem Ganzen macht das Teil für die Ganzheit unbrauchbar : ein Werkzeug darf nicht mit dem verschmelzen, der es benutzen will und wozu er es verwenden will. Führt jede Anstrengung, aus dem Bestehenden herauszutreten, nur umso tiefer hinein, weist vielleicht nur der Versuch, sich ins Sein hineinzu-arbeiten, aus ihm heraus. Das „Seiende im Ganzen" gilt als die Welt. Ihre Selbsttotalisierung ist die Gesellschaft als historische Größe: jene Dynamik, welche alles, was sie transzendiert, partizipieren läßt an ihr, die ihrerseits an jedem ihrer Teile konstitutiv und kontingent zugleich teilhat.


### Verstand als Abstand vom Widerstand des Gegenstandes:
### Was steht fest?


In das Objekt eindringen heißt sich in Gefahr begeben, von ihm mit Haut und Haar verschlungen zu werden, auf Nimmerwiedersehen in ihm zu verschwinden, heißt aber auch die Chance ergreifen, von ihm umhüllt und in seiner „Unverborgenheit" geborgen zu sein. Ich lasse mich vom Objekt

verschlingen, um darin eindringen zu können und das Innerste der Sache
mit mir zu erfüllen und ihr Wesenskern zu werden. Ich ergreife und erfasse
meinen Gegenstand, er verschwindet in meiner Hand, in meinem Mund und
meinem Bauch. Aber dort löst er sich in mich auf nur, indem ich in das
Objekt, das in mich eindringt, meinerseits eindringe und mich von der
Sache ergreifen lasse, die ich erfasse. Erkennend dringe ich ein in die Tatsache, daß die Sache in mich eindringt, und sie dringt in die Tatsache ein,
daß ich in sie eindringe. Der Verstand dringt ein in sein Erfaßtwerden und
ergreift sein Beeindrucktsein. Ich lasse mich von dem Gegenstand, in den
ich eindringe, umhüllen und einschließen, und ich verschlinge, daß er in
mir aufgeht. Aber ich kann ihn nicht verinnerlichen, ohne in sein Innerstes
vorzustoßen, und sein Innerstes kann ich nicht ‚ausmachen' (löschen,
erkennen und bilden zugleich), ohne ihn in meine Innerlichkeit aufzunehmen. Die Gleichursprünglichkeit dieser vier Bewegungen, ihre Kompa-
tibilität im Erkenntnisakt, gewährleistet sich dadurch, daß ich nur zum Teil
in der Sache stecke und sie nur mit einem Teil von sich in mich eingeht.
Derjenige, der in der Sache ‚versunken' ist, ist der gleiche, der sie ‚intus'
hat, und die Sache, die ich mir zu eigen mache, ist die gleiche, die mich in
ihr innerstes Heiligtum vordringen läßt. Aber es sind verschiedene Teile
desselben Subjekts und desselben Objekts, die ineinander sind.
Die Synthesis des Verstandes bezieht eben den Teil der Sache, der in mir
ist, und den, in den ich eindringe, auf denselben Gegenstand, verknüpft
aber auch den Teil von mir, der das Objekt erfaßt, mit dem Teil von mir,
der ins Objekt eindringt, zu Teilen desselben Subjekts. So, wie ich nur
einen Teil von mir, nämlich mein Ur-Teil, dazu benutze, um ins Innerste
des Gegenstandes einzudringen und nicht mit Haut und Haar von ihm
gefressen zu werden, so erfasse ich auch nur jenen Teil des Objekts, der
mein Eindringen nicht umhüllt. Ich verschwände mit Haut und Haaren im
Objekt, das ich mit Haut und Haaren erfaßte. Ich dringe in die Natur ein,
die mich ausfüllt, und fülle sie aus, die in mich eindringt. Subjekt und
Objekt, jedes nimmt das Teil fürs Ganze und das Ganze fürs Teil. Was
mich hindert, den Gegenstand ganz zu erfassen und sein An-sich-sein zu
be-greifen, ist der Wunsch, in seine Mysterien einzudringen.

Soweit es ihm onto- und phylogenetisch entstammt, steht das Subjekt
objektiv zum Objekt. Gott erkennt die Welt, weil sie sein Werk ist, und ich
erkenne sie, weil ich ihr Geschöpf bin. Von der Realexistenz der Außen-

welt darf ich über-zeugt sein : sie hat mich erzeugt. Nichts hindert uns, im
Versuch des Subjekts, idealistisch sein Objekt zu setzen, eine Reaktion auf
die demütigende Erkenntnis zu sehen, vom Objekt in die Welt gesetzt zu
sein. Wenigstens will ich mein In-die-Welt-gesetzt-sein in die Welt setzen
und meine Determinanten determinieren. Die Welt erkennen heißt anerkennen, von ihr in sie gesetzt zu sein. Ich mache aus der Not, aus der Welt
geworfen zu sein, die Tugend, mich von ihr zu emanzipieren, und aus der
Not, von ihr absorbiert zu sein, die Tugend, mich ihr erkennend wiederzuvereinigen. Aber auch mein Unternehmen, die ganze Welt (in die Welt) zu
setzen, ist (von der Welt) in die Welt gesetzt und meine Beziehung zum
Objekt ein wenngleich ausgezeichnetes Objekt in der Welt unter anderen.
Mein Verhältnis zu den Fakten ist eine Faktizität zweiter Ordnung, zu der
ich wiederum ein Verhältnis haben kann. Erst wird die Welt, deren Objekt
ich bin, mein Objekt, dann mein ganzes Verhältnis zur Welt selbst.

Ist in der sinnlichen Phänomenalität eines Dinges nicht die Faktizität
meiner Beziehung zu ihm atmosphärisch-auratisch immer schon repräsen-
tiert und materialisiert ? Welches Objekt wird nun Symbol der Beziehung
des Subjekts zu seiner Objektbeziehung? In solcher Metapher berühren
sich Physis und Metaphysis : ein Faktum steht für die Faktizität meiner
Beziehung zu ihm und umgekehrt. Unter Metaphysik wollen wir fortan die
Rede von Objekten zweiter Ordnung verstehen, das sind Beziehungen des
Subjekts zu Objekten erster Ordnung. Objekte sind erkannt als objizierte
Subjekt-Objekt-Verhältnisse. Ein Ding-an-sich hat erkannt, wer die Bezie-
hung des Subjekts zur Erscheinung des Dinges erkennt. Im Subjekt erhält
die Beziehung Gottes zu seiner Schöpfung einen Zeugen seiner Erzeug-
nisse, und die Subjekt-Objekt-Beziehung von außen sehen, wie Gott sie
sieht, heißt die Beziehung Gottes zur Welt sehen, deren Bestandteil das
Subjekt ist in der Weise, die Welt zu setzen samt seinem Gesetztsein in sie.
Die unvordenkliche Einheit von Subjekt und Objekt *vor* der Geburt des
Subjekts aus dem Objekt fällt aus der Einheit mit dem Subjekt so heraus,
wie das Subjekt aus der Welt in die Welt verbannt ist. Das S(ubjekt)-
O(bjekt)-sein ist das S-O-Sein des Objekts. Das Objekt erscheint mir als
die Inkarnation und Materialisierung der Subjekt-Objekt-Einheit, als „sinnlicher Schein" der Idee einer Totalität, die durch eine Objektivierung
detotalisiert ist, weil ich mich mit einer Sache vereinigen will, ohne
aufzuhören, Subjekt meiner Einheit mit ihr zu sein. Ich wehre mich gegen
das „Gewicht der Welt", gegen die Totalität des Subjekt-Objekts als mein
Urobjekt selbst, das in Teilobjekte zerfällt, deren jedes die Urtotalität
zerstört und zugleich symbolisiert. Jedes Individuum ist pars pro toto, eine
Synekdoche und Metonymie seiner selbst. Ich stecke in einer Umwelt,

deren Objektteile in mir stecken, und ich stecke meine Nase in Partialobjekte, als wären sie die Totalität der Welt, die ich erkennend verschlinge, als wäre sie ein beliebiges Ding unter anderen in dieser Welt.

Der Mensch ent-stand und jeder Mensch ent-steht (aus) dem Schoß der Natur. Nun stehe ich aus der Natur heraus und distanziere mich von ihr, die mich als ihren „Wurf" aus sich herauswirft. Der Ab-stand, der mich vom gefräßigen Schlund der Erde trennt, ist der gleiche, der mich vom natürlichen „Unterstand" (Sub-stanz) abhält, von der sicheren Einheit mit ihr. Flucht und Wurf, die vom Ursprung wegweisen, kommen im sicheren Abstand von seinem Halt und Sog endlich zum Stehen : Dasein fängt sich - und sein eigenes Leben an. Das zum Stehen gebrachte Geworfene steht nun selb-ständig auf eigenen Füßen und ist imstande und verurteilt, die Natur, aus der es stammt und zu der es mit dem Tod zurück soll, von außen zu sehen, aus der Entfernung schmerzlicher Trennung wie rettenden Entronnenseins. Ich bin nicht mehr das Sein selbst, sondern das Bewußtsein (meiner Trennung) von ihm; das Sein ist - mit meiner Abnabelung von ihm - um mich gebracht, und hat in mir *seinen* Verstand verloren. Diese Di-Stanz von der Sub-Stanz ist ambivalente Freiheit vom Sein, Entfremdung wie Rettung. Die Lücke, die ich mit meinen Selbstgeburten im Sein hinterlasse, verbannt und löst mich von ihm, vom Halt des Seins wie vom Sog des Nichts in ihm, das ich ausfüllte. Je weiter ich mich vom Sein losreiße, desto schmerzlicher auch die Entfernung von ihm, die Sehnsucht nach dem Abstoßenden. Ich be-kehre mich zum „Seyn", das in jedem beliebigen Seienden sein kann, von dem ich mich lossage, und nähere mich ihm, um es zu ent-fernen, d.h. in der Einheit mit mir zu beseitigen und auf meine Seite zu bringen. In die Welt gesetzt, stehe ich aus dem Schoß der Natur heraus, in mir kommt ihr Wurf zum Stehen, der nun imstande ist, sich selbständig zum Sein zu bekehren und umzudrehen. Diese Drehung auf dem eigenen Hacken ist die Urbewegung der Re-volution und Re-volte. Ich richte mich auf - das Sein, (aus) dem ich ent-stehe, und stehe aus mir heraus in sein Loch, das ich gerade hinterlassen habe. Aber nun stehe ich nicht mit Haut und Haaren in meinen Gegenstand hinein, sondern nur mit meinem Verstand. Mit meiner Trennung vom Sein, die ich bin, habe ich es bewußtlos gemacht; es hat mit mir sein Bewußtsein verloren, das ich von ihm gewinne, und ich will es zu meinem Bewußtsein bringen. Dann wäre ich mir bewußt, das Selbstbewußtsein des Seins zu sein. Dazu gebe ich nur einen Teil von mir ab, das Urteil meines Verstandes, das ich immer auch wieder zurücknehmen kann, bevor das Sein mein Bewußtsein von ihm wieder in sich zurücknimmt.

Wer seine Urteile verifizieren wollte, müßte aus seiner Objektbeziehung heraustreten und sie von außen beurteilen, mit den Augen Gottes zum Verhältnis zum Gegenstand sich verhalten wie zuvor zum Gegenstand selbst. Die Objizierung der S-O-Beziehung wird wieder nur subjektiv geraten, wie jeder Vulgärkantianer weiß. Ich mache mir ein Bild von dem Bild, das ich mir vom Objekt mache. Die S-O-Relation wird zum Objekt einer Beziehung, die wieder objiviert werden muß, ad infinitum. Meine Erkenntnis des Objekts wird zum möglichen Objekt meiner Erkenntnis. Ich distanziere mich von meiner erkennenden Objektdistanz, transzendiere und negiere reflexiv ihre mich involvierende Totalität. Wenn ich erkennend mich distanziere von meiner erkennenden Distanz zum Objekt, nimmt die Potenzierung meiner Objektdistanz (Distanz zur Distanz zur Sache) gleichsam die Einziehung der Distanz vorweg, die Identität mit der Sache.
So nähere ich mich der Welt, indem ich mich von ihr entferne und sie also ent-ferne. So erkenne ich etwas umso besser, je weniger ich es selbst bin, und bin etwas umso weniger, je deutlicher ich es erkenne. Diese epistemologische Identität mit dem Objekt ist eine ontologische Nichtidentität und umgekehrt. Ich hoffe dem Ding-an-sich näherzukommen dadurch, daß ich mir mein Verhältnis zu seiner Erscheinung erscheinen lasse, indem ich also auf das Objekt projiziere, *daß* ich mich darauf projiziere. Das „Subjektobjekt" wird zum Objekt des Subjekts, zum Objekt, das in sich eine S-O-Beziehung ist, in der das Subjekt sich partiell wiedererkennt und die Universalität seines Urteils der Partikularität überführt. Es ist dann nur ein Schritt rückwärts von der Erkenntnis, daß ich meinen Gegenstand nur zum Teil erkannt habe, bis zur Erkenntnis, daß ich diesen Teil des Objekts ganz erkannt habe. Die Partikularität meiner Urteile übers Totalobjekt wird dann zur Universalität meiner Urteile über die Partialobjekte.

Ich kann mich mit meinem Bild von einer Sache vergleichen, nicht aber dieses Bild mit der Sache selbst. Motor fortschreitender Selbstkorrektur des vom Objekt verfolgten Erkenntniserfolgs ist dann nicht die Nichtidentität des Subjekts und des Objekts, sondern die Differenz des Subjekts von seinem Bilde vom Objekt und zu seinem Bild von der subjektiven Abbildung des Objekts. Mein Bild von einer Sache gleicht der Sache noch nicht, solange es mir nicht gleicht. Ich zerfalle gleichsam in Subjektivitäten, deren jede je eine Besonderheit des Objekts objektiv spiegelt, in die es zerfällt. Meine Differenz zur Wahrheit wird zur Wahrheit über eine Differenz, und lieber soll das Objekt sich selbst uneins werden als ich mit ihm.


Beide stehen auf dem Boden der Tatsachen, also der „Tathandlung" (Fichte) des Subjekts, auf der Grundlage der Niederlage, die eins dem anderen bereitet. Der Abstand zwischen Verstand und Gegenstand auf diesem Fundament, das jeder für den anderen darstellt und legt, ist ihre ‚immer schon' ent-fernte Entfernung, Spielraum des einen Pols für den anderen als Kluft zwischen ihnen : nichts. Ausgeschieden aus der Scheide der Mutter Natur will der „erste Freigelassene der Schöpfung" über sie Bescheid wissen, ihr Bescheid geben und sagen und stoßen.
Das Entsprungene (unser Erkenntnisapparat hat sich ja aus jener Natur herausdifferenziert, die er zu erfassen sucht) be-scheidet sich damit, in seinem Ursprung zu verscheiden, und ent-scheidet sich dafür, ihn in sich verscheiden zu lassen (um selbst als sein eigener Ursprung die Schöpfung auszuscheiden), damit ihrer beider Unterschied und Verschiedenheit aufgehoben ist. Ist das Sub-jekt als „Wurf" der Natur die Unter-werfung seines Objekts oder wird es vom ihm unter-worfen und auf den Boden der Tatsachen geworfen? Fassen wir genauer dieses „Ineinander von Subjekt und Objekt", als das Adorno die Erkenntnis sieht, diese „wechselseitige Umarmung von Subjekt und Objekt" (Ernst Bloch) ohne Dominanz des einen über das andere.
Der Geist will nicht wieder in den Schoß der Natur eingehen, aus dem er kommt, ohne die Natur in ihm selbst „zum Grunde" gehen zu lassen. Sie soll aus mir kommen und in mich zurück, wie ich aus ihr entstanden bin und in ihr vergehen muß. Der Geist macht aus seinen Nöten Tugenden: Aus dem Schoß der Natur geworfen, gibt er vor, erkennenden Abstand von ihr zu suchen; die Grube, in der er wieder zu Staub und Asche wird, wählt er zum Ort seines Unterschlupfes und erkennender Vereinigung mit der Natur. So leitet er die Natur, die ihn ausgesetzt hat, aus sich ab, und führt die Natur, die ihn in sich zurücknimmt, auf sich zurück. Ich will das Nicht-ich setzen, das mich in die Welt gesetzt hat. Setzt die Welt mein Weltsetzen in die Welt oder setze ich in die Welt, *daß* ich von ihr in sie gesetzt wurde? In eine Sache eindringen heißt von ihr verschlungen werden. Ich lasse mich vereinnahmen, um eindringen zu können und das Innerste der Welt mit mir selbst auszufüllen und sein Wesenskern zu werden. In die Welt gesetzt, lasse ich sie im Bauch meines Geistes verschwinden, wie ich eindringend in ihr verschwinde, indem ich erkennend zurücktrete vom Schoß der Natur.

So leite ich die Welt, die ich setzend erzeuge, aus mir ab und gewinne jene
Erkenntnisdistanz zu ihrer Substanz, aus der ich sie auf mich zurückführe,
indem ich sie gründlich in mir „zum Grunde" gehen lasse.


## Das Andere oder den Anderen erkennen:
## Erkenntnisobjekt als Alter Ego cogito


Der Verstand dringt in seinen Gegenstand ein, indem er Abstand von ihm
gewinnt, und er befreit sich von ihm nur, um in sein Innerstes einzudringen.
So nähere ich mich dem Objekt, ohne ihm zu verfallen, und ziehe mich von
ihm zurück, ohne es aus den Augen zu lassen. Ich fasse es in den Blick
durch Zurücktreten und befreie mich von ihm durch Erfassen und Durchdringen.  Genauer: Diese beiden Bewegungen des Hin und Her sind ein
derselbe Weg, Hinein ist Heraus, Hinaus ist Herein.  So ist das Ding in mir,
gerade wenn es - und ich mit ihm - außerhalb von mir ist, und außerhalb
von mir ist es - und ich mit ihm -, sofern es und ich mit ihm in mir sind.
Es ist in mir, ich bin in mir, also ist es in sich.  Ich bin in ihm, es ist in mir,
also bin ich in mir.  Es ist außerhalb von mir, ich bin jenseits von ihm, also
ist es jenseits von sich selbst - in mir, der außerhalb vom Objekt ist, das
jenseits von mir ist, also bin ich jenseits von mir selbst - im Objekt, das in
sich selbst ist, so daß ich in mir selbst jenseits von mir bin - wie das Ding.


Wahrnehmung nimmt die Form des eindringenden Gegenstandes an und
füllt zugleich diese Form eindringend aus. Sie schließt sich um jenen Teil
des Objekts, der sich nicht schließt um jenen Teil des Subjekts, der im Objekt verschwindet, den eindringenden Verstand. Diese Form ist zweideutig:
1) aufnehmender Behälter oder Gußform nach dem Bilde des Inhalts und 2)
Stanzform, die dem Inhalt die Hohlwandung aufzwingt. Ebenso zwiespältig
ist der Inhalt : Entweder nimmt er die Hohlform des Behälters an oder
drängt seine Hülle, sich ihm anzuschmiegen. Die Form ist dem Inhalt oder
vom Inhalt aufgezwungen. So sind Raum und Zeit nach Kant ,reine Anschauungsformen' : rezeptive Behältnisse und aufprägende Stanzformen
zugleich, passive Hohlkörper und einfangende Netze. Inhalt enthält sich
selbst als Form, die ihr eigener Inhalt ist.  Verstand versteht sich auf das,
was er vermag und dem er gewachsen ist. Diese Potenz des Geistes trifft
auf die Potentialitäten des „Gegebenen", des Vor-liegenden, dem der

Verstand vor-steht. Mutter Natur nimmt sich in ihren Schoß zurück (Selbst-retroszendierung) und unterschreitet sich in ihre Leibeshöhle. Zugleich äußert und überschreitet sie sich in ihren Brüsten, an denen der Geist liegt. Der Verstand seinerseits transzendiert sich in seinem vorstoßenden Ver-ständnis dessen, vor dessen gegenständlicher Äußerlichkeit er sich zurück-weichend und zugleich umschließend unterschreitet in die aktiv-passiven Hohlformen kategorialer Erfassung, in der handelnde Hand, begreifender Mund und zupackend aufnehmende Arme und Beine sublimiert sind. Erkennend liege ich im Schoß und am Busen der Natur, die mir die Brust gibt und in sich aufnimmt, sie nimmt mich an - die Brust.

Der Verstand steht. Ahdt. „firstan" heißt vorstehen. Verstehend stehe ich vor mir und mir bevor beim Gegenstand, der in meiner Vorstellung vor mir steht und den ich vor mich hinstelle. Diese Vorsteherdrüse (Pro-stata) des Geistes versteht sich auf den Gegenstand, ist ihm gewachsen, kann ihn. Sein Vermögen trifft auf die Möglichkeiten des Objekts, verstanden zu werden. Laut Heidegger ist der Mensch „ekstatisches Hinausstehen in die Lichtung des Seins", steht er in den Schoß der Natur hinein, um in ihr innerstes Geheimnis vorzudringen, seine Heimat, in der er zu Hause war, bevor er zu Verstand kam, also aus der Natur kam. Als Erzeugnis der Natur ent-steht der Mensch (aus) der Natur (heraus), in die er erkennend hinein aus sich heraussteht, in die er ent-steht. Sie öffnet sich potentiell der Über-Zeugungskraft ihres Geschöpfes und nimmt das Ur-teil ihres Produktes in sich auf, das als Ganzes erst mit dem Tode wieder in sie eingeht. Ich lebe von der Natur, ich bringe sie in jene Form, die gebend-konvex meinen Mund ausfüllt oder nehmend-konkav meinem eindringenden Verstand nachgibt. Der Verstand nimmt die Natur - aus und füllt sie mit seinen Aus-scheidungen, die als Milch und Honig in ihn zurückfließen und umgekehrt. Der Schoß der Natur nimmt das menschliche Ur-Teil an und in sich auf, das verstehend in ihn hineinsteht, dreht es im Gebärmuttermund um, bis es wieder aus dem Schoß hinaussteht, bis aus dem Verstand, der in die Natur hineinsteht, ein ganzer Mensch ent-steht, der aus ihr heraussteht und -geworfen wird, den sie hin- und herstellt. Der Gebärmuttermund der Natur schreit nach dem VerStänder des Menschen, der nach den Brüsten der Natur ruft. Der Mensch ent-steht (aus) der Natur als ihr Ver-Stand und steht mit seinem Verstand in sie hinein aus sich heraus. Er stellt sich ihr vor, indem er sie sich vorstellt, sie vor sich hinstellt, die ihn herstellt. Er stellt sie - sich vor. Diese Bewegung steht im Kreise, der sich kreisend aus sich herauswindet : Der Mensch entsteht aus der Natur, steht aus ihrem Schoß heraus. Dieser Wurf der Natur ist ein Wurf aus der Natur heraus, der im Verstand zum Stehen kommt, gegen die Natur über. Der aus der Natur herausgeworfene und dann herausstehende Verstand ist imstande, sich zu drehen auf seiner Selbständigkeit und sich in entgegengesetzter Richtung wieder auf seinen Gegenstand zu richten, indem er sich aufrichtet und auf die Natur „richtig" ausrichtet. Nun steht er aus sich heraus, wie vormals aus der Natur heraus nun in die Natur hinein, genauer : in die Lücke, die sein Wurf in ihr hinterließ. Die Natur dreht den Spieß in sich abermals um, bis der in sie hineinstehende Verstand als Mensch aus ihr ent- und heraussteht.

Und was mich hindert, seinen Kern und sein innerstes Wesen auszumachen (zu finden und selbst darzustellen), ist eben der Wunsch, den Gegenstand ganz zu verinnerlichen und in mir aufzulösen. Wie soll er gleichzeitig ganz in mir aufgehen und umgekehrt ganz von mir erfüllt sein? Kurz : Die Erkenntnis des Dinges-an-sich ist in der Tat (des Subjekts) nicht nur empirisch-faktisch unmöglich, sondern bereits ein logischer Selbstwiderspruch. Darin hatte Kant Recht : Sich dem Objekt öffnen heißt das Objekt öffnen, seinen Code er-finden, um ihn zu knacken, und sich zum passiven Abdruck seines Eindrucks machen heißt, ihn immer schon beeindruckt zu haben. Ich öffne aber das Objekt, indem ich es mit mir verschließe, kraft meines Ur-Teils die Wunde (logisch) schließe, die meine natürliche Herkunft aus ihm in ihm hinterlassen hat. In ein und derselben Bewegung öffne ich mich einem Objekt, mit dem ich jene Wunde in mir schließe, welche die Entwöhnung vom Busen der Natur in mir gleichsam hinterlassen hat : Ich stopfe mir den Mund voll Natur, deren Schoß ich stopfe. Wahrnehmendes Entgegennehmen des Gegenstandes ist in sich kapierendes Erfassen und Begreifen; aktives Eindringen in die Sache ist passives Eingenommenwerden. Ich öffne das Objekt durch ein Urteil, das sich ihm nicht öffnet, und erfülle mit meinem innersten Wesen ein Objekt, das mich ganz ausfüllen soll. Das ist der tiefere Sinn und das wahre Moment jener im übrigen reaktionären Redeweise, nach der wir ein Mysterium umso weniger begreifen, je tiefer wir darin eindringen und umgekehrt. Nach Kant gebe ich mich kategorial soweit in die Welt hinein, wie sie sich mir ergibt. Mein Inhalt dringt in ihre Formen ein, die zum Inhalt meiner kategorialen Formen werden. Der Schoß der Natur, aus dem er entstanden ist, bleibt dem Verstand verschlossen, weil er selbst nach ihrem Bilde ein Loch hat, das nach ihrer Fülle ruft, welche die Fülle um ein Nichts ist, das nach seinem Gehalt schreit. Das volle Verständnis der Natur ist der Tod, die Einheit mit ihr, die das Verständnis zugleich aufhebt. Der „kleine Tod" der Erkenntnis ist kein sacrificium intellectus, sondern aneignendes Eingehüllt-werden vom zu Erkennenden, erfassendes Erfaßtwerden und begreifendes Ergriffensein. Subjekt und Objekt opfern je einen Teil von sich um den Preis, nicht das Ganze zu erhalten, aber eben auch nicht als Ganzes sich aufs Spiel zu setzen. Erkenntnis ist der Kompromiß zwischen dem Wunsch zu fressen und dem Wunsch, nicht gefressen zu werden, zwischen gleich tödlicher Vereinigung und Urteilung von Ich und Nicht-ich.

Der Mensch scheint jenes ausgezeichnete  Objekt von Begriffen, das diese Begriffe seinerseits zu seinen Objekten machen kann. Im Urteil wird das Objekt unter ‚seinen' Begriff subsumiert, indem es Subjekt des Satzes ist, das seine objektive Bestimmung empfängt. Ist das beurteilte Objekt meines Begriffs die Subjektivität eines anderen Menschen, erweist sich dessen Subjektivität in der Urteilskraft, mich - samt meinem Begriff von mir und von ihm - zum Objekt seines Begriffs zu machen. Der andere blickt auf den Blick, den ich auf ihn werfe, beurteilt mich in meinem Urteil über ihn. Hier ist das kantische Ding-an-sich die Freiheit des Beurteilten, den Ur-teilenden nun seinerseits zu beurteilen, den Spieß also umzudrehen und eventuell dessen Urteil zu verurteilen. Meine Noumenalität hinter der Er-scheinung, die ich dem anderen biete, ist natürlich ebenso meine Freiheit, ihn durch sein Urteil über mich hindurch - oder durch sein Urteil über mein Urteil über ihn - zur beurteilten Erscheinung zu bringen.
Kant definierte die „Kausalität aus Freiheit" als „Unabhängigkeit der Willkür von der Nötigung durch Antriebe der Sinnlichkeit", als Vermögen also, eine Kette von Ursachen und Wirkungen „von selbst" anzufangen, somit Ursache zu sein, die Wirkungen *hat*, aber keine Wirkung von Ursachen *ist*. Schopenhauer sah im Freiwillen den Antrieb der Sinnlichkeit selbst, nicht erst die Befreiung von ihm aus „bloßer Achtung vor dem Gesetz" Mose. Da der ‚Geist der Gattung' Ursache jedes Wesens ist, ohne selbst eine weitere Ursache zu haben, ist er selbst die Kausalitätskette der Generationenfolge : Jede ist elterliche Ursache der nächsten.
Die Dichotomie zwischen Sinnlichkeit und Vernunft entsteht schon in der Sinnlichkeit selbst : Die Individuen wähnen ihrem ‚eigensten Begehrungs-

vermögen' zu folgen, wo sie in Wirklichkeit als List der Unvernunft nur sterbliche Opfer des raumzeitlosen Gattungsgeistes sind. Diese Vernunft übernimmt bei Marx die gesellschaftlich organisierte Arbeit. Der Mensch (er)schafft sich in seinen Produkten. Arbeit als zweckrational instrumentelle Verformung von Materialien macht Materie zum bloßen Rohstoff von Bearbeitung. Arbeit ist Ursache der Tatsachen mit dem Werk als Wirkung. Der Arbeiter zeugt in der Mater-ie wie der Mann im Weibe. Die Menschen verkehren miteinander über die bearbeitete Materie, deren diverse Aggregatzustände zwischen Rohform und Fertigprodukt miteinander umgekehrt durch die arbeitenden Menschen vermittelt sind. In der Maschine ist die Vermittlung der Materie durch den Menschen und die Selbstvermittlung des Menschen durch die Materie realisiert, etwa im interaktiven Computerbetrieb. Ihr Regelkreis konstituiert einen „sozialen Uterus".

Die philosophische Tradition faßt Wahrheit als Richtigkeit von Aussagen, als Übereinstimmung subjektiver Urteile mit objektiven Sachverhalten. Vorausgesetzt dabei ist ein Chorismos zwischen Subjekt und Objekt, ihre Ur-teilung, die im wahren Urteil eben überbrückt sein will. Veritas est adaequatio rei et intellectus. Wahrheit ist tatsächliche Angleichung einer Meinung an eine Tatsache, also eine Form des Konformismus, der Anpassung von Subjektivität an die Welt, wie sie nun einmal ist. Jeder kennt die transzendentale Lösung des alten Wahrheitsproblems : Ich gleiche mich empirisch nur Objekten an, die ich transzendental zuvor schon mir selbst angeglichen habe. Das Subjekt richtet sich in seinen Urteilen nach Dingen, die es immer schon vorweg und a priori, von vornherein, auf sich hin zu- und abgerichtet hat. Damit das Urteil nicht mehr über den Urteilenden als über das Beurteilte verrät, muß der Gegenstand an irgendeiner Stelle des Erkenntnisprozesses, der ihm gemacht wird, sich dem Subjekt phänomenal „von ihm selbst her" zeigen, so bei Kant in sinnlicher Selbstgegebenheit, die das Subjekt wenigstens empirisch, wenn schon nicht transzendental, muß überraschen und überwältigen können, in aller Unvorhersagbarkeit, die nicht nur den idealistischen Erwartungsrahmen ausfüllt. Begreife ich „Das-da" durch die Subsumption seiner Besonderheit unter meine begriffliche Allgemeinheit, durch Identifikation seiner Sonderfälligkeit mit der Einheit der Subjektivität, dann muß das Objekt in seiner irreduziblen und indeduziblen Spezifität auch meine Allgemeinbegrifflichkeit sprengen und absorbieren können. „Selbstgegeben" ist es in der stofflichen Äußerlichkeit

seiner Selbstveräußerung, in der es nichts als sein substantiell zugrunde-
liegendes Wesen äußert, wie Conrad-Martius gezeigt hat in „Das Sein"
(München 1957, S. 102 ff.). Wenn das Subjekt aber die Verinnerlichung
dieser objektiven Selbstentäußerung des Objekts ist, eine Er-Innerung, die
das Subjekt als Verhältnis und Verhalten zum Objekt projektiv re-
externalisiert, dann verhält das Subjekt nicht anders sich zum Objekt
(indem es sich zu sich selbst verhält), als das Objekt sich zu sich selbst
verhält (indem das Subjekt sein Verhältnis zu ihm unterhält). Die Subjektivität des Subjekts besteht aus der Objektivität seiner Beziehung zum
Objekt : Das Subjekt *ist* das Objekt, das es nicht an sich erkennen kann; im
Objekt erscheint mir, wie ich selbst nicht bin, aber sein möchte oder nicht
möchte. Im Objekt begegnet dem Subjekt die fehlende Identität mit sich
selbst. Die Nicht-Identität mit der kompakten Selbstidentität des Objekts ist
die Identität des Subjekts mit der Nichtidentität zum Objekt, genauer : die
Nichtidentität des Subjekts mit seiner spezifischen Differenz zum Objekt.

Aristoteles hat als erster auf den Begriff gebracht, was seither als Metaphysik verhandelt wurde : die Frage nach dem *Sinn* von so etwas wie Sein
als solchem, die Grundfrage nach dem ersten und letzten *Grund* des Seins,
nach dem höchsten Sein als staunende Frage nach der *Einheit* des Seins in
der Vielfalt des Seienden. Vor ihm hatte Plato die Idee als Einheit des
Vielen und als Selbigkeit im Wandel gehabt, Parmenides alle Vielfalt und
Bewegung und Vergängnis aus dem absoluten Sein verbannt, Heraklit den
Logos als Einigung alles Widerstreitenden gedeutet. Die neuzeitliche Metaphysik am Ausgang des Mittelalters verlagert die Einheit-in-der-Vielfalt
aus dem höchsten Sein Gottvaters heraus in die Selbstidentität der menschlichen Subjektivität, die allein noch Grund, Sinn und Einheit zu sein
verspricht, wo die göttlich geordnete Welt aus den Fugen gerät. Mit dem
Zweifel an der Autonomie des Subjektiven als letzten Garanten von Grund,
Sinn und Einheit beginnt das Ende von Metaphysik, welches seither von
jeder Philosophiegeschichte verzeichnet wird. Einige Denker geben zu
bedenken, ob diese Geschichte nicht auch etwas anders geschrieben werden
könnte, nicht als Verfall und Auflösung, sondern als Verwirklichung der
Metaphysik. Ist sie nicht eher vollendet statt am Ende? Es war den Philosophen der Neuzeit vorbehalten, gerade der Welt vorzuhalten, sie habe das
metaphysische Grundprogramm nur zu gut durchgeführt. Die Einheit alles
Verschiedenen ist gefunden und realisiert als Grund und Sinn aller Indivi-

duen : die gleichgeschaltete Welt, das totalitäre Universum der Massengesellschaft. Das „ontos on", das „hen kai pan", das „ens summum et realissimum", die Idee der Ideen, das fundamentum inconcussum, das transzendentale Apriori, das absolute Sein, die natura naturans jeder natura naturata, das Sein des Seienden : die Gesellschaft, die verwaltete Einheitswelt hüben wie drüben. Solange es einen pluralistischen Kosmos gab, war die metaphysische Frage sinnvoll nach dem Einen Ur-Sprung, dem das Mannigfaltige entspringt und in den es zurückkehrt. Heute sind die Individuen abgeleitet aus der Gesellschaft, auf die sie stringent zurückführbar sind. Entweder ist also die metaphysische Grundfrage beantwortet, oder sie muß anders gestellt werden: Was ist das Mannigfaltige, aus dem die höchste Einheit stammt und in das sie sich wieder aufzulösen hätte? Warum ist überhaupt Eines und nicht Vieles? Wo sind die Einheiten, aus denen diese Einheit bestehen soll? Was ist das Bewegte hinter all dem Unbewegten, das Wandelbare im Herzen dieser einen Unvergänglichkeit, das Sterbliche über diesem Ewigen ?

Nie war der Mensch im Paradies. Paradise-lost ist eine Heimat, aus der ich immer schon vertrieben war in dem Maße, in dem ich nie dort war. Das physikalische Bild vom explodierenden All jener Sterne, deren Sein ein Vertriebensein aus einem inexistenten Ursprung ist, gibt diese Zentrifugalität ohne Zentrum gut wieder. Implodiert das pulsierende Universum einst in ein Schwarzes Loch, um aus dem anderen Ende dieses Tunnels wieder ins Sein geschleudert zu werden, nun in eine Antiwelt zu dieser, ins Jenseits dieser Welt? Wo ich als solcher ins (Bewußt-)Sein auftauche, finde ich mich als Sprengstück und Trümmer einer unvordenklichen Ganzheit, in die ich mein Geflogensein nach rückwärts extrapoliere und hochrechne: Ich will aus diesem Einen Ganzen herausgebrochen sein müssen. Als solche ist diese Totalität imperfekt : vergangen und unvollständig ineins. Das Wesen(tliche) ist gewesen in dem Sinne, nie gewesen zu sein, und ich bin nichts als der Zwang, mich zum Wundrand dieser Fragmentation zu machen, unablässig im leeren Raum die Rekonstruktion ihrer nie vorhandenen Integrität zu skizzieren, ein Stein, der es vorzieht, sich als Torso einer Skulptur zu sehen, die es nie gab. So bin ich im Exil meiner selbst zu Hause, und jede Heimat ist ihre eigene Fremde. Was mich von mir selbst trennt, indem es mich von jener Einheit mit dem Objekt ausschließt, in der ich mein Universum war, ist die Welt als „Seiendes im Ganzen".

In die Welt sich gesetzt finden heißt, aus der Welt sich geworfen fühlen. Nun stehe ich in und vor jener Welt, die ich im Rücken habe als jene, die ich selbst gewesen sein will: Das Diesseits ist sein eigenes Jenseits. Dieses Leben im Jenseits will sich in ein Diesseits führen, das es nicht gibt und gab. Wende ich mich nach ihm um, ist die Welt, die ich gewesen sein will, ein beliebiges Bruchstück der Welt, in die ich verschlagen bin, ein Objekt unter anderen, soviel Universum wie der Schoß einer alternden Frau etwa. Die wahre Welt ist zu einem ihrer Bestandteile heruntergekommen in dem Augenblick, in dem ich durch das Zurücktreten von ihr und durch das Heraustreten aus ihr unsere Einheit-in-der-Zweiheit zu einer Dopplung-in-der-Ganzheit werden lasse. Nun muß das Ganze, das in dem Moment sich auflöste, als es zu sich kam, in einem seiner Bestandteile ganz gegenwärtig sein. Jetzt ist es in einem Gegenstand detotalisiert, ohne aufzuhören, das Ganze zu sein und sein zu wollen. Die Objektivierung durch ein Subjekt macht das Ganze zu einem Objekt unter anderen ebenso, wie das Subjekt als Inbegriff des antezipiert verlorenen Ganzen ein Teil des Ganzen wird.

Der „Schizo" kann keinen double-bind reflexiv auflösen, d.h. die widersprüchliche Situation nicht durch eine metakommunikative Objektivierung transzendieren. Er sucht beiden Teilen des Gegensatzpaares gerecht zu werden und es allen recht zu machen, also niemandem, indem er sich mit einem Selbstwiderspruch identifiziert, also seine Selbstidentität preisgibt. So teile ich mich und dich soweit auf, daß keines meiner und deiner Teile sich selbst widerspricht, sondern nur einander. Am Ende stehen nicht Subjekt und Objekt einander plan gegenüber, sondern Partialobjekte den Partialsubjektivitäten des Schizos, der jene Partialobjekte introjiziert, die ihm grün sind und denen er grün ist, indem er jene Partialsubjektivitäten projiziert, die weder er noch der andere haben will. Schizoide Subjektivität besteht aus dem Ich und introjizierten Partialobjekten, schizoide Objektivität aus dem realen Nicht-ich und projizierter Partialsubjektivität. Das ist die berüchtigte Verwischung der „Grenzen zwischen Innen und Außen". Der Neurotiker verdrängt seine ureigensten Regungen, um im Einklang mit der - verzerrten - Realität zu bleiben, der Psychotiker verleugnet diese, um mit sich selbst im reinen zu bleiben. Zwischen dieser Abwehr meiner selbst um des anderen willen und des anderen um meiner selbst willen liegt die Welt der Arbeit und der Sprache, die *das* Andere und *den* Anderen mit mir versöhnen wollen. Der „Schizo" betreibt lieber die

Geschäfte des anderen als seine eigenen und fühlt sich von sich selbst verfolgt, um nicht erkennen und anerkennen zu müssen, daß das Ich schlicht nicht das Nicht-ich ist, und um nicht von sich selbst und vom anderen enttäuscht werden zu können. Er erkennt im Widerstand des Gegenstands nicht seinen eigenen Widerstand gegen den Gegenstand und in der eigenen Widerstandslosigkeit gegen sich selbst nicht die des Gegenstands. Um mit dem Widerstand des Gegenstands nicht ihn selbst zu beseitigen, leugnet das Ich strikt seinen eignen Widerstand gegen die Widerständigkeit des Gegenstands, also die Gegenständlichkeit des Objekts selbst. Bin ich anders als ich selbst, ja mein Gegenteil, dann stoße ich auf mich wie auf einen Fremden und lebe dessen Leben, als wäre es meines.
Der Widerspruch, daß ich mit meinem Wesen und Begriff zugleich identisch und zerfallen bin, wie jeder andere auch und zugleich etwas ganz Besonderes, kurz, die Tatsache, daß ich Objekt meines Begriffs und Begriff meiner Objekte bin, scheint nicht mehr zum Objekt eines Begriffs gemacht werden zu können. So ersetze ich metasprachliche Objektivierung des Widerspruchs zwischen Begriff und Objekt, Geist und Natur, Allgemeinem und Besonderem, durch die Abspaltung des Geistes vom Körper und beschließe, stets jenseits dessen zu sein, was ich je bin, also immer genau das zu sein, was ich jeweils gar nicht bin.

Die metaphysische Formel des Existenzialismus lautet : existentia ante essentiam. Ich finde mein Wesen nicht vor, ich erfinde es und kenne mich durch und durch, sofern ich mich selbst erschaffe. Jeder Mensch ist Ontologe, weil er als „ontos on" seinen Logos selbst erst hervorbringt. Logisch ist der Existentialismus extremer Nominalismus ohne fundamentum in re, eine einzige Zurückweisung des Universalienrealisten. Das Subjekt ist nichts als die Produktion seiner selbst, es kreiert das Wesen alles Seienden samt jenes besonderen Seienden, das es je selbst ist. Ich definiere mich, indem ich meinen nächsthöheren Gattungsbegriff von mir bilde u n d die spezifischen Differenzen zu anderen Exemplaren meiner Spezies. Meine irreduzible Besonderheit als In-Dividuum erfasse ich durch meine Vernunft, eine nach Kant regulative Idee, welche die Synthesis aller besonderen Synthesen steuert, in denen ich mich begreife. Ich bin, was ich mit anderen meiner Art teile u n d was ich je nur für mich bin, eine „individuell gebrochene Intersubjektivität" (J. Habermas). Meine aktive Selbstdefinition entwirft zugleich meine Allgemeinheit und Besonderheit.

Sartre faßt die konstitutive Nichtidentität des erfundenen Wesens und der vorfindlichen Existenz als Noch-nicht-sein : Was ich bin, also als was ich mich erwähle, bin ich faktisch noch nicht, muß es aber zugleich doch schon sein, um von dem her, was ich werden will, zu sein, was ich noch erst bin, also nicht das, als was ich mich entwerfe. Sartre faßt diese Nicht-identität meiner Existenz und meines Wesens als negativ, als etwas, das es existierend zu überwinden gilt. Für Adorno ist die Differenz von Existenz und Wesen positiv die geglückte Flucht des Individuums vor seinem gesellschaftlichen Inbegriff der Allgemeinheit. Dieser Gegensatz der Positionen verliert sich, wenn man bedenkt, daß Sartre vom selbstgeschaffenen, Adorno aber vom heteronomen Wesen spricht. Bei Adorno transzendiert die Existenz ihr allgemeines Wesen, bei Sartre das besondere Wesen die allgemeine Existenz. Die Nichtidentität meiner Existenz mit deinem Begriff von mir ist identisch mit der Nichtidentität meines Begriffs von mir mit meiner Existenz, also meinem Sein für dein Bewußtsein. Schließlich ist für Sartre meine Existenz, die ich existierend transzendiere, meine Objektivität unter den Blicken der anderen, die mich transzendieren. Subjekt bleibe ich, wofern ich mir einen Begriff von deinem Begriff von mir mache, also mein Objektsein unter deinem Blick überschreite durch meinen Blick auf deinen Blick-auf-mich. Sartres ‚Existenz' ist der Begriff, den sie sich von dem Begriff macht, den der Andere sich von ihr bildet, und umgekehrt ist dieser Begriff die Existenz seiner Existenz.

Hegel sah das Wesen von Krankheit in der „Irritation" des Individuellen gegen Art und Gattung, in seiner Verselbständigung, die sich weigert, dem Allgemeinen zu dienen als noch in der Negation funktionales Moment. Diese Krankheitslehre macht Gesundheit und Normalität zu Formen der Konformität. Andererseits sollte nie hinter Hegels Einsicht zurückgefallen werden, daß nur das vollendet Individuierte als Negation des Allgemeinen und aller anderen Individuen das Allgemeingültige selbst begründet und das Ganze nur in der Vereinzelung der Einzelheiten lebt. Die Grenze, die einen Teil des Ganzen von einem anderen trennt, ist zugleich die Linie, die beide Teile verbindet und gemeinsam haben. Diese Grenzlinie der spezifischen Differenz ist sowohl die Linie, an der ein Bereich aufhört und der nächste beginnt, als auch der Zaun, an dem der andere Bereich endet und der erste anfängt. Determination ist Negation. Ich beginne und ende an der Grenze zu dem, was ich nicht bin, und wenn Ich wie Nicht-ich an derselben

Grenzlinie anfangen und aufhören, fallen sie zusammen, ohne aufzuhören, verschieden zu sein. Ich bin anders als du. Du bist anders als ich. Also bin ich anders als ich selbst. Also bin ich du, und du bist ich. Also bin ich ich, und du bist du selbst. So ist ein jedes gerade dadurch konstitutives Teil des Ganzen, daß es innerhalb seiner Autonomie gegen jedes andere Teil und alle Teile diese negiert und das Ganze übersteigt. Jedes Teil partizipiert gerade durch seine Apartheit. Hegel hat diese Dialektik nie umgekehrt und das Teil - durch Aufhebung seines Gegensatzes zum Gegenteil - das Ganze als Feld der Urteile verlassen lassen. Genauer : Wirklich krankhaft verselbständigt und verabsolutiert gegen das Ganze und seine Gegenteile hat sich ein Teil nur durch komplette Aufteilung in das Ganze, durch selbständige Aufkündigung seiner SelbStändigkeit als GegenStand für andere Gegenstände. Teile ich alles mit allen und allem, bin ich ohne Gegenteil kein Teil des Ganzen mehr, das nur durch Arbeitsteilung lebt. Übernehme ich nicht meinen Part in der Partitur des Ganzen, falle ich aus seiner Melodie heraus, folgt doch jedes Individuum nur den Gesetzen der Gattung, also den Sonderinteressen jener, die sie für das Gattungswohl ausgeben, wenn es seine ureigensten Bedürfnisse sich zu befriedigen wähnt, wie Schopenhauer noch in der „Metaphysik der Geschlechtsliebe" dem Weltwillen und seinen Opfern vorrechnete, die sich für das Gegenteil halten, sobald auf der Fortpflanzung nur die individuelle Lustprämie als Arterhaltungstrick steht. Wenn Out in Wirklichkeit meta-in ist, ist nur In wirklich meta-out : Hegels Postulat von der Immanenz jeder negierenden Transzendenz führt zur Transzendenz jeder Immanenz.

Das Identische ist nicht identifizierbar, nur das Nichtidentische.

Kurz : *Daß* jedes Besondere unter Allgemeines subsumiert wird, ist etwas ganz Besonderes. *Daß* nur das Allgemeingültige wahr ist, ist nicht selbst allgemeingültig, und *daß* alle Objekte in mathematisch-technische Subjektivität aufgelöst werden, ist selbst nicht subjektiv. Das Subsumieren selbst ist subsumiert, das subjektive Vor-stellen des Seienden wird vom Sein vorgestellt. Man sieht, daß Heideggers „Seinsgeschichte" eine Kette besonderer Formen von Verallgemeinerungen darstellt. Das Vorgestellt-sein des Seienden ist vom ‚Seyn' selbst vorgestellt : Auf der Meta-Ebene ist das Allgemeine die Besonderheit des Besonderen, das Besondere die Allgemeinheit des Allgemeinen. Das ‚Sein' Heideggers ist so etwas wie die zweite Natur subjektiver Naturbeherrschung, nicht beherrschte Natur selbst, die sich gegen unseren Machtwillen erhöbe. Er scheint zu glauben, daß wir die zweite Natur, zu der uns unsere Naturbeherrschung durch den Geist geworden ist, nicht beherrschen können wie die erste, das „Seiende im Ganzen". Der naturbeherrschende Geist sei über uns gekommen wie über die Natur, die wir beherrschen. Das Subsumieren des Seienden ist unter dessen „Seyn" subsumiert. Das Subsumieren des Besonderen unter das Allgemeine ist unter das Besondere selbst subsumiert. Damit wird eine letzte Kontingenz naturwissenschaftlicher Allgemeingültigkeit postuliert. Beim späten Heidegger gibt es kein In-esse des Objekts im Subjekt mehr. Oder genauer : Das In-sein des Objekts im Subjekt ist im Objekt. Welchen möglichen Sinn kann ein solcher Satz haben? Das In-der-Welt-sein des Daseins als „ekstatisches Innestehen in der Lichtung des Seins" scheint das alte In-esse des Objekts im Begriff umzukehren. Wir präzisieren : Das In-sein des Subjekts im Prädikat, also des Seins im Bewußtsein, ist für Heidegger selbst ein „In-sein im Sein". Dabei übersieht er geflissentlich, daß das Insein des Subjekts im Objekt, sit venia verbo, selbst im Subjekt sich abspielt. Daß ich in dir bin und erkannt bin, ist in mir (erkannt) und daß du in mir bist und erkannt bist, ist in dir und erkannt in dir. Keine Erkenntnis gibt es ohne diese gegenseitige Anerkennung der Erkennenden als Erkannte und der Erkannten als Erkennende. Logisch ist das völlig klar: Das Besondere fällt unter seinen allgemeinen Begriff, der Begriff selbst unter die Wesenszüge des besonderen Dinges, das er begreift. Anders gesagt: Das Objekt ist Teil des Begriffsumfangs, der Begriffsinhalt umgekehrt ein Teil der Wesensbestimmungen des Objekts. Das Allgemeine subsumiert das Besondere und inhäriert dem Besonderen. Das Urteil vollzieht genau diese bindende Teilung und teilende Vereinigung.

Für Heidegger ist das Dasein ‚Seinsverständnis', ein Vor- und Übergriff des Begriffs aufs Einzelobjekt, das ich je selbst bin. Die Ausrichtung geht vom Bewußtsein auf das Sein, vom Allgemeinen zum Einzelnen, vom ‚Man' zur „Jemeinigkeit". Das existenzielle ‚In-sein' meint nicht das Enthaltensein des Dinges im Begriffsumfang, sondern umgekehrt das ‚Hineinstehen' und ‚Innestehen' des geringeren subjektiven Begriffsinhalts in den Merkmalsumfang des Objekts. Die logische Inhärenz des Begriffs im Objekt nennt Heidegger „Hineingehaltensein des Daseins ins Nichts", welches das Objekt vor seinem Begriff ist. Wohin führt diese „jemeinige" Selbstindividuation des Daseins, die über eine selbst noch im Medium des Begriffs bleibende Selbstspezifikation seines Allgemeinbegriffs hinausgeht bis in den Sprung zur außerbegrifflichen Kontingenz der existentia.

In gewisser Weise greift Heidegger dabei auf Kant zurück. Material des Verstehens ist das raumzeitlich Mannigfaltige, das zu synthetisieren ist. Das Dasein bei Heidegger ist seine eigene Zeiträumlichkeit, durchläuft diskursiv seine Momente bis zum bitteren Ende, bis zur Vollendung seiner jemeinigen Besonderheit, der Totalität seiner Bestimmungen, bis zum Tod. Dieses „Vorlaufen des Verstehens zum eigensten Ganz-seinkönnen" im „eigensten Ende des Daseins" antezipiert im Tode ebenso die Einheit des Lebens, wie jede Begriffseinheit die mögliche Vollständigkeit der Objektbestimmungen vorwegnimmt. Diese Selbstbestimmung vollzieht sich in der Stimmung der Angst vor dem und um das „eigenste Selbstseinkönnen" jenseits der Geborgenheit im ‚Man'. „Man-selbst" lebe ewig, nur das Individuum sterbe : Der Einzelne krepiert, es lebe die Gattung. Sterben ist allgemeines Schicksal, das gleichwohl von jedem je selbst erfüllt werden muß. Daß jeder je selbst endet und nicht den Tod eines anderen sterben kann, daß „man" eben nicht stirbt, ist gerade das allgemeine Schicksal.

Im „Vorlaufen zum Ende" nehme ich die Totalität meiner Besonderheit vorweg, an der Grenze des Todes höre ich auf. Anders gewendet: Von dieser Grenze an beginne ich zu sein, was ich sein kann, mehr liegt nicht drin. Vom Tode her, zu ihm hin, bin ich komplett, ich je selbst, nicht man. Hier fängt meine Einmaligkeit an, und hier endet sie. Nach der „Kehre" übernimmt das Sein als „Nichts des Seienden-im-Ganzen" die Funktion des Todes als Abschluß und Initiierung meiner Einzelheit. Die Ausbreitung des Daseins von Geburt zum Tode erfährt Heidegger als „Er-öffnung und Lichtung" des außerbegrifflichen Seins in seiner letzten Individuation. Ist die Todesangst wirklich das menschliche principium individuationis? Die existenzielle Zeitlichkeit zum Tode durchmißt dabei die eher räumliche „Offenheit" des Seins, ein ‚Auseinander' der Schenkel eines Winkels.

Das „Auseinander der Seinslichtung" jenseits des Begriffsumfangs ist zeitlich durchlaufene räumliche Mannigfaltigkeit des Sinnlichen in seiner ‚existenziellen Ekstase', jene Vielfalt des Gegebenen, die im Begriff sich vereinfacht über das Schema der Zeitlichkeit des Daseins. Dieses jemeinige Dasein ist gleichsam der existierende Begriff selbst, der von seiner Allgemeinheit sich losreißt in die Selbstbesonderung - bis zum Umschlag in sinnloses Sein. Die zeitlichen Momente des Daseins, die Stationen seiner Lebenszeit, sind die Wesenszüge (notae), die von der Todeszukunft her synthetisiert werden. Der Tod ist hier die ‚reine Vorstellung', das ‚reine

Anschauen' der phänomenologischen Wesensschau, das dem besorgten und zuhandenen Seienden erst die Einheit eines Lebens verleiht. Mein kontingentes Sein ist dabei kein factum brutum unter anderen, sondern die „Jemeinigkeit" ist Entwurf ihrer selbst, kein Abfallprodukt essentialer Fremdbestimmung, sondern die Effabilität des Individuums, das sich selbst versteht, nicht als Exemplar eines Allgemeinbegriffs, sondern als autonomer Begriff von seiner Einzigkeit und Vereinzelung.

So wird das Selbst Menge aller Einermengen, Einheit seiner Ganzheit als vereinzeltes Selbst. Heideggers „Seinsentwurf" ist der Versuch, die Antinomien Kants „ek-sistentiell" aufzulösen oder besser, sie existentiell zu verstehen. Meine Welt hat ein Ende in der Zeit als tödliche Selbstverzeitlichung des Individuums. Ich entwerfe die mögliche Ganzheit meines Lebens durch Antezipation meines Endes, das selbst kein Teil meines Lebens ist, sondern Vorgriff auf seinen Begriff, auf die Voll-Ständigkeit meiner Selbständigkeit gegen das ‚Man'. Entwerfen kann ich immer nur mein besonderes Wesen in seiner spezifischen Differenz, was ich immer gewesen und noch immer bin, geworfen in die Notwendigkeit, mich als immer selben zeitlich zu durchlaufen bis ans Ende, die jederzeit mögliche Unmöglichkeit aller Möglichkeiten. Meine subjektive Natur jenseits des objektiven Geistes (‚Man') ist mein besonderes Sein jenseits meines Allgemeinbegriffs. Von dem „jemeinigen" Sein kann niemand einen Allgemeinbegriff gewinnen, ohne „man-selbst" zu werden; ich kann mich nur verstehen in meiner spezifischen Differenz, einem besonderen Ausschnitt aus der ontologischen Auswahl : Jeder Begriff greift nur besondere Eigenschaften des Seins heraus, der Begriffsinhalt ist nur Teil der möglichen Seinsvielfalt, in deren Offenheit er hinaussteht. Die Lichtung des Seins als das reine ‚Auseinander', sie verweist darauf, daß hier die mögliche Mannigfaltigkeit des Gegebenen angesprochen ist, deren Begriff sie vereinfacht. Gegenüber dem Vermögen der Synthesis bleibt das Sein reine Möglichkeit zu diesem und jenem, das Auseinander eines Spektrums von Angeboten, in die der Begriff selektierend hineingreift.


Ich lasse mein Benutzen benutzen und benutze mein Benutztsein, brauche mein Gebrauchtsein und lasse den Gebrauch verbrauchen, den ich vom anderen mache. Ich erkenne mein Erkanntsein-durch-dich und werde von deinem Erkanntsein-durch-mich erkannt. Ich kann nichts wollen von dir, ohne meinen Widerwillen gegen deinen Widerwillen gegen mich zu wollen. Nur der Begriff davon, was dir und mir mein Begriff von dir antut, wird uns gerecht, nicht mein Begriff von dir selbst. Vernunft will dort Einigung, wo Liebe nicht möglich ist, Ein Geist statt Ein Fleisch. Wahrheit als Übereinstimmung des Subjekts mit dem Objekt - oder umgekehrt - wird Übereinkunft von Subjekt und Subjekt durch ihre Objektivität füreinander hindurch: Anpassung eines Subjekts an die Anpassung eines anderen Subjekts oder Nichtanpassung an eine Nichtanpassung. Ich richte mich so nach dir, daß ich mich danach richte, wie du dich nach mir richtest usw.. Ich mache mich für dich berechenbar, wenn du dich für mich berechenbar machst. Vernunft ist von daher der freie Vertrag wechselseitigen Verstandesgebrauchs voneinander, Folge der Tatsache, *daß* mein Objekt mögliches Subjekt des Objekts ist, das ich für den anderen bin. Das Ding-an-sich ‚hinter' meiner subjektiven Freiheit gegenüber meinem Objekt ist also die Freiheit meines Erfahrungsgegenstandes, seinerseits mich zum Objekt seiner subjektiven Verfügung zu machen. Das Andere, welches Kant in der Kritik der rein theoretischen Vernunft betrachtet, ist ein Objekt, das nicht selbst Subjekt sein kann. Ich hingegen bin transzendentales Subjekt, sofern ich nie Objekt meines Objekts werden kann: Es kann mich nicht sehen, sondern nur von mir gesehen werden, und ist nie Subjekt seines Subjekts. Erst in der „Kritik der praktischen Vernunft" stehen einander zwei Subjekte gegenüber, die einander zu freien Wesen subjektivieren und zu determinierten Naturwesen objektivieren können. Den Fremden nicht allein als Objekt, sondern auch als Subjekt nehmen, bleibt noch gleich-gültig nebeneinander stehen : Jeder ist zugleich Bewohner der empirischen und der intelligiblen Welt. Diese Schizophrenie von Natur und Freiheit, Kausalität und Finalität, löst Kant nicht auf: Ich und Nicht-Ich sind nicht aufeinander zurückführbar, auch nicht im Ich selbst. Selbst das verinnerlichte Nicht-ich wird nicht Ich, und selbst das entäußerte Ich bleibt Ich.

Böse ist allein, was niemand tun könnte, täten es denn alle: der Selbstwiderspruch durch Verallgemeinerung, Nichtidentität per Generalisierung, die doch gerade identifiziert. Ich lasse mich dazu benutzen, dich zu benutzen, und benutze dich dazu, mich von dir benutzen zu lassen: Subjektivität als freiwilliges Objektsein, das mich erst zum Subjekt macht. Ich benutze dich heißt, ich brauche es, daß du in mir den brauchst, der dich braucht. Ich brauche und du brauchst dein Michbrauchen und mein Dichbrauchen. Daß du mich zu deinem Instrument machst, das macht dich erst zu meinem.

Das durch kein Besprechen wegzudisputierende Leiden, die individuellen Lebensrisiken jenseits selbst sozialistischer Vernunft, irrationale „Grenzsituationen" (Jaspers), also „Krankheit, Einsamkeit, Schuld und Tod" (Habermas), das Inkommunikable des somatischen Individuationsprinzips unserer leiblichen und moralischen Kontingenz, widersprechen der rationalen Widerspruchsfreiheit der theoretischen Entwürfe und pragmatischen Globalpläne, das „Unversicherbare" (Nossack) durchlöchert das soziale Netz. Das herrschende Allgemeine wird der Absonderlichkeit überführt, das Gemeinwohl als Maske vor den Sonderwünschen der Herrschenden, verglichen mit der wahren Allgemeingültigkeit der bis zur „Keinsamkeit" gehenden Isolation des Leidenden. Ganz allgemein ist nur der einsame Schmerz und der unbezüglichste Egoismus des Narziß, hingegen das Glück der Großen Zahl ein monströser Spleen. Bezeichnenderweise existiert der statistische Durchschnitt in keinem realen Individuum. Das wahre allgemeine Wesen des Menschen ist diese seine Besonderheit unter allen Wesen, nichts Besonderes sein zu müssen. Jede Vergesellschaftung ist in sich Dissoziation, und nur Desorganisation reintegriert. Unsere Verbannung in trennende Körper, unser leibliches Auseinander, ist Metapher des Geistes, und jedes Ganze bleibt außerhalb seiner eigensten Ganzheit. Gerade der Drang nach abschließender Vollendung sprengt und bricht jedes auf. Sich zusammennehmen, einen Begriff von sich haben, dieses und nicht nichts oder auch jenes zu sein : Mein Bild von mir, das meine Einheit von Einheiten bildet, läßt meine Ganzheit zerfallen in meine Endlichkeit und ihre Vollendung, in Sein und Bewußtsein. Die Selbstentäußerung ist jene immanente Selbsttranszendenz der Ganzheit, zu der ihr eigener Inbegriff nach Lord Russell nicht gehören kann. Jedes einzelne Ganze besteht aus einem früheren Ganzen und deren Inbegriff und ergänzt so seine eigene Ganzheit zu Teilen einer möglichen neuen Synthesis. Kants Antinomienlehre ist kein Monopol des Verstandes, sondern Struktur dessen, was Heidegger Selbstverständnis des Subjekts nennt. Zukunft ist Vorgriff auf Totalität, die das Ganze meines bisherigen Lebens um seinen metasprachlich artikulierten Inbegriff ergänzt, der laut Russels Typentheorie immer jenseits der totalisierten Etappen und Begebenheiten bleibt. Von daher greifen wir im Tod auf die Synthesis aller Synthesen vor, den Begriff aller Begriffe von meinem jeweiligen Selbst und den anderen, die selbst noch meine Synthesen synthetisieren. Umgekehrt stößt Erinnerung auf die geleisteten Verinnerlichungen jedes Ganzen in seinem jeweiligen Inbegriff, auf die Einheiten aus Vielheit und begrifflicher Einheit. Die geplanten brechen die nur erinnerten Einheiten von Sein und Selbstbewußtsein auf, und das bedeutet, daß die endlose Teilbarkeit nach rückwärts und die unendliche Erweiterbarkeit nach vorwärts im Grunde eins sind.

Von vornherein, a priori, *ist* jeder Erfahrungsgegenstand der eine und selbe im Wechsel der Bestimmungsstücke und Vorstellungen. Sein Wesen ist, was er immer schon gewesen ist : zurück zur Zukunft, also vorwärts zum Ge-wesen(tlich)en. Diese Vorgängigkeit der Vor-Stellung seiner Selbstidentität in der Vergänglichkeit seiner Aspekte macht die Transzendenz der Zukunft zum eigentlichen Transzendental für Heidegger. Aber nur das Individuum als solches kann dieses Allgemeine voraussetzen als transzendentale Bedingung der Möglichkeit seiner eigensten Individualität gegen andere Individuen. Von daher wäre der Einzelne jenes Wesen, das seine Einzigartigkeit durch existenziellen Entwurf seiner Allgemeinheit herstellte und umgekehrt. Das Einmalige jeder Einzelheit wäre das Gegenbild einer Erkenntnis des Gegenstandes, die ein kindheitsanamnestisches Wiedererkennen ist. Erst das Eine als Immergleiches und zugleich Einzigartiges ist das Erste, welches Wahrheit zur „War-heit" macht: quod quid erat esse. Und die Vernunftidee als Synthesis der Verstandessynthesen zielt allein auf die erschöpfende Erfahrung der Besonderheit alles Einzelnen. Habermas radikalisierte sie zum Prinzip, wie vernünftige Sätze zustande kommen, nicht zur Eigenschaft dieser Sätze selbst. Das Kon-krete ist dann Konsens ausargumentierter Universalien, eine diskursive Einigung. Einer nach dem anderen vernimmt und wird vernommen. Faktisch wird dadurch allerdings doch die praktische Wahrheit zum Resultat eines Mehrheitsbeschlusses, die Übereinstimmung mit der Sache, die hier jeder selbst ist, durch eine Abstimmung ersetzt und durch Übereinstimmung der Stimmungen miteinander. Objektivität in Sachen Subjektivität wird so zur Intersubjektivität, ihre ‚individuelle Brechung' selbst wieder rational argumentiv zu legitimieren und als verallgemeinerungsfähig auszuweisen. Es ist sehr die Frage, ob nicht doch zuweilen das Ungeneralisable das einzig Wahre wäre. Habermas fällt hinter seinen Lehrer Adorno zurück, solange er den Dissens samt Nonsens nicht selbst konsensfähig machen hilft und kein Verständnis entwickelt für die Unverständlichkeit jedes Absonderlichen. Seine Ratio bleibt Rationalisierung der Unterdrückung des unartig und abartig Einzig-Artigen, dessen Verallgemeinerungs*un*fähigkeit gerade die Bedingung der

Möglichkeit eines „freien Diskurses" und eines chancengleichen Zugangs zu dessen Forum wäre. Wahrhaft vernünftig zustande kommen kann derzeit nur die Einigung über die Unmöglichkeit jeder Einigung und der Dissens im Herzen jedes Konsenses. Das Elite-Argument, daß nur Experten die nötige Diskurskompetenz haben, enthält noch das wahre Moment, daß der Vernunftbegriff von Apel und Habermas zirkulär ist : Das Diskursforum setzt jene Vernunft schon voraus, die es allererst schaffen will, die freie Gesellschaft. Der einstimmig Überstimmte allein bleibt am Ende übrig als Anwalt jener Vernunft, die ihm die Abstimmung abspricht : Vernunft der Unvernunft und Unvernunft der Vernunft.

Heidegger weiß sich von Kierkegaard beeinflußt und hat diesen Einfluß eigentümlich verwischt. Auch er betreibt die Rettung der individuellen Existenz vor dem Übergriff der absoluten Idee Hegels, des Subjekts vor dem allgemeinen Begriff. Aber die Kontingenz des besonderen Seins, das sich dem vergesellschaftenden Bewußtsein verweigert, verdrängt bei ihm nur die begriffliche Determination, die als verdrängte nach der ‚Kehre' gleichsam hinterrücks zurückkehrt, aber nun unkenntlich gemacht. Diese ‚Destruktion' seines Seinsbegriffs müßte die Fehletikettierung dechiffrieren. Der Rekurs auf phänomenologisches „Eidos" begünstigt die Verschleierung und Pseudo-Überwindung der Logik von Allgemeinem und Besonderem, die bei Kierkegaard noch sichtbar war und beim späten Sartre erneut durchbricht. Heidegger glaubt, die Metaphysik überwunden zu haben, da er schon vor der ‚Kehre' die logische Allgemeinheit des Begriffs durch das phänomenologische „Eidos" seines Lehrers Husserl ersetzt und nach der ‚Kehre' die Dialektik des Allgemeinen und des Einzelnen, der Idee und des Einzeldinges, der ersten und zweiten „Ousia" des Aristoteles, des Begriffs und seines Objekts, kurzerhand in der Nacht des ‚Seyns' verschwinden läßt, das ja kein ‚oberster Gattungsbegriff' über dem ‚Seienden im Ganzen' sein soll, sondern ‚das transcendens schlechthin'. „Sein und Zeit" (1926) pointiert noch deutlich die Individualität der Existenz gegen die Allgemeinheit des Begriffs. Mit Kierkegaard gegen den deutschen Idealismus wird die ‚Jemeinigkeit des menschlichen Daseins', das existenzielle Selbst gegen das „Man" jeder sozialen Allgemeinheit ausgespielt. Andererseits wird weniger das dingliche, substantielle Einzelwesen (1. Ousia) gegen den subjektiven Begriff verteidigt als vielmehr in der ‚Existenz' das menschliche Subjekt  gegen den objektiven Geist der Hegelschen Idee.

Nicht das factum brutum steht auf gegen seinen Allgemeinbegriff, der es vereinnahmen und in Geist auflösen will, sondern die ‚jemeinige' Subjektivität macht sich einen eigenen Begriff von sich gegen seine soziale Wesenszuschreibung. Wichtig wird, daß und als was ich mich je selbst verstehe, nicht, daß und wie man einander begreift. Im ‚jemeinigen Seinsverständnis' ist mein besonderer Begriff von meiner individuellen Existenz contra sozialer Wesensbestimmung versteckt. Ausdrücke wie ‚Entwurf' und ‚Ekstase' verhüllen die Logik der subjektiven Selbstdefinition.

Das menschliche Dasein ist jenes Einzelwesen, dessen allgemeines Wesen darin bestehen soll, seine Nichtidentität mit dem sozialen Allgemeinbegriff der Politiker, Soziologen, Psychologen, Anthropologen etc. nun selbst zu ‚entwerfen'. Meine Faktizität bestehe darin, nicht einfach sinnloses Faktum jenseits meines Allgemeinbegriffs zu sein in dem Sinne, indem auch ein Stein kraft seiner kontingent materiellen Existenz nicht völlig in seinem Wesensbegriff aufgeht, sondern diese meine besondere, auf keine Idee zurückführbare, aus keinem Begriff ganz ableitbare existentia gegen das zu setzen, was „man" von mir und über mich sagt. Wenn aber meine Existenz nicht identisch ist mit dem Begriff, den ‚man' sich von mir macht, sondern sich einen eigenen Begriff von sich selbst und ihrer Besonderheit bilden muß, wird hier das Sein Bewußtsein seiner selbst, Selbstbewußtsein, das sein Selbst erst selbst herstellt. Ich mache mir ein Bild von mir, indem ich mich allererst bilde aus mir, aus dem Bild, das ‚man' sich von mir macht. Wir hoffen, hier wenigstens den frühen phänomenologischen Heidegger so wieder in die Metaphysik zurückgeholt zu haben, in die Aporetik des Verhältnisses zwischen 1. und 2. aristotelischer Ousia, die Lord Russell zweitausend Jahre später in der logistischen Typentheorie präzisiert hat, wo er sie auflösen wollte. Die Logik des Allgemeinen und Besonderen, die Dialektik des Seins und des Bewußtseins, soll aus dem außerbegrifflichen, transsubjektiven Sein verbannt werden, das in „Sein und Zeit" noch das menschliche Dasein selbst war. Heidegger steuert zwischen Scylla und Charybdis und zerschellt an beiden zugleich : Noch vor der ‚Kehre' ist die „Ek-sistenz" das besondere Subjekt gegen den objektiven Geist des ‚Man', danach das transsubjektive Sein gegen den subjektiven Begriff. Er hat das „Man" entdeckt im Herzen der jemeinigen Existenz, das Allgemeine im vermeintlich Besonderen. Nun wird die besondere Jeweiligkeit des Seins jenseits der besonderen wie der allgemeinen Subjektivität weiter hinausgeschoben und aus dem Begriff völlig verbannt. Erst war das Individuum das besondere Sein, die Existenz, gegenüber dem Allgemeinbegriff, später wird der subjektive Begriff im jeweiligen Dasein selbst gesehen und das bewußtlose Sein jenseits des subjektiven wie objektiven Geistes gesucht. Dieses ‚Seyn' usurpiert dann alle Male kontingenter Einzigartigkeit, vor der individueller wie objektiver Geist zusammenfallen und der Einzelne ganz allgemein wird gegen ein Sein, das vor lauter Besonderheit unbestimmt wird. ‚Man' stellt sich das Sein vor, bearbeitet es technisch, ich je selbst wie jeder beliebige andere. Die Besonderheit des Seins ist die einzigartige Weise, in der es sich selbst allen gemein macht. Ein Rest menschlicher Einzelexistenz ist im späteren ‚Seyn' erhalten geblieben : Es entwirft selbst die menschlichen Weisen, in denen es sich vom Subjekt entwerfen und verstehen läßt. Auf einer Meta-Ebene ist die „Seinsgeschichte" die Einheit der epochalen Selbstenthüllungen; sie hat die Formen, in denen Begriffe ihre Objekte erkennend subsumieren, schon immer vorweg subsumiert. Karl Löwith sah in ihr die altbiblische Vorsehung säkularisiert.

Je weniger Eigenschaften des Objekts der Begriff sich herausgreift, mit je mehr anderen Objekten dieser Gegenstand dann seine Wesensbestimmung teilt, je größer also die Besonderheit seines Allgemeinbegriffs, desto weniger wird sie der Besonderheit des Objekts gerecht. Der Begriff, der allen Facetten des Einzelobjekts genügen würde, die er in ihrer Gesamtheit mit keinen anderen Objekt zu teilen hätte, wäre die Vereinigung aller Begriffe, die sich von ihm füglich bilden ließen, der Begriff seiner Begriffe. Jeder Teil der Welt teilt das Urteil über ihn mit anderen Teilen der Welt, und jedes Urteil teilt den Teil der Welt, über den es ergeht, mit anderen Urteilen über denselben Teil. Jedes Individuum bildet ein potentielles Dividuum und der Indivi-dualismus einen Dualismus von Einzelheit und Mehrheit. Die Besonderheit des empirisch wahrnehmbaren Objekts wird nur ausgeschöpft von der Besonderheit der Konfiguration seiner Einzel-begriffe, deren jeder einer mit anderen Objekten geteilten Einzel-bestimmung gerecht wird. Das monadische Individuum ist ein mikro-skopischer Spiegel des Makrokosmos, sofern es aus so vielen Wesenszügen besteht wie das Universum aus Elementen. Anders gesagt : Unter ihren Begriff fallen so viele Dinge, wie jedes Ding allgemeine Merkmale hat. Das Objekt ist Allgemeinbegriff seiner Wesenszüge und der Begriff durch seinen Inhalt ebenso Teil des Objekts, wie das Objekt Teil des Begriffs ist durch dessen Umfang. Das Eine ist das Viele, was sich von ihm sagen läßt, statt nur Eines und immer dasselbe von allem zu sagen.

Und der Begriff von einer Sache thront sowenig über ihr, wie hinter den Erscheinungen der Sache ein ursächliches Wesen versteckt ist. Der Begriff i s t die Klasse seiner Objekte und das Objekt die Menge der Phänomene, die von ihm künden. Wesen und Begriff *sind* dadurch die Klasse von Gegenständen, deren Wesen und Begriff sie darstellen, daß der Begriff vom Wesen eben *nicht* das Wesen selbst ist und das Wesen laut Russell *nicht* schon sein eigener Begriff. Damit die Natur der Natur die Natur selbst ist, hat jedes Wesen sein Wesen darin, sich im Urteil zu begreifen als das, was es ist. Dabei ist das Objekt so die Einheit seiner Wesensbestimmungen wie der Begriff die Einheit seiner Objekte. Die begriffliche Allgemeinheit der Objekte korrespondiert der substantiellen Einheit aller Akzidenzen jedes Objekts. Als besonderes Allgemeines ist jeder Einzelbegriff vom Objekt selbst ein Objekt für Begriffe, wie das Objekt des Begriffs der Inbegriff seiner objektiven Wesensmerkmale ist. Nach Lord Russells Auflösung der mengentheoretischen Paradoxien gehört nun die Einheit von Einheiten nicht selbst zu jenen Einheiten, deren Einheit sie darstellt. Da aber jede Einheit potentiell die Einheit ihrer Einheiten ist, ist keine Einheit eins mit sich selbst - und der Begriff nur der Ausdruck dieses Sachverhalts.

Russells typentheoretische Auflösung der logischen Antinomie, die in der ,Menge aller Mengen' liegt, bestätigt auch logistisch, was Adorno als negative Dialektik festhielt, die Nichtidentität von Begriff und Objekt. Das Sein ist weder sein eigenes Bewußtsein noch das Bewußtsein das bewußte Sein selbst, gegen Marx. Das Ding-an-sich geht nicht in seiner Erscheinung auf, und die subjektive Bedingung der Dinge ist nicht zu einem Ding unter anderen zu verdinglichen - und kein Bewußtsein ganz an ein anderes zu verdingen. Aber Kant machte die zu kategorialen Gegenstandsformen schematisierten logischen Urteilsformen des Verstandes nicht nur als ein Apriori von der Erfahrung unabhängig, sondern zu einem Transzendental, welches Erfahrung überhaupt erst ermögliche. Seit der Scholastik ist unter den Transzendentalien ausgezeichnet das ens unum et verum et bonum, das Eine, selbst weder ein ens accidens noch ein ens rationis, und kein höchster Gattungsbegriff, da Einheit das Wesen aller Allgemeinbegriffe ist.

Der Begriff der Einheit konstituiert die Einheit aller Begriffe. Jeder Begriff ist eine Einheit von Vielheiten, und die Einheit selbst der Inbegriff aller Begriffe. Schon früh wurde das Eine zusammengedacht mit der Zahl Eins, der Menge aller Einsermengen. Die Eins gilt als erst(rangig)e Zahl.

Das kardinal Erste ist das zeitlich Frühere. So wird das Unikum über dem Numerischen mit dem Temporalen vereinigt, da das Eine seit Parmenides auch das Einzige, Einzigartige ist, das Einfache, das nur einmal vorkommt, das Einmalige und ordinal Erstklassige. Adorno sieht das Urvorbild der urprünglichen Einheit und Gleichheit im Autochthonen: Der Eingeborene ist der Erstgeborene, der zuerst da war und daraus Vorrecht und Vorrang ableitet. Aber schon Aristoteles bestritt, das das zeitlich Früheste auch das ontologisch Erste sei. Die praktische Philosophie sieht gerade in der Umkehr dieser Folge das Entscheidende. Praktisch ist der vorgesetzte Zweck einer Handlung früher als ihre Ausführung : Finalität überformt Kausalität. Die Ursache geht der Wirkung voraus, aber erst das Ziel macht die Ursache zum Mittel ihrer Realisierung, und der Zweck als Wirkung macht die Ursache zur Ursache. So wird die Wirkung, die Verwirklichung des Ziels, zur Ursache der Ursache und die Ursache, als Instrument, zur Wirkung ihrer Wirkung. Erst kommt die Einheit als vereinigende Verstandesfunktion. Heidegger temporalisierte das transzendentale Apriori: Ich muß vorweg schon wissen, daß und was ich als immer schon so gewesen beurteile. Die Einheit ein und desselben Objekts durch all seine Eigenschaften und Facetten hindurch muß ich voraussetzen, um sie auf ihn beziehen zu können nach dem Bilde meiner eigenen Selbstidentität, der transzendentalen Apperzeption in der Abfolge meiner Einzelperzeptionen. In der Zukunft erfüllt sich, was jedem an Erfahrbarkeit zukommt.

Am Ende löst das Subjekt in soviele Partikularbegriffe sich auf, wie es Besonderheiten am Objekt gewahrt, die nicht aufeinander zurückführbar sind. Jeder Zug an der Sache fügt sich einem Begriff, der diesem Zug sich fügt. Die Konstellation begrifflicher Generalitäten bildet die Komplexion der partikularen Objektbestimmtheiten nach. Wahrheit läge in der begrifflichen Nachschöpfung der unreduzierten Komplexität der Sache, die nichts wäre als das Gewebe aller Kontexte, durch die die Sache auf das wirkt, was sie nicht ist, und sie zu dem machen, was sie in diesen Interdependenzen ist. Die Synthesis der partikularen Bestimmungen zur Einheit des Objekts wäre nicht die Synthese der Selbstidentität des Subjekts, also nicht die Synthesis von Subjekt und Objekt. Wenn nach Kant das Subjekt nur mit der Erscheinung des Objekts a priori identisch ist, dann ist umgekehrt das Ding-an-sich identisch mit der Erscheinung des Subjekts, die Kant seine transzendentale Freiheit nannte, wir jedoch im Gegenteil als sein

Äußerlichstes erkennen, seine Transzendenz als Selbstentäußerung an das essentiell mit sich selbst beschlossene und versiegelte Nicht-ich und dessen selbstunterschreitende Immanenz. Das Subjekt erscheint als Wesenstiefe des Objekts, und das Objekt präsentiert sich als Tiefe der subjektiven Innerlichkeit, die wir jetzt genauer fassen können. Wenn die Propagandisten der Verinnerlichung - also der Er-innerung daran, was die Außenwelt meiner Vergangenheit ist, die ich *war* in der Weise, sie nicht zu *sein* - von der Unendlichkeit der Seele sprechen, meinen sie die unendliche Teilbarkeit ihrer Objekte. Der subjektive Mikrokosmos als Spiegel des Makrokosmos entdeckt zudem den Makrokosmos in jedem seiner Bestandteile und Partikel. Einen Sachverhalt verneinen, also die Einheit der objektiven Bestimmtheit und der subjektiven Bestimmung leugnen, heißt einen anderen Sachverhalt behaupten. Nichtidentität mit etwas ist in sich eine Identität mit anderem, das mit dem ersteren nicht identisch ist. Das ist kein Zirkel, weil die Nichtidentität des einen und des anderen Objekts erst in die Welt kommt durch die Identifizierung eines Objekts durch ein Subjekt, welches auf ein Nicht-ich trifft. Identität mit der Erscheinung ist Nichtidentität mit dem Ding-an-sich bis zur Nichtidentität des Objekts qua Erscheinung *und* Ding-an-sich. Ding-an-sich und Phänomen eines Gegenstandes zerfallen in zwei Gegenstände, deren jeder bei näherer Betrachtung erneut zerfällt in Phänomenalität und Noumenon. Das reine Phänomen, durch und durch durchsichtiges Erzeugnis des transzendentalen Ego, gerinnt sofort wieder zur Zweideutigkeit jeder entäußerten Innerlichkeit des Objekts, das selbstreferentiell auf sich beruht und sich permanent aus sich herausholt.

Nicht das Sein ist innerhalb des Bewußtseins, sondern *daß* es ganz jenseits des Bewußtseins bleibt, und außerhalb des Bewußtseins ist kein Sein, sondern *daß* es im Bewußtsein aufgeht. Das Bewußtsein *ist* als Transzendenz das Jenseits seiner selbst : ein anderes Bewußtsein als Bewußtsein eines anderen. Transzendiere ich mich selbst auf *den* anderen und auf *das* andere hin, transzendiere ich einmal mein Transzendiertsein durch den anderen und zum anderen seine eigene Transzendenz, da ich mich nur überschreite in Richtung auf mein eigenes Selbst durch den hindurch, der sich und mich übersteigt, um durch mein Durch-ihn-sein hindurch zu sich zu kommen. Also transzendiert jeder sich auf den anderen hin, indem er den anderen auf sich selbst hin überschreitet. Den anderen überschreiten heißt sich selbst überschreiten als den, den er überschreitet.

Das principium individuationis, das uns unterscheidet in unserer gleichen Seinsart, ist die Existenz als Transzendenz jeder Transzendenz des anderen. Das Kantische Ding-an-sich ist von daher einfach die transzendentale Subjektivität des anderen, der mich ebenso zum Gegenstand seiner Erfahrung machen kann, wie ich ihn zur Erscheinung bringe. Den anderen erkennen heißt feststellen, was ihn mit mir verbindet und was ihn von mir trennt, ihn als alter (spezifische Differenz in der Sinnlichkeit) ego (genus proximum rationaler Synthesis). So stehen sich zwei transzendentale Subjektivitäten gegenüber, die einander potentiell zu Erfahrungsgegenständen transzendieren, *füreinander* Erscheinungen und *an sich* Freiheiten, einander zu objektivieren. Erkenntnis des anderen ist Anerkennung seiner besonderen Art, wie alle zu sein, also wie jeder etwas ganz Besonderes.
Was uns verbindet, trennt uns : unser Egoismus ; wir sind vergesellschaftet durch Asozialismus, und Kollektivität atomisiert uns. Allen gemeinsam ist das Vermögen, sich zu einigen auf Verschiedenheit. Hegel hat die Dialektik des Einen und des Anderen als Liebe entfaltet. Bei mir bin ich nur im je Anderen, und allein außer mir als Anderer komme ich zu mir. Hegel geht nicht aus von zwei fix und fertigen Substanzen, deren jede auch ohne die jeweils andere schon wäre, was sie ist, und die beide irgendwann nachträglich einmal Beziehungen miteinander aufnähmen oder auch nicht.
Ihr Verhältnis geht ihnen voran und macht sie beide erst zu dem, was jedes je für sich ist. Anders wäre das Eine und das Andere gleichgültig gegeneinander und diese Gleich-gültigkeit als ihre Allgemeingültigkeit eine Bedingung von Herrschaft des Einen übers Andere in der Subsumtion des Einzelsubjekts unter seinen Begriff. Ihre Be-gegnung setzt sie nicht voraus, sondern befreit sie zu einander, jedes zu sich. Was ich je bin, bin ich durch das, was ich nicht bin, oder dadurch, daß es schlicht ist, was es ist, durch mich, also durch mein Sein durch mein Nichtsein hindurch etc..
Der Verstand produziert eine Natur, deren Naturprodukt er ist, und Natur bringt einen Verstand hervor, der sie überhaupt erst versteht als Natur, aus dem er entsteht. Er versteht sein Entstehen aus ihr, die sein Verstehen aus sich entstehen läßt. Der Verstand ist Ursache dafür, *daß* sein Gegenstand die Ursache dieses Verstandes ist, aber die Naturgeschichte - was Kant nicht mehr thematisierte - bleibt zugleich die causa sufficiens reddenda dessen, daß der Verstand die kategoriale Ursache seiner kausal verknüpften Vorstellungen von ihr ist und zu jeder Sinnesempfindung eine „äußere Ursache" in den ausgespannten Raum hinausprojizieren muß.

Philosophie unterscheidet sich von allen Einzelwissenschaften erst einmal dadurch, daß sie kein einzelnes und besonderes Gegenstandsgebiet untersucht, sondern die Gesamtheit möglicher Gegenstände und die spezifischen Bedingungen ihrer Erkennbarkeit. Auch sie zeichnet dann bestimmte Gegenstandsarten vor anderen aus, kommt zu Hierarchien der Erfahrungsobjekte und der Zugangsweisen zu ihnen und betrachtet sie nicht nur daraufhin, was sie miteinander gemeinsam haben, nicht nur ihre Gegenständlichkeit überhaupt und gar nur ihr Sein. Aber sie macht diese Differenzierungen immer je nur im vorgängigen Hinblick auf das gesamte „universe of discourse", das sie nie aus den Augen verlieren darf, ohne sich als Philosophie aufzugeben und an die Einzelwissenschaften zu verlieren. Genau dieses Bestehen auf dem Universalen und Singulären zugleich treibt das philosophische Denken in Aporien, aus deren Durchdenken Philosophie erst besteht. Der Denker ist ein Einzelner, der das Ganze zwar nicht ist, aber denken will gerade, weil er es nicht ist. Ein Teil des Ganzen wacht auf und nimmt das Ganze in den Blick, also auch sich selbst, als Teil des Ganzen, aber auch als denjenigen, der das Ganze übersieht usw..
Das Ganze wird plötzlich in einem seiner Bestandteile seiner selbst inne. Dieses Staunen über das Ganze als Teil des Ganzen gilt seit altersher als Beginn des Philosophierens. Dieses Ganze ist nicht nur das approximativ durch Kumulation seiner Elemente nie Abschließbare, sondern das jede Akkumulation erst ermöglichende und gedanklich immer schon vorweggenommene Ziel jedes Fortschreitens von einem Gegenstand zum anderen, von einer Facette jedes Gegenstandes zur nächsten, eine regulative Idee, welche die Vervollständigung heuristisch steuert. Der Selbstbezug der Beziehung zum Weltganzen und die Stellung dieses Selbst zum Ganzen ist bevorzugtes Thema von Philosophie. Die Universalität der Reflexion und die Reflexivität des Universellen lassen sich begrifflich fassen als Selbstbewußtsein vom Sein im Ganzen : Ich selbst im Ganzen und das Ganze in mir ( Aristoteles : „anima est quodammodo omnia" ) stellen das dar, was in der Tradition als Beziehung von Natur und Geist verhandelt wird, von Subjekt und Objekt, Ich und Nicht-ich, Sein und Bewußtsein, Ding und Begriff, Leib und Seele, Verstand und Sinnlichkeit, Allgemeines und Besonderes und was auch immer sonst. Unsere Terminologie läßt diese Tradition nicht hinter sich, sondern in einem veränderten Licht erscheinen, bis „die alten Fragen, die alten Antworten" (Samuel Beckett) wieder fraglich werden, d.h. gleichzeitig fragwürdig und erneut fragbar.

## Wittgensteins linguistic turn :  Im Anfang war das Wort

„Das Unaussprechliche (das, was mir geheimnisvoll erscheint, und ich nicht auszusprechen vermag) gibt vielleicht den Hintergrund, auf dem das, was ich aussprechen konnte, Bedeutung bekommt."
(Ludwig Wittgenstein: Werkausgabe, Frankfurt 1984, Band 8, S. 472).
„Und es ist so : Wenn man sich nicht bemüht, das Unaussprechliche auszusprechen, so geht *nichts* verloren.  Sondern das Unaussprechliche ist  - unaussprechlich  -  in dem Ausgesprochenen *enthalten.*"  (Brief an Paul Engelmann vom 9.4.1917)  Muttersprachen implizieren ihre Metasprachen.

Wittgensteins fragmentierte Individualität zeigt sich im fragmentarischen Stil.  „Was ich auch immer schreibe, es sind Fragmente, aber der Verstehende wird daraus ein geschlossenes Weltbild entnehmen." (Nachlaß-Ms Nr. 108).  W. meint, „daß ein Buch über Philosophie, das Anfang und Ende hat, eine Art Selbstwiderspruch darstellt... wie wir in der Philosophie ein Problem nach dem anderen aufgreifen müssen, obwohl eigentlich jedes Problem zu einer Vielheit von Problemen hinführt." (Vorlesungen 1930/1935, S. 199)
Um sich ein Bild vom Ganzen der Welt machen zu können, müsse das Ich ganz außerhalb dieses Ganzen stehen und dürfe selbst kein Bestandteil dessen sein, von dem es sich ein Bild machen wolle.  Der Berührungspunkt zwischen Sein und Bewußtsein erfüllt beides, weil er an beiden teilhat, ohne darin ganz aufzugehen :  Nähe und Distanz zugleich.  Ich kann Dinge beurteilen, aber nicht, *wie* ich sie beurteile : Reflexive Selbsterkenntnis ist für W. unmöglich.  Mich selbst erkennen heißt mich erkennen, sofern ich Teil des Ganzen bin, aber zugleich auch den erkennen, der das Ganze erkennt und wie er es erkennt.
Sein Entdecker Bertrand Russell entdeckte, daß eine Klasse von Elementen kein Element ihrer selbst sei, daß das Bewußtsein niemals zu dem Sein gehöre, dessen es sich bewußt sei, und das Bild eines Gegenstandes kein Gegenstand dieses Bildes sein könne.  Das Urteil über Objekte kann durch sie nicht verurteilt werden, und die transzendentale Bedingung der Möglichkeit von transzendenten Dingen ist nicht durch diese Dinge bedingt. Transzendentale Linguistik bedeutet, daß die Dinge nicht die Bedingungen ihrer (sprachlichen) Bedingungen sind.
„Der Philosoph behandelt eine Frage; wie eine Krankheit."
Als europäischer Uraphoristiker gilt der sophistische Arzt Hippokrates, ein Gorgiasschüler.

„Das Wesen des Satzes angeben heißt, das Wesen aller Beschreibung angeben, also das Wesen der Welt" : Wittgenstein gibt das Wesen des Satzes und damit der beschriebenen Welt nicht in einem Aufsatz wieder, sondern in einem Satz. Diese selbstreflexiven Sätze bleiben Fragmente, weil er nur über den Satz nachdenkt und nicht über ganze Abhandlungen, die mehr sind als Sätze. Beeindruckt vom Aphoristiker Karl Kraus, wollte W. seinen „Tractatus" ursprünglich „Der Satz" nennen.

„Die Philosophie ist ein Kampf gegen die Verhexung unseres Verstandes durch die Mittel unserer Sprache", schreibt W. in seinen „Philosophischen Untersuchungen", aber dieser philosophische Kampf zuerst gegen die verhexenden Kunstsprachen und dann gegen die verhexende Muttersprache ist ein Kampf mit dem Mittel der Sprache selbst. Das philosophische Fragment ist der Kampf gegen Worte - mit den Waffen des Wortes.

Es erzeugt Schweigen durch Worte und ist kein beredtes Schweigen.

Welche schizoide „Lebensform" entsprach seinem fragmentierten „Sprachspiel" ? „Ich bin zwar kein religiöser Mensch, aber ich kann nicht anders : Ich sehe jedes Problem von einem religiösen Standpunkt." Rudolf Carnap sagte von ihm: „Sein Standpunkt glich eher dem eines kreativen Künstlers als dem eines Wissenschaftlers, um nicht zu sagen eines biblischen Propheten oder Sehers". War W. der einzige monotheistische Philosoph von Rang im 20. Jahrhundert, wenn auch nur im protestantischen Sinne Kierkegaards?

„Was ich entdeckte, sind neue Gleichnisse." (WA 8, 5. 483). Wir erinnern uns : „Die Grenzen meiner Sprache sind die Grenzen meiner Welt". In den „Philosophischen Untersuchungen" heißt es: „Die Ergebnisse der Philosophie sind die Entdeckung irgendeines schlichten Unsinns und Beulen, die sich der Verstand beim Anrennen an die Grenzen der Sprache geholt hat. Sie, die Beulen, lassen uns den Wert jener Entdeckung erkennen."

Das Bild stammt aus einem Aphorismus des „heimlichen ‚Tractatus'-Adressaten Karl Kraus" (H. Fricke): „Wenn ich nicht weiter komme, bin ich an die Sprachwand gestoßen. Dann ziehe ich mich mit blutigem Kopf zurück. Und möchte weiter." Der Weg vom philosophischen Dichter Kraus zum poetischen Denker Wittgenstein ist der Weg vom blutigen zum verbeulten Kopf.

„Aber es sind nur Luftgebäude, die wir zerstören, und wir legen den Grund der Sprache frei, auf dem sie standen", die philosophischen Gedankengebäude. „Ich bin auf dem Boden meiner Überzeugungen angelangt. Und von dieser Grundmauer könnte man beinahe sagen, sie werde vom ganzen Haus getragen" (1951). Wer Luftschlösser baut, wohnt in Hundehütten, sagte Kierkegaard von Hegel.

„Was ist dein Ziel in der Philosophie ? - Der Fliege den Ausweg aus dem Fliegenglas zeigen." Wir erinnern uns : Der Satz „zeigt" seinen Sinn nur, den er nicht sagen kann. Der Sinn ist der Ausweg aus der Bedeutung wie die Metaphysik aus der Physis. Die Fliege sieht die Welt draußen, die sie nicht erreichen kann. Ist sie frei, erreicht sie die Welt, die sie dann aber nicht mehr sehen und übersehen kann.

Das Fragment ist ein Sprachspiel, das gewöhnliche Sprachspiele beschreibt, ohne sie aufzuheben. Elementarsätze spiegeln „logische Formen", Sprachspiele spiegeln „Lebensformen", beide sind sie Welt-Bilder. Fragmente „zeigen", *wie* Worte auf die Welt zeigen, also was sich nicht sagen läßt. Bei Friedrich Schlegel waren sie ironische Allegorien des Unaussprechlichen. Wittgensteins wie Schlegels Fragmente erfüllen alle Anforderungen, die Hegel in der Vorrede zur „Phänomenologie" (1807) an den „philosophischen Satz" stellte. Im Fragment spricht der gewöhnliche Satz einmal über sich selbst, also über die Art, wie er über die Welt spricht und sich dabei widerspricht, ohne aufzuhören, ein alltäglicher Satz zu sein.

Das Fragment leiht sich nur die Form des gewöhnlichen Satzes, um über sein eigenes Weltverhältnis zu reflektieren. Im ,Spruch' ist das Sprechen über die Sprache versteckt. Watzlawick dagegen *spricht* die Metasprache, die Wittgenstein in der Muttersprache nur impliziert sieht.

Wittgensteins „Beschreibung des Satzes" wäre einmal mit Hegels „Logik des Urteils" zu vergleichen: Begriff-Urteil-Schluß oder Name-Satz-Sprachspiel? Wittgensteins Paradox liegt darin, daß seine Fragmente genau die Metasprache sprechen, deren logische Unmöglichkeit zu beweisen sie nicht müde werden. Seine Spätphilosophie der demokratisch gleichberechtigten Sprachspiele bestand selbst aus der kontextfreien Koexistenz pluralistischer Sprachspiele. Seine antimetaphysische Metaphysik zerfiel in Fragmente wie die Welt in Tatsachen : metaphysics to end all metaphysics. Daß das „jeu de maximes" der französischen Moralisten „Sprachspiel" par excellence war, sah er am verehrten Karl Kraus. Die Sprache kann nicht sprechen über die Art, *wie* sie über die Welt spricht, weil das Bewußtsein vom Sein kein Selbstbewußtsein hat. Worüber man nicht reden kann, das muß sich zeigen, aber was muß der Fall sein, damit Sätze nur über das sprechen, was der Fall ist? - „Das Höchste kann man, eben weil es unaussprechlich ist, nur allegorisch sagen" : Fr. Schlegel war über Fichtes Tat-Subjektivismus hinausgekommen, und Manfred Frank macht zurecht einen scharfen Unterschied zwischen Idealismus und Frühromantik.

„Man meint das Absolute und sagt das Relative. Darum, so lautet die frühromantische Demarche, gilt es, das Relative so zu sagen, daß im Gestus des Sagens das Gesagte zugleich vernichtet wird als das nicht Vermeinte. Das geschieht durch die Ironie. Sie ist kein Thema des Sagens, sondern ein Stil-

Zug der Rede." (Manfred Frank: „Stil in der Philosophie", Stuttgart 1992, S. 62 f.)  „Im und als Stil... reflektiert die Sprache auf sich selbst... Stil ist die selbstbezüglich gewordene Zeichenverwendung, wie sie Roman Jacobsen auch der poetischen Sprache zuerkannte." (a.a.O., S. 98)
Fragmentarische Sprachspiele sind „bedeutende Anspielungen" auf Unaussprechliches. „Ironisch lasse ich fühlen, daß ich etwas anderes sagen will, als was ich sage." (a.a.O., S. 99).
Frank erwähnt Schlegels Ironie, aber nicht seine paradoxen Selbstparodien. „Wittgensteins Texte sind aber keine Aphorismen, sondern gehören zur Gattung des Fragments... Friedrich Schlegel hat die Undarstellbarkeit des Unendlichen im Endlichen aller Rede nicht nur durch den Stilzug der Ironie, sondern auch durch die Wahl des fragmentarischen Genres zu kompensieren versucht. Ihm war wesentlich, daß man das Fragment nicht mit einem Aphorismus verwechsle... Fragmente sind dagegen nicht selbstgenügsam." (a.a.O., S. 101). „Notwendig wäre es, alles - oder besser: das Absolute - zu sagen... Aber indem ein Fragment das andere in seiner Geltung durch Widerspruch und Ausschluß relativiert, wird... indirekt - über die Selbstvernichtung der Reihe - das undarstellbare Ganze angedeutet... und das Fragmentarische macht sich ex negativo zum Repräsentaten des systematisch nicht Leistbaren." (a.a.O., S. 102).  „... ohne den Bezug auf einen gemeinsamen Referenten (wären) die Fragmente gleichmögliche Aussagen, die sich nicht wechselseitig relativierten oder gar ... zur Aufhebung trieben. Fragmente sind Bruchstücke eines (verfehlten) Ganzen" (a.a.O., S. 102), doch jedes Fragment ist das Ganze selbst.
„Aber was *philosophisch* scheitert, kann immer noch *ästhetisch* gelingen." „Nur eine Botschaft, die von keiner denkbaren Interpretation... je ausgeschöpft zu werden in Gefahr steht, könnte ja als Allegorie des Absoluten sich anbieten." (a.a.O., S. 103). Gilt diese Unausschöpflichkeit nun schon für jedes Einzelfragment oder erst für ganz durchkomponierte Fragment-Sammlungen ?
„Je genauer man also hinsieht, desto mehr erweisen sich die frühen wie die späten Werke Wittgensteins als eine bloß aphorismenähnlich verkleidete Theorie." Viele Einfälle lassen sich zitieren wie „kotextfreie Aphorismen (und zwar solche erster Güte)", im „Tractatus" aber herrsche gerade „keine aphoristische Isolation, sondern das Nonplusultra textlinguistischer Integration", schreibt H. Fricke („Aphorismus", Stuttgart 1984, S. 45). M. Frank sieht das anders: „Der Mythos von Wittgenstein als dem strengen Gliederer ist inzwischen durchschaut... Zum Unvermögen, die faktisch vorliegende oder vermutete Kohärenz der Fragmente als solche darzutun, tritt bei Wittgenstein wie bei Schlegel und Novalis der Zweifel an der *systematischen* Beherrschbarkeit der Einzeleinsichten und der irreduzibel plural

auftretenden Sprachspiele hinzu." (a.a.O., S. 105). „Das am Einfall Orientierte und Sprunghafte" sei Zweck: „Wittgensteins philosophischer Stil ist nicht kontingenterweise, sondern von Natur fragmentarisch-aperçuhaft. Zwei Stimmen, ein ‚ich' und ein ‚Du'-Sprecher, teilen sich die Rolle, den Anderen von seinem ‚Freudschen Widerstand gegens Auffinden der Wahrheit' abzubringen." (a.a.O., S. 109). Sind diese Bruchstücke einer großen Konfession dem Unbewußten abgerungene psychoanalytische Selbstdeutungen oder nur einsame Selbstgespräche ?

Nach Heidegger ist ein Phänomen das, „was sich von ihm selbst her zeigt." Logik, Grammatik, Ethik, Ästhetik und Theologie : Das Wahre, Gute, Schöne und Heilige ‚zeige' sich nur im Fragment, das, „selbst insignifikant, Räume von Verständnis öffne", und „das alle Universalitäts-Ansprüche an ihre individuelle Mitgift verweist und jenseits aller Intention singularisiert." (a.a.O., S. 115). „Ws. ‚Gedankenbewegung' orientiert sich an Metaphern... und Analogien..." Jedes System wird systematisch zerstört von diesem potentiell unendlichen ‚work-in-progress'. Metaphoristische Fragmente „sind aber keineswegs unverständlich, sondern schaffen, wenn sie erfolgreich sind, neue Sprachspiele und mit ihnen neue Möglichkeiten des Sinnmachens und der Weltsicht." (a.a.O., S. 94).

Wittgenstein sah sich selbst in der Nähe von Karl Kraus, ein Finne sah ihn in der Nähe Lichtenbergs, Erich Heller verglich ihn mit Nietzsche, und Manfred Frank verglich ihn wie Hermann Schmitz mit Schlegel und Novalis. Alle diese Denker haben gemeinsam, Aphoristiker zu sein, d.h. Sprachpointen als Sachpointen auszuwerten.

Ein Allgemeinbegriff identifiziere nicht mehr seine Objekte, sondern begründe ihre ‚Familienähnlichkeit'. Ein Wort aus einem gegebenen Kontext herauszulösen und in einen neuen Kontext hineinzustellen, verändere seine Bedeutung. Beide Bedeutungen seien dann nur noch verwandt und nicht mehr ein Leib. Die „Familienähnlichkeit" der Sprach-spiele bedeutet gerade nicht, daß sie sich verbinden lassen, um Kinder zu haben, sondern daß Verwandte untereinander nicht heiraten dürfen, daß das Inzesttabu sie als Fragmente systematisch voneinander isoliert und sie also nicht voneinander abstammen können. Handelt es sich bei Fragmenten um philosophische und/oder poetische „Singles"?

Seinen eigenen ‚logischen Atomismus' glaubte Lord Russell im „Tractatus" als den der Elementarsätze wiederzuerkennen, aber in den „Philosophi-schen Untersuchungen" nicht als den der Sprachspiele. Mit der Welt habe der Satz noch die logische Form, habe das Sprachspiel aber gar nichts mehr gemeinsam. Ist der Mensch nur da ganz Mensch, wo er sprachspielt, oder sprachspielen Leute einander nur etwas vor? Gibt Wittgenstein Brot und Sprachspiele, die den Ernst des Lebens nicht begreifen?

Nach W. ist Philosophie nur ein „Mißverständnis der Logik unserer Sprache". Jeder wohlgebaute Satz (well-formed formula) ‚bedeute' einen Sachverhalt und ‚zeige' einen Sinn, den W. auch Gott oder Welt oder Leben nennt. Die ‚logische Form des Satzes' humanisiert sich später zur ‚Lebensform des Sprachspiels'. „An einen Gott glauben heißt, die Frage nach dem Sinn des Lebens verstehen. An einen Gott glauben heißt sehen, daß es mit den Tatsachen der Welt noch nicht abgetan ist", mit den Tatsachen, in welche die Welt für W. „zerfällt" : Der Eine Gott und die potentiell unendlich vielen Elementarsätze als Spiegel der einen Welt. „Das, wovon wir abhängen, können wir Gott nennen... die - von unserem Willen unabhängige - Welt." Ist das nun Pantheismus oder biblisch gedacht?
Grammatik, Ethik, Ästhetik und Religion haben ‚wertvollen Unsinn' gemeinsam. „So wird die... Dichtkunst zur Erbin und Nachlaßverwalterin der Metaphysik..." Überlebt theologische Metaphysik in poetologischer Metaphorik ? Frank sieht fälschlich auch bei Fr. Schlegel Philosophie und Religion in Poesie aufgelöst, aber die frühromantische Mystik, Kunst, Metaphysik und Alchemie sind gleichberechtigte „Andeutungen des Absoluten" aus verschiedenen Richtungen. Was Frank an W. und Schlegel beschreibt, gälte eher für Adornos Transformation von Philosophie in Kunst: Schlegel und W. glauben an Gott, Adorno aber nicht. „Opfer des Endlichen" : Was beim Aphoristiker Schlegel wie bei W. noch religiösen Sinn hat, säkularisiert sich bei Adorno zu einem fragmentierten Atheismus, zu progressiven Bruchstücken einer großen Konfessionslosigkeit.
Daß Wortbedeutungen vom Gebrauchskontext abhängen, stellt Fragmente noch nicht in diesen Kontext zurück. Fragmente über die Kontextabhängigkeit der Sprache stehen kontextuell isoliert : Nur jenseits systematischer Kontexte kann über sie sinnvoll gesprochen werden. Was die Fragmente eines Autors verbindet, ist seine Individualität - und die seines jeweiligen Lesers. Frank schreibt mit Sartre, das Lesen von Fragmenten sei ein vom Aphoristiker gesteuertes Schreiben von Fragmenten. Das wäre aber nur wahr, wenn Schreiben umgekehrt auch ein von Musen gelenktes Ablesen von Leserwünschen würde. Das ist Unsinn. In Wirklichkeit hat der Autor natürlich alles schon getan, obwohl er, wenn er gut ist, mehr und anderes getan hat, als er selbst glaubt und beabsichtigt. Daß Leser mehr und anderes im Text entdecken können, als der Autor sich dabei gedacht hat, heißt nicht, daß der Leser den Text im Lesen mitschreibt, sondern daß es im Text etwas zu entdecken gibt für Autoren wie für Leser. Kurz : Wäre der Leser ein Co-Autor, sollte er das Buch nicht kaufen müssen, sondern umgekehrt für das Lesen auch noch bezahlt werden. M. Frank wundert sich, daß gerade Sartre die Philosophie zur „Prosa der Welt" und nicht zur narzißtischen „Poesie des Herzens" (Hegel) gezählt wissen wollte.

Nach Sartre betrachtet der Prosaist die reale Welt durch die Worte
hindurch, und der Poet betrachtet umgekehrt die Worte, als seien sie eine
Welt für sich, durch die reale Welt hindurch.   Prosa beschreibe die reale
Welt mit eben den Worten, aus denen Poesie eine eigene imaginäre Welt
schaffe.   Sagen wir lieber, daß die prosaische Weltreferenz und die poetische Selbstreferenz einer jeden Sprache bevorzugt im aphoristischen
Fragment zusammenfinden.
‚Geschlossene' Aphorismen und ‚offene' Fragmente sind Sprachspiele, die
nicht nur spezifische Differenzen, sondern auch „Familienähnlichkeiten"
aufweisen, z.B. punktuelle Selbstreflexivität von neuen Welt-Bildern.
Wittgensteins Fragmente beschreiben alte, Schlegels Sprachspiele erfinden
neue Sprachspiele.   Schlegel lobte Dante, Calderon und Goethe, Wittgenstein unterstützte Kraus, Trakl und Rilke, aber beide rechtfertigten
philosophisch die Poesie, ohne sie selbst auszuüben.   Poesie macht eine
imaginäre Welt aus jenen Worten, durch die hindurch jede Prosa die Welt
sieht.   Es ist ein Unterschied, ob Prosa auf die Sprache reflektiert, sofern
diese Teil der realen Welt ist, oder ob Poesie auf die Sprache reflektiert,
sofern sie gerade eine eigene Welt produziert.   Fragmente ‚zeigen' auf
Worte in dem Augenblick, wo sie eine Welt erschließen und zugleich Teile
der Welt sind, auf die sie zeigen.   Sie versuchen die ebenso notwendige wie
notwendig mißlingende Synthese aus der „Poesie des Herzens" und der
„Prosa der Welt" (Hegel).   Gott und die Welt und die Seele seien nur frag-
mentarisch zu „zeigen", was etymologisch mit „(ver)zeihen" und „zeugen"
zusammenhängt.   Jeder Satz ist für W. ein elementarer ‚Satz' von der Art
eines Sprunges über sich hinaus bis hin zum biblischen Gott.
Philosophie deute fälschlich explizit aus, was das Fragment nur andeute.
Der Schöpfer ist keines seiner Geschöpfe, wie die unbedingte Bedingung
aller Dinge kein Ding u.a. ist.   W. hält Metaphysik für „unsinnig", weil er
keine Metasprache anerkennt, sondern nur Objektsprachen 1. Ordnung.
Metaphysisches, Ethisches und Ästhetisches zeige sich nur beiläufig an all-
täglichen Sätzen, ohne von ihnen ausgesprochen werden zu können.   Es ist,
als sei das Physische seine eigene Metaphysik, weil kein Satz einen Sprung
aus sich heraus machen könne.   Fragmente sind besondere Sprachspiele,
welche  die Funktion ungenauer alltäglicher Sprachspiele, die ihren Zweck
aber exakt erfüllen, nur exakt beschreiben. In gewöhnlichen Sprachspielen
„feiert" die Sprache nicht krank.
W. würde Paul Watzlawicks metakommunizierende „Lösungen zweiter
Ordnung" eine unsinnige Metaphysik nennen, da er nur „Objektsprachen"
kennt, in denen logisch keine Double-bind-Widersprüche auftauchen
können.   In Wahrheit ist seine metaphysische Antimetaphysik selbst so
etwas wie eine Lösung dritter Ordnung, deren Möglichkeit er widerlegt,

indem er Lösungen erster Ordnung gegen Unlösbarkeiten zweiter Ordnung ausspielt. Watzlawicks und Batesons „zweite Ordnung" ist für ihn jenes Rätsel selbst, dessen Lösung sie sein will. Die Lösung des Rätsels erster Ordnung ‚zeigt' für W. nur das Rätsel jeder Lösung zweiter oder dritter Ordnung. Die Stereotypie seiner Beispiele für Lösungen zweiter Ordnung ist so groß wie die Monotonie der Widersprüche auf der Ebene zweiter Ordnung : Watzlawick kennt nur „paradoxe Symptomverschreibungen" wie „Sei selbständig und spontan!", aber warum benutzt er als geistige Diät für Geisteskranke keine buddhistischen „ZEN-Koans" und keine Aphorismen wie der antike Arzt Hippokrates ? Metaphysische „Verhexung des Verstandes durch die Sprache" wird von philosophischen Fragmenten durch überbietenden Gegenzauber „behandelt".
W. radikalisiert Kants Kritik der reinen Vernunft zu einer Kritik der reinen Sprachformen, indem er gegen ‚überschwänglichen Gebrauch' der Sprache über die Grenzen alltäglicher Sprachspiele hinaus einen positivistischen Sinnlosigkeitsverdacht äußert. Seine eigenen Ideen hat er nun von diesem Generalverdacht nicht ausgenommen. Man solle seine Gedankenleiter nach Gebrauch umstoßen, denn die metaphysische Scheinlösung von Problemen sei eine Lösung von Scheinproblemen.


### Gottlob Frege : Determination ist Negation


1919 erschien von Gottlob Frege eine logische Untersuchung über das Wesen der grammatischen Verneinung im 2. Heft / 1. Jahrgang der „Beiträge zur Philosophie des deutschen Idealismus", einer Zeitschrift der „Deutschen Philosophischen Gesellschaft", deren Organ sich von 1918 bis 1927 von Kant über Fichte zu „Blätter für deutsche Philosophie" mauserte und sich selbst schlicht zur „Deutschen Gesellschaft".

"Wenn der Angeklagte zur Zeit des Mordes *nicht in Berlin* gewesen ist, hat er den Mord nicht begangen; nun ist der Angeklagte zur Zeit des Mordes nicht in Berlin gewesen; also hat er den Mord nicht begangen." (1)
Das Plädoyer, das diesen Kopf retten will, illustriert den modus ponens an einem Idyll, in dem der Nachweis, nicht zur Tatzeit oder nie am Tatort gewesen zu sein, noch eine Alibiprämisse hergab. Faktische Wahrheit, aus den Prämissen vertrieben in bloß noch formallogische Schlüssigkeit, bricht hinterrücks als historisches Wahrzeichen über die Kontingenz des Beispiels herein, gegen das der Schluß gleichgültig sich abschließen und invariant

durchhalten zu können verspricht. „Wenn der Angeklagte zur Zeit des Mordes *in Rom* gewesen ist, hat er den Mord nicht begangen; nun ist der Angeklagte zur Zeit des Mordes in Rom gewesen; also hat er den Mord nicht begangen." Die verneinende Partikel ist vom Verb an den Begriff abgewandert: „war-nicht in Berlin" ist substituiert durch „war in Nicht-Berlin", wobei Rom als Element der unendlichen Klasse Nicht-Berlin auswechselbar ist. An diesem Exempel wird die Frage, ob es neben bejahenden auch verneinende Gedanken gebe, mit Berufung auf Denk-ökonomie verneint. Zwar teilt Frege säuberlich den Gedanken vom nur psychologischen Akt des Urteils, um diesem die Würde zu nehmen, Wahrheit und Falschheit des Gedankens zu produzieren. Aber Bejahung und Verneinung werden in den Gedanken versenkt einzig, um Urteilskraft dazu zu entmächtigen, ihn als so vorqualifizierten nur noch rezipieren zu können. Denkökonomie muß herhalten und schickt sich eo ipso darein, Möglichkeit, potentielle Negation, aus dem Kompetenzbereich des Urteils-vermögens zu verbannen. Zwischen Urteil und Sachverhalt wird der Gedanke geschoben - Bild der Realität und Material für das Urteilsbild zugleich - der eher der Sachverhalt selbst ist, als das Urteil Bild des Gedankens ist. Da der Sachverhalt ebenso wenig schon wahr oder falsch sein kann, wie dem Urteil erlaubt wird, mit dem Gedanken die von ihm gespiegelte Realität zu verneinen, müssen die Anteile des Subjekts und des Objekts im falschen An-und-für-sich-sein des Gedankens eingeschweißt werden. Das Urteil verwirft einen Gedanken nur durch Anerkennung der Wahrheit des so verneinten Gedankens hindurch, behauptet ein Gegenteil, einen anderen Gedanken aus dem fix und fertigen Arsenal der Ideen, als goutiere allein schon deshalb die weltliche Ordnung, wer Gott leugne, und glaube an ihn, wer den ordo rerum nur entschieden genug ablehne. Das Subjekt ist von der Ablehnung des Positiven, die in einer nicht minder positiven Antiwelt gespeichert ist, exemiert. Der Gott Barths ist so wenig schon dadurch Gott, daß er nicht von dieser Welt ist, wie die Nichtexistenz Gottes einen nicht mehr oder noch nicht wieder „ek-sistenten" Gott kirchenfähig gemacht hat nach Heideggerschem Rezept. Gar nicht zu reden von einer Theologie, die den Tod Gottes als bekannt voraussetzt : Ist er nicht in Christus gestorben? Negativität, Subjektivität des Subjekts und Struktur von Zeitlichkeit, verkommt, von ihrem Positiv eingeholt, zum bloßen Außereinander der Meinungen im pluralistischen Punktraum, dem Warenlager der Markenartikel. Kritik der Urteilskraft kommt herunter auf Forschung nach Konsummotiven. Askese gegen eine Ware produziert eine andere, die ebenso positiv ist, wie sie vorgibt, den Konkurrenzschlager zu ihrem Negativ zu machen. Die Beschneidung des Urteils auf Affirmation spiegelt die Selbstnegation des Subjekts vor der differenzlosen Kontinuität

der Waren, zwischen deren zwei immer schon die dritte liegt, ohne daß
Negatives eine Spalte fände einzudringen.    Ob ein Gedanke als bejahter
oder verneinter der Zustimmung oder Zurückweisung sich anbietet, wird
ihm nicht vom Urteil, sondern von seiner eigenen Faktizität her zuteil, die
nach dem Bilde dessen gemünzt ist, was er seit Ewigkeit immer schon
abklatscht.    Die wechselseitige Verneinung der Ideen untereinander unter
Ausschluß des Urteils, das dazu verhalten ist, weniger die eine abzulehnen,
als der sie immanent kritisierenden zu applaudieren, reflektiert nur die Unmöglichkeit räumliche Substanzen, gleichzeitig am selben Koordinaten-
punkt antreffbar zu sein.   Hart im logischen Raum stoßen sich die
Gedanken, die den Sachverhalten sich verdanken, welche sie ausgeräumt
haben wollen. Verneinung, Suche nach ontischer Absättigung, ist als ein
Bedürfnis früher als ihre Befriedigung.  Da sie aber weniger ihren Gegenstand verneint als sich vor ihm, als ihre eigene Nichtigkeit angesichts seiner
Fülle also, ist sie in sich schon ihre eigene Verdoppelung : „Der Gedanke
nämlich bedarf zu seinem Bestande keiner Ergänzung, er ist in sich vollständig.  Dagegen bedarf die Verneinung einer Ergänzung durch den
Gedanken...   Und durch dieses Ergänzen wird das Ganze zusammen-
gehalten." (2)  „Ich vergleiche das Ergänzungsbedürftige mit einer Hülle,
die sich wie ein Rock nicht aus eigner Kraft aufrecht erhalten kann, sondern
dazu eines Umhüllten bedarf.  Der Umhüllte kann eine weitere Hülle - z.B.
einen Mantel - anziehen.  Die beiden Hüllen vereinigen sich zu einer Hülle.
So ist eine zweifache Auffassung möglich.  Man kann sagen, der schon mit
einem Rocke Bekleidete werde nun noch mit einer zweiten Hülle, einem
Mantel, umgeben, oder er habe eine aus zwei Hüllen - Rock und Mantel -
zusammengesetzte Bekleidung. Diese Auffassungen sind durchaus gleich-
berechtigt." (3)
„... die einen Gedanken bekleidende doppelte Verneinung ändert den
Wahrheitswert des Gedankens nicht." Ganz im Gegenteil steht sie ihm
besonders gut : Doppelte Verneinung ist doppelte Bejahung.  Die eine Verneinung verschmilzt mit der zweiten zu einer noch stärkeren - Bejahung.
André Gide schreibt irgendwo, Klassik sei die Kunst der Litotes.  Vorlieb-
zunehmen mit dem, was wenigstens nicht nichts und besser als gar nichts
sei, rechtfertigt es dem bloßen Reproduktionstrieb des Immergleichen.


(1)  Gottlob Frege: Logische Untersuchungen.  Ed. Günther Patzig,
     Göttingen 1966,   S. 61
(2)  a. a. O.,   S. 68
(3)  a. a. O.,   S. 71

# Wittgenstein : Wesenserkenntnis, Beschreibung und Verneinung

Im scholastischen Gott ist das einzige Wesen gedacht, dessen Essenz die eigene Existenz kraft dieser Essenz impliziert, während dem Begriff aller Kreatur das Dasein zufällig ist, für menschliche Fassungskraft zumindest in ihm nicht bereits notwendig mitgesetzt, auf Widerruf gnädig beigefügte Akzidenz, die ihn ebenso weit „suszendiert", wie sie von ihm transzendiert wird. Der Begriff hört nicht auf, einen Gegenstand zu begreifen, der gar nicht existiert; er kommt auch ohne ihn aus, der seinerseits zuvörderst nur vom Horizont seines begrifflichen Entwurfs her vorkommt. Phänomenologie radikalisierte das zum nihil indiget ad existendum der Idee. Zuletzt hat Heidegger an „Kants These vom Sein" als bloßer Position statt realem Prädikat erinnert, um vom urbanen „thesei" zum allemannisch Urphänomenalen zu gelangen. Diachronität von Begriff und Existenz hebt einzig in der Idee Gottes sich auf, dessen Wesen die theologia revelata sich vergewissert in der Beschreibung seiner leibhaftigen Geistesgegenwart, der christologischen Exzentrizität des obersten Weltgrundes.

„Ein Gegenstand darf sich in gewissem Sinne nicht beschreiben lassen. D.h., die Beschreibung darf ihm keine Eigenschaften zuschreiben, deren Fehlen die Existenz des Gegenstandes zu nichts machen würde. D.h., die Beschreibung darf nicht aussagen, was für die Existenz des Gegenstandes wesentlich wäre." (1) Kürzer: „F(x) muß eine *externe* Beschreibung von x sein." (2) D.h., Theologie ist Leben-Jesu-Forschung, Religionsgeschichte, Kirchenchronik, Systematik religiöser Akte, Mythen und Kultformen etc.. Wittgenstein mißtraut der Fähigkeit des Rationalen, Realität mitzuerstellen, die einmal mehr so aus ihr entlassen wird, daß das Wesen des Objekts nicht das seiner leibhaftigen Präsenz ist. Was dem Gegenstand zu anderer als nur begrifflicher Existenz verhilft, liegt eben deshalb diesseits des Begriffs. Wenn dem Positiven raumzeitliche Präsenz wesentlich ist, sein Begriff aber vor ihr haltmacht, dann bleibt vom Wesen etwas im Objekt, das nicht auch in seinen Begriff ein- und aufgeht - Existenz samt ihrem Begriff, der den Gegenstand hindert, nicht zu existieren. Existenz fiele jedoch zusammen mit dem Begriff, der ein Wesen erschöpfte. Nur die selbstverordnete Unfähigkeit und rationalisierte Weigerung der Ideen zu begreifen, *warum* ihr Gegenstand nicht ex ovo ideell ist, läßt das Objekt als genau jenes Noumenon erstehen, das der Würde des nun einmal Gegebenen geopfert werden sollte. In dem Maße, wie der Begriff vor dem der Existenz seines Objekts sich hütet, schlägt diese hinterrücks in ihn ein, wie die Begriffsstutzigkeit vor dem, was den Gegenstand zu einem nicht begrifflichen macht, den Begriff nur begreifen läßt, worauf er selbst aus ist. Den Gegenstand begreifen hieße nicht zuletzt begreifen, warum er nicht Begriff ist. Das unterscheidet den Glauben, Begriff von Nichtidentität, vom Wissen als Glauben an Identität. Protokollarische Deskription versichert sich ihrer eigenen Externität, will sagen jener Eigenschaften, mit denen ihr Gegenstand nicht steht und fällt. Woher anders könnte sie dieses Selbstbewußtsein beziehen als vom Wissen um jene Züge an ihm, deren Absenz das Objekt eskamotieren würde.

Beschreibung will sich dabei beruhigen dürfen, per definitionem nicht sagen zu können, warum es ihren Gegenstand nicht vielmehr gar nicht gibt. Zu verifizieren hätte sie sich nach ihrem eigenen Maß durch die Zumutung, realiter ihrem Sujet die raison d'être zu entziehen, um seine Auflösung zu beschreiben oder seine Existenzbedingungen in Anschlag zu bringen, die ihn auftauchen lassen würden. Genau das aber diskreditiert der Positivist, der dem factum brutum die Treue hält, indem er dessen Aufhebung noch in Gedanken sich verbietet. Die raison d'être des Positiven auch nur namhaft zu machen, meinte nach der Spielregel der falsifikationistischen Verifikabilität eine auch nur erdachte, probehandelnde Negation des Datum, die ja irreparabel geraten könnte. Sich den rudimentiertesten Idealismus zu versagen, ein vor ontologischer Potenz sterilisiertes Denken wendet ein Verstehen vor, dessen latente Homosexualität vor dem virilistischen Totem erstarrt. Um den Beweis zu erbringen, etwas sei so auf Grund dieser oder jener Natur, müßte diese Natur wenn auch nur kurzfristig dispensiert werden können, was ihre Natur ihr nach W. gerade verbietet. Wäre Verneinung fähig, den vorab seinem Gegenstand identischen Gedanken aufzulösen, doppelte Negation brächte seine Glieder nicht wieder zusammen, sondern zerstreute sie nochmals - als löste das Bestehende, einmal zerschlagen, in seine noch rekombinierbaren Bausteine sich auf. Assoziation der Satzteile mit organischen Extremitäten täuscht sich hinweg über den Scherbencharakter dessen, was den Kern der Sachen im Innersten ihrer Äußerlichkeit zwanghaft zusammenhält. Gerade das arbeitshypothetische Gedankenexperiment, das die probeweise „Nichtung" eines Gegenstandes riskierte im Entzug seines begrifflichen Existenzminimums, hätte die Notwendigkeit, mit der das Objekt kraft seiner wesentlichen Eigenschaften existiert, als Instrument seiner Verewigung entlarvt. Beschreibung darf nicht aussagen, was für die *Nicht*existenz des Gegenstandes wesentlich wäre. Tabuiert ist nur die Bedingung der Möglichkeit seiner Abschaffung. Beschreibung *ist* die Eigenschaft selbst, die sie nicht beschreiben will und mit der jener Objekttypus „zu nichts" würde, dem sie sich abliest. Ihre interessierte Blindheit gegen sich selbst ist eine der Herrschaft, die vor ihrem Ausbeutungsobjekt sich kaschiert.

Das mehrmalige kompulsive „nicht dürfen" statt „nicht können" hütet
priesterliches Fabrikgeheimnis : Beschreibung darf nicht aussagen, daß sie
selbst es ist, die für die Existenz ihres Gegenstandes wesentlich ist. Der
Begriff bescheidet sich bei Wittgenstein zur Beschreibung, die ihre eigene
Abschaffbarkeit, eine von Gewalt, nicht zu beschreiben braucht. Die Gene-
sis des Objekts würde auf das Interesse von Deskription an seiner ewigen
Existenz führen. Dem verschwistert sich das Tabu über den Namen des
Inhalts : „Die Angabe des Hier darf nicht präjudizieren, *was* hier ist." (3)
Zudem abgeschnitten von seiner Zeitlichkeit, aristotelischem quod erat esse
wie von cusanisch-existentialistischem quod potest esse, bleibt dem Gegen-
stand verborgen, daß er katogenen Wesens ist. Beschreibungen sind die
Agraphen ihrer selbst, die bei Wittgenstein ihre eigene Unreflektiertheit
und auf die des Beschriebenen reflektieren, das sonst früher als die Merkmale existieren würde, von denen es konstituiert wird, später aber als diese
Merkmale nur, wenn der Idealismus nicht verdammt wäre.
Das Tabu externer Beschreibung über den internen Begriff dient dem
Gebot der Selbstidentität des Objekts, das seinen Begriff in die Multiversi-
tät austauschbarer Aspekte treibt und abschwächt. Bestreite ich, jemand
habe im Begriff das Wesen des von uns gemeinten Sachverhalts getroffen
und setze einen anderen Begriff dagegen, wird mir von W. der Bescheid,
ich hätte die Wahrheit gesagt, jedoch über einen an – deren Gegenstand.
Dieser demokratische Facettenpluralismus von Meinungsäußerungen wird
nicht minder prekär aufgelöst in die Multiplikation des Objekts, jedes nach
dem Maß beliebiger Meinung zugeschnitten. Jeder Doxa wird so die Würde
des Begriffs attestiert, der seinen Gegenstand ins Herz treffe. Nicht länger
mutmaßen zwei etwas Verschiedenes über dasselbe, mit bloßer Prätention
von Richtigkeit, die vom Begriff unabtrennbar ist, sondern jedem ist formal
im vorhinein Gelingen bescheinigt. Irrtum und Lüge über etwas sagen
eben die Wahrheit über etwas ganz anderes, das mit dem Besitzer der
Meinung identisch ist. Die lockere Verbindung zwischen der Sache und
ihrer nominalistischen Wortmarke erleichtert dieses Spiel. Antagonismen
eines noch unentschiedenen Prozesses, den das Objekt gegen sich selbst
führt, wird zerfällt zur Kontradiktion zweier fix und fertiger Sachverhalte,
über deren jeden die bündige Wahrheit ergeht. Eine Sache halb beschreiben
hieße dann, die Hälfte der Sache ganz erfassen. Jedermann soll jederzeit
punktuell das ganz isolierte Prozeßstadium gegen seine widersprüchlichen
Tendenzen verabsolutieren und gegen das Wahrheitsmoment jeder anderen
Zwischenbilanz setzen. Schwebender Multilog über dasselbe ist in Mono-
grafien über ebenso viele Themen zerhauen. Quantifizierung der
Widersprüche zur abzählbar eindeutigen Menge dessen, was einander nur
noch den Platz an der Sonne streitig macht statt sich sich selbst, glättet die

Diskontinuität des Kontinuierlichen zum Kontinuum der Unvereinbarkeiten. Verschiedene Begriffe, deren Differenz nicht die von Meinungen wäre, hätten aber in dasselbe und darin nichtidentische Objekt versenkt statt nur an diskrete Gegenstände verteilt zu werden. Einem vorgeschlagenen Begriff die Triftigkeit absprechen, ohne ihn zur Doxa zu devalidieren, die ihr Objekt unberührt läßt, macht dieses „zu nichts". Ein konträrer Begriff findet den soeben vernichteten nicht wieder, sondern konstituiert einen konträren Gegenstand. Das ist der Sinn der Gorgiassätze.

Wittgenstein spielt ein wenig mit dem „Wesen". Einmal soll gut kantisch die Existenz eines Gegenstandes nicht zu seinem Wesen gehören, dann aber wieder für die Existenz gleichwohl wesentlich sein. Die Existenz des Wesens ist eben nicht das Wesen der Existenz. Die Urfrage der Metaphysik lautet: Warum ist überhaupt etwas und nicht vielmehr nichts? Bekanntlich hält Wittgenstein diese Frage für unbeantwortbar weil sinnlos, und sinnlos, weil sie nicht nach dem Grund dafür fragt, *was* etwas ist und warum es so und nicht anders ist, sondern nach einer Ursache dafür, *daß* es ist.

Alle Begriffe greifen nach dem Wesen der Sachen selbst, und Existenz ist nach Wittgenstein eben auch nicht wesentlich für ihr Wesen. Im Mittelalter wußte man wenigstens, was für die Existenz Gottes wesentlich ist : seine Vollkommenheit. Wittgenstein beschreibt in der Logik das Wesen dessen, was der Fall ist. Aber er weigert sich, beschreiben zu können, was für die Existenz des *Un*wesens aller Sachverhalte wesentlich ist, nämlich : daß er es nicht will beschreiben können, um es nicht zunichte machen zu müssen.

Das Wesen der Existenz des Wesens und Unwesens zu beschreiben hieße allerdings, das Unbegreifliche begreifen und das Begriffene nicht mehr zu begreifen. Das Wesen Gottes ist nicht zugleich auch, falls er denn existiert, das Wesen seiner Existenz. Hat er aber seinem Wesen Existenz verliehen erst in der Gestalt Jesu Christi, dann ist das Wesen Christi gerade als Inkarnation des göttlichen Begriffs deshalb noch nicht das Wesen Gottes. Gott muß sich beschreiben lassen, d.h. die Theologie muß Ihm Eigenschaften zuschreiben, deren Fehlen Seine Existenz zunichte machen würde. Das heißt, ihre Beschreibung muß aussagen, was für die Existenz Gottes auf Erden wesentlich wäre. Theologie darf keine  externe Beschreibung Gottes sein, aber auch keine externe Beschreibung der Welt, denn sie muß im gleichen Atemzug aussagen, was für die Existenz und was für die Nichtexistenz des Unwesens wesentlich wäre.


(1)  Ludwig Wittgenstein: Philosophische Bemerkungen  IX / 94,
Frankfurt a. M. 1970
(2) und (3) : a.a.O., Inhaltsangabe zu „Philosophische Bemerkung" IX / 98

## Theologie oder Gotteserkenntnis?

„Indem sich das Christentum aus der Identifizierung mit der Kirche löst, vollzieht sich eine ,Entsäkularisierung' des Staates und entsprechend eine ,Säkularisierung' der Kirche." (E. Matthes: „Religion und Gesellschaft 1", Hamburg 1967, S. 228) Der Kulturprotestantismus des 19. Jahrhunderts wird in die Gegenwart extrapoliert, um all jene, die auf halbem Weg zwischen dezidiertem Laizismus und dezidierter Kirchlichkeit stehengeblieben sind, zu Anwälten der unendlichen Allgemeinheit des Christentums jenseits seiner partikularen Fixierungen umzufunktionieren.
Das wahre Christentum, das aus der Kirche emigriert wie die Kirche aus der Gesellschaft, remigriert in die Gesellschaft, die zur Kirche apart sich verhält. Omnis salus extra ecclesiam: Die Kirche ist tot, es lebe das Christentum!
Säkularisierung, die durch Entkirchlichung des Christlichen revoziert werden soll, wird flugs mit ihr identifiziert, damit nicht schon alles gottverlassen sei, was seine höheren Interessen nicht mehr in nomineller Konfessionalität und Kultusfrequenz vertreten sieht. Frei nach Trutz Rendtorff: Die Aporien der Religionssoziologie scheinen sich leichter lösen zu lassen, wenn sie zu Lasten einer vergehenden Institutionalität des Christentums gehen. In die Kirchen, die Grabmäler Gottes, gehen nur noch Atheisten.

Natürlich weiß der junge Pfarrer nicht, wie er von der Kanzel herunter predigen soll, was er vom Katheder her weiß: Daß im Funktionsverlust organisierter Religion als eines ohnehin überforderten sozialen Kontrollinstruments die Emanzipation des Glaubens von der gängelnden ,Positivität' der Kirche zu begrüßen sei. Hat er sich entschlossen, mit diesem Widerspruch zu leben, sieht er sich gezwungen, unaufrichtig zu werden: Da das Christentum unendlich viel mehr ist, als was sich historisch von ihm realisiert hat und dann der Kritik verfallen ist, kann es in seinen Materialisationen nicht mehr getroffen werden, über die es hinaus sei. Wer sich noch dabei aufhält, die Kirchen mit Kritik anzufallen, läuft Gefahr, offene Türen einzurennen; wer aber dem deklerikalisierten Christentum, das der junge Pfarrer in seinem Gottesdienst nicht antrifft, soziotaktischen Konformismus nachsagt, der wird darauf verwiesen, daß eine permanent sich reformierende Kirche ihre Entlastungsfunktionen wieder selbst wahrzunehmen beginnt, und daß man zu früh ausgetreten sei. Das christliche Monopol wird der Minimaltheologie einer manifesten Residualkirche entzogen und landet bei der „mündigen und verantwortlichen Gesellschaft" - aber die Kirche zieht nach und läuft dem Zeitgeist mit hängender Zunge hinterher.

Alle bisherige Kritik der Religion soll nur Kritik ihrer bisherigen Überlieferung gewesen sein und noch die Kritik ihres allgemeinen Wesens ein nur historisches Wesen betroffen haben. Danach halten auch die Marxisten mit der Kritik an der Religion als sozialpathologischem Symptom genau deshalb einen heute leeren Mantel in den Händen, weil es die von Marx beschriebene Ausbeutergesellschaft angeblich so nicht mehr gebe. Und weil die gängige Kirchensoziologie mit der alten Säkularisierungsthese von der Dissoziation sozialer Autonomie und expliziter Religion diese Kritik längst assimiliert habe, sei sie nur noch eine resignierende Soziologie von Säkularisaten, eine Inventur von Relikten klerikaler Tradition. Wer in der vollendeten Apartheit von Kirche und Gesellschaft die heutige Situation des Christentums erschöpfend beschrieben glaube, könne autonome Kulturformen allerdings nur noch daraufhin beurteilen, wieweit deren Entfernung von den Denkmälern klerikaler Subkultur bereits gediehen sei und nicht, wieweit sie das Unbedingte spiegeln. Gegen Marx wird Hegel ausgespielt, der die Säkularisierung noch nicht als unausweichliche Alternative von Positivität und Atheismus auslegt. Weniger muß es schon behagen, und das hilft diesen Zeugen wieder loszuwerden, daß bei ihm „die Philosophie nun jene Allgemeinheit der Religion vertritt, die die kirchliche Theologie für sich ebensowenig mehr darzustellen vermag wie die Religion der unbefangenen subjektiven Innerlichkeit." (E. Matthes, a.a.O., S. 58)
Auf den freikirchlichen Christen, der sein Sozialpraktikum ableisten will, muß das wie eine kalte Dusche oder reaktionär wirken : Aus der inneren Klosterzelle geht es in philosophische Klausur statt ins pralle Leben. Die Allgemeinheit des Christlichen jenseits seiner theologischen Normierungen wird zur Allgemeinheit des Begriffs. Muß säkularisierte Theologie, um das credibility gap zwischen Kirchgänger und Nihilisten zu schließen, Philosophie werden, die das Volk schon von der Form her abermals ausschließt? Der Kreis schließt sich, ist doch Soziologie einmal aus Philosophie hervorgegangen, die ihrerseits nur um den Preis überleben darf, Gesellschaftliches kritisch zu begreifen. Ist Religionsphilosophie die „Soziologie der Gesellschaft unter dem Gesichtspunkt des entkirchlichten Christentums"?
Damit nicht schon alles deshalb christlich ist, weil es keine Kirchen mehr besucht, muß es auf seine Theologizibilität hin ständig abgefragt werden. Auf der Suche nach den letzten Anknüpfungspunkten im Profanfeld ist den Theologen nichts zu ephemer, daß es nicht zum exemplarischen Aufhänger für reformneue Kriterien von spezifisch Religiösem herhalten könnte. Empfehlungen der Morgenandachten im Radio, mit der Bergpredigt im Handschuhfach den Straßenverkehr zu meistern, haben bei den High-brows ihr Pendant in einem akademischen Gott, der als Quantenspringer die Determinationslücken oder als Techniker für Grenzsituationen letzte

Marktlücken büßt, vor der Wissensfront hergeschoben und in die Falle
negativer Grenzbegriffe getrieben. Die scharfsinnige Wut von Schlüssellochtheologen verfolgt jede Bewegung des säkularisierten Atheisten, der
sich keine Blößen geben darf, ohne mit einem Gott erpreßt zu werden, der
als liebenswert gilt, weil seine schwächste Stelle sich rationaler Überlegung
und Überlegenheit preisgibt. Kafka und Beckett auf Theologumena zu
ziehen, tat lange ein übriges.

Barth hatte nach dem ersten Weltkrieg den liberalprotestantischen Gott aus
dem waffensegnenden Geschäft gezogen und in den Himmel trinitarischer
Präexistenz zurückversetzt. Seine platonistische Christologie vom plusquamperfekten „ante rem in Deo" reimt Glauben auf Anamnese und wirft
die Transzendenz wieder zum Apriori des Transzendentalen auf.

Nach dem zweiten Weltkrieg bestach ein Bultmann, der die christlichen
Universalien erneut in rebus singularibus anzusiedeln verspricht. Leider
schickt der Strukturformalismus, den er dazu der Existenzphilosophie
entlieh, das Nettogewicht der Bibel von einer mythischen Verpackung in
die nächste, die zeitweise den aktuellen Vorzug hatte, den Adressaten
ideologisch entgegenzukommen. Das Existential subjektiver Geschichtlichkeit, die erfunden worden war, um mit der eklatanten Ohnmacht gegen
reale Geschichte zu versöhnen, konnte sich nur allzu leicht mit dem Fiasko
der Leben-Jesu-Forschung und einem dehistorisierten Existenzialisten
Jesus abfinden. Hermeneutische Zirkel wie der der Auferstehung Jesu in
der Verkündigung seiner Auferstehung, die nach Gadamers Rat nur
genügend groß zu machen wären, halten sich in existentialen Interpretationen ängstlich klein gegen gesellschaftliche Vermittlungstotalität.

Gogarten will der neuzeitlichen Vernunft durch einen beliebten Trick den
Wind aus den Segeln nehmen. Wenn schon alles erlaubt scheint, dann eben
nur, weil 1. Korinther 6,12 und 3,23 beim Wort genommen werden. Da
gerade das Christentum selbst die säkulare Herrschaft über Natur allererst
freigegeben habe, findet sich eine eventuelle Sehnsucht nach Suspension
rationaler Herrschaft an jenen Glauben zurückverwiesen, der den naturbeherrschenden Willen der Moderne zuvor ins Recht gesetzt und aus sich
entlassen hatte. Man sieht, worauf Gogarten hinauswill : Wenn alles ein
Säkularisat ist, das nur die Spuren seiner Genese verwischt hat, treibt das
Leiden an dessen Unvollkommenheiten wieder in den Schoß der Kirche
zurück, die in keine Autonomie entläßt, ohne sich als intervenierendes
Korrektiv im Hintergrund bereitzuhalten. Aber die Not schlägt durch die
Tugend wieder hindurch : Glaube hat sich der verschwindenden Chance
immanenter Kritik vollends begeben, wo die Differenz von Laizismus und
Kirchlichkeit die in der alten Säkularisierungsthese auferstandene Lehre
von den zwei Reichen bildet.

Ist Religion soziologisch eine spezifische Integrationsform und bedeutet Säkularisierung dieser Religion nichts weiter als Integration in die pluralistische Gesellschaft, sofern diese die Totalitätsansprüche ihrer Interessengruppen abweist und sie von der Pflicht zur Allgemeinverbindlichkeit entlastet, dann bezöge eine Revolutionstheologie die Legitimation ihres desäkularisierenden Anspruchs aus der Kritik an pluralistischer Ideologie, die die wahren gesellschaftlichen Totalitätsträger verdeckt. Vermutlich schützt der Pseudo-Pluralismus die Kirchen stärker, als wenn sie einem unverzerrten Wettbewerb ausgesetzt wären. Sonst wiche die totalistische Allgemeingültigkeit klerikaler Partikularität der Allgemeinheit eines entkirchlichten Christentums, das zum pluralistischen Gruppeninteresse würde, dessen geistige Bedeutung nicht länger überschätzt wäre.

Revolutionstheologie artikuliert ein kirchenloses Christentum, das die Integration in den Pseudo-Pluralismus überspringen will, aber: „Das Christentum hat als Religion der absoluten Zukunft keine innerweltliche Zukunftsutopie.... es läßt jede sachgerechte Zukunftsplanung frei, es verwirft nur, das aber auch radikal, jede ideologische Zukunftsutopie, in der die absolute Zukunft mit einer innerweltlich-kategorialen Zukunft verwechselt .... würde", schrieb Karl Rahner 1966 gegen Rot und Braun.

Einig ist man sich, daß die eschatonische Reichsverfassung ins profane Medium schon ebenso „hineinzufunken" hat, wie sie von ihm immer noch zum Kompromiß umgebrochen wird. Man könnte Theologien nach dem Brechungswinkel systematisieren, den sie noch dulden. Thielickes noahistische Interimsethik akkomodierte sich den Spielregeln zu ungebrochen unterm Impuls, der Nachfrage nach protestantischer Kasuistik zu willfahren. Das erklärte seinen Erfolg. Eschatologisches, das sich in den Ontokratien statt in deren profaner Utopie bricht, ist schon ans Provisorium verkauft. Die besonnene Abwehr aller schwarmgeistigen Radikalität, die es an Geduld mit den Usancen des alten Äon fehlen läßt, verrät das durch den Beifall, der diesem Abwehrmechanismus sicher ist.

„Fast alles ist möglich, und deshalb ist fast nichts möglich." (N. Luhmann) Die Systemtheorie der Gesellschaft zieht die Konsequenzen aus der historischen Tatsache, daß die Forderung nach vernünftiger Legitimation von Zielsetzungen selbst nicht mehr legitimierbar ist aus fragloser Geltung von Vernunft. Vernunft ist heute nur noch, was einmal Verstand hieß: das „Vermögen der Mittel", die zweckrationale Organisation von Ressourcen und Potentialitäten. Die Wahl der Ziele und Zwecke selbst orientiere sich nicht länger an Vernunft, und Ziele seien nur Mittel zur Reduktion von gefährlicher Umweltkomplexität. Reduktion von Umweltkomplexität wird erkauft mit Erhöhung gesellschaftlicher Systemkomplexität. Durch Ausdifferenzierung eines Subsystems, des Steuerungssystems politischer

Verwaltung, soll nun jene innergesellschaftliche Systemkomplexität reduziert werden, mit der die Reduktion der Naturkomplexität bezahlt wurde. Bei der Frage, *welche* Zielsetzungen auf Kosten welcher Alternativen favorisiert werden sollen, hat die Systemtheorie nur dezisionistische Willkür und funktionale Effizienz anzubieten. Dagegen entdeckt Habermas auf der Suche nach rationalen Selektionskriterien sogar im normativen Objektivitätsangebot der repolitisierten modernen Theologie etwas anderes als Luhmann, nämlich Vernunft. Für Luhmann ist Religion selbst nur das, für dessen Gegenteil sie nach Habermas einsteht : Reduktor von Weltkomplexität. Nach Luhmann reicht diese Reduktion nicht mehr aus, weil sie zu stark ist; Religion produziere mehr gesellschaftliche Steuerungsprobleme, als sie lösen könne. Sie sei der Konfliktvermeidungskapazität politischer Planungsstrategien  funktional nicht äquivalent. Im übrigen aber muß die moderne Polittheologie, wie auch Habermas einräumt, spezifisch christliche Konditionen wie etwa die trinitarischen Mysterien des personalen Gottes, preisgeben in genau dem Maße, in dem sie für die Aufhebung verallgemeinerungs*un*fähiger Privilegien optiert. Entweder also opfert die Theologie ebenso unabdingbare wie partikularistische christliche essentials oder aber ihr „Objektives" ist kein intersubjektiv einlösbares Interpretationsresultat freier sozialer Interessendiskurse. Im ersten Fall verwechselt die Theologie sich mit der Theorie eines Sozialpraktikums und übersieht, daß die göttliche Transzendenz nicht nur jede quietistische transzendentale Innerlichkeit, sondern auch alle Strategien transzendiert, eine schlechte Welt politpraktisch zu transzendieren. Das Reich Gottes hinter aller Parusieverzögerung transzendiert selbst noch die humanistischen Sozialutopien. Theologie versteht den „eclipse of reason": Ohnehin ist ja vor dem Glauben die Vernunft, Widersacherin von Natur, was sie in der „Dialektik der Aufklärung" für sich selbst wird: ein Stück intransparenten Schicksals ohne Autonomie, eben lumen naturale. So entzieht sich die Religion dem Idealismus, dessen sie geziehen wird, und überbietet ihn zugleich. Das „Objektive" der Religion ist nicht primär ihre normative Ethik, sondern die hypothetische fides quae creditur der göttlichen Naturgesetze. Die Gnade des Glaubens vernichtet oder übersteigt oder ergänzt und vollendet die Natur samt lumen naturale. Die Theorie des Christentums als solchem ist primär weder Naturwissenschaft noch Gesellschaftsphllosophie, sondern Interpretation vom biblischen Wort Gottes. Die Praxis des Christentums ist primär weder Seelsorge noch politisch, sondern symbolisch : praktizierter Ritus. Juden erkennen Gott als Naturgesetzgeber, Christen erkennen ihn nur an als Vater. Christen machen sich ein Bild vom Sohn Gottes, Juden machen sich einen Begriff vom Weltenschöpfer. Juden lösen Rätsel und Konflikte, Christen erlösen von Problemen und Schuldängsten.

## Negative Dialektik ohne Synthesen :
## Hegel mit den Augen Adornos lesen

Adorno ist kaum zu verstehen ohne Hegel, denn er will Dialektik, aber ohne Hegels Versöhnungsphilosophie. „Das Wahre ist das Ganze", sagt Hegel, und Adorno sagt in ‚Minima moralia' Nr. 29: „Das Ganze ist das Unwahre." Adorno will nichts Halbes und nichts Ganzes, solange die ganze Welt totalitär verfaßt sei und jedes geistige System nur das gesellschaftliche Zwangssystem wiederspiegele. „Dialektik ist organisierter Widerspruchsgeist", sagte Hegel zu Goethe. Für Adorno war Dialektik eher widerspruchsgeistreich als organisiert. 1966 gab er seinem philosophischen Hauptwerk den Titel „Negative Dialektik", um ein dialektisches Denken vorzuführen, das antithetisch voranschreitet, ohne jemals zu einer synthetischen Friedhofsruhe zu kommen. Adorno will Philosophie als permanente Selbstkritik des Geistes, Kritik nicht als abstrakte Metaphysik, sondern als „bestimmte Negation" jeder These, die eine Synthese sein will, und jeder Synthese, die eine neue These ist. In seiner Abrechnung mit Georg Lukacs nannte er die sozialistische Synthese von feudaler These und kapitalistischer Antithese eine voreilig „erpreßte Versöhnung", da jeder heute genötigt werde, zwischen Sozialismus und Nationalsozialismus zu wählen, tertium non datur. Die Versöhnung gesellschaftlicher Widersprüche, die Schlichtung von Antagonismen, in welchem real existierenden System auch immer, sei heute nur ideologisch erschlichen, alle Synthesis sei bis auf weiteres nur synthetisches Kunstprodukt.

Hier soll offenbleiben, ob Hegels Ganzheitsphilosophie ein Versuch war, den bürgerlichen Pluralismus durch einen totalitären Staat zu disziplinieren, ob sein dialektischer Dreischritt die neurotische Verdrängung verpönter Regungen wieder aufheben wollte oder eine schizophrene Bewußtseinsspaltung rückgängig machen sollte, ob der altgriechische Polytheismus pantheistisch statt monotheistisch überwunden wurde oder ob die dialektische Synthese eine Restauration der frühen Ursymbiose zwischen dem Menschenkind und der Mutter Natur war oder alles das zusammen mit der politischen Restauration des preußischen Obrigkeitsstaates, welcher die modernistisch entfesselten bürgerlichen Produktivkräfte nur wieder an die reaktionäre Leine lege.

Man erinnert sich : Die These ist ein Begriff, ein „abstraktes Ansichsein", die Antithese ist die „Selbstentäußerung des Begriffs", seine Realisierung durch „Vergegenständlichung", und die Synthese ist die konkrete Idee, die Wiedervereinigung von abstraktem Begriff und realem Objekt. Das real existierende Individuum ist eine ‚bestimmte Negation' seines Allgemeinbegriffs und soll bei Adorno nicht wieder gewaltsam subsumiert werden unter diesen Oberbegriff, von dem es sich emanzipiert hat. Das Sein ist die real existierende Antithese zu den Thesen des Bewußtseins, und Adorno will Wahrheit nicht verstehen als Übereinstimmung von Sein und Bewußtsein, sondern als differentia specifica zwischen Individuum und Begriff. Er favorisiert den Aufstand der Differenzierung gegen die Zwangsintegration, aber das Ausdifferenzierte soll nicht wieder in die ursprüngliche Einheit und Ganzheit reintegriert werden. Rückgängig zu machen sei die Identifizierung der individuellen Abweichung, also die Wiedervereinigung von Identität und Differenz. Adorno will die Trennung von Verbindung und Trennung; das einmal Geborene soll nicht zurück in den Mutterschoß der Natur und das „Kleine" nicht vom Großen Ganzen kastriert werden.

Um Adorno zu verstehen, der seinen Hegel gut verstanden hatte, sollten vor allem jene Werke Hegels, die bereits die philosophische Systematik der dialektischen Dreischritte enthalten, noch einmal jeweils ohne die von Hegel vollzogenen Synthesen gelesen werden. Für einen ersten Überblick genügen schon die Inhaltsverzeichnisse der systemphilosophischen Werke Hegels, und signifikante Differenzen zwischen der „Phänomenologie des Geistes" (1807) und der „Enzyklopädie" (1830) zeigen sich schematisch in der Inhaltsangabe des Aufbaus und der Komposition. Wir werden uns das Vergnügen machen, Hegel noch einmal mit den Augen Adornos zu lesen, nachdem wir Adornos „Negative Dialektik" als Hegelianismus ohne Synthesen gelesen haben. Adorno verteidigt die aphoristische Antithese gegen die wissenschaftliche These und Hypothese ohne voreilige Synthese.


Es wurde früh bemerkt, daß die triadische Struktur des frühen Hauptwerkes an einigen Punkten nicht streng durchgehalten ist, und die Frage scheint bis heute nicht entschieden, ob diese Abweichungen vom dialektischen Schema systematische oder nur stilistische Probleme anzeigen. Zwei Großtriaden überschneiden sich : Bewußtsein, Selbstbewußtsein und Vernunft bilden ebenso einen Kreis wie Vernunft, Geist und Religion, die noch um das ‚absolute Wissen' zu einer Quadratur ergänzt ist.

Das ‚Selbstbewußtsein' stellt nur eine Dyade dar: Das ‚unglückliche Bewußtsein' findet schon bei Hegel keine synthetische Versöhnung, wenn nicht das folgende Großkapitel über die Vernunft als eine solche Aufhebung des unglücklichen Bewußtseins gelten soll. Was dem unglücklichen Bewußtsein an Versöhnung fehlt, das haben Vernunft, Geist, Religion und absolutes Wissen an Versöhnung zuviel, und vielleicht dürfen wir das ‚absolute Wissen' der Philosophie als das in den Begriff aufgehobene ‚unglückliche Bewußtsein' der jüdischen Religion verstehen. Der liberale Jude Adorno wollte nichts davon wissen, daß Jean Wahl in „Le malheur de la conscience dans la philosophie de Hegel" (Paris[2] 1951) das ‚unglückliche Bewußtsein' als das typisch jüdische Bewußtsein erkannt hatte, wenn Hegel unter reifer Religion besonders die protestantische Religion versteht. Wenn Adorno die „Phänomenologie" liest und wer sie mit Adorno liest, setzt das eigensinnig individuelle „Selbstbewußtsein" gegen das ‚Bewußtsein' von Gegebenheiten, ohne deshalb zur ‚Vernunft' zu kommen.

Im zweiten Großkreislauf des Werkes widerspricht der ‚Geist' jeder ‚Vernunft', ohne in der ‚Religion' zur Ruhe zu kommen. Das ‚Selbstbewußtsein', das ohne ‚Vernunft' gegen das ‚Bewußtsein' von Tatsachen sich erhebt, hat eine eigene Dialektik: Die stoische und skeptische Freiheit oder das unglückliche jüdische Bewußtsein überwinden ‚Herrschaft und Knechtschaft', ohne ‚Vernunft' anzunehmen. Das Gegenstandsbewußtsein, das vom eigenen ‚Selbstbewußtsein' überwunden wird, ist für Adorno eine ‚Wahrnehmung der Dinge', die ohne ‚übersinnliche Welt' göttlicher Naturgesetze gegen die ‚sinnliche Gewißheit' hier und jetzt festgehalten wird.

Adorno läßt die religiöse Versöhnung nicht gelten, aber innerhalb der hegelschen ‚Religion' würde er das „Kunstwerk" gegen den religiösen Polytheismus setzen, ohne zur Offenbarungsreligion zu kommen. Die vom ‚Geist' überschrittene ‚Vernunft' enthält eine eigene negative Dialektik, wenn Hegel durch Adornos Augen gesehen wird : Die ‚Verwirklichung des vernünftigen Selbstbewußtseins durch sich selbst' läßt die ‚beobachtende Vernunft' hinter sich, ohne beide durch eine ‚reelle Individualität' zu versöhnen.

Die ‚Verwirklichung des vernünftigen Selbstbewußtseins durch sich selbst' wird bei Adorno der ‚Wahnsinn des Eigendünkels', der sich gegen den Kampf zwischen ‚Lust und Notwendigkeit' behauptet, ohne daß beides sich verbindet zu einer ‚Tugend', die den ‚Weltlauf' beeinflussen will. Dieser ‚Wahnsinn des Eigendünkels' wird bei Adorno zur Schizophrenie, die ihn gegenüber der vorherrschenden Zweckrationalität halb regressiv und halb progressiv dünkt. Bei Hegel taucht dieser Wahnsinn wieder auf in der ‚schönen Seele', die um der Reinheit der Gesinnung willen jede Befleckung durch Praxis und Realität ablehnt, die lieber verrückt wird, als sich die Hände schmutzig zu machen.

Hätte Adorno eine „Phänomenologie" geschrieben, würde er ‚Geist' gegen alle ‚Vernunft' entwickeln, ohne beide religiös zu versöhnen. Es wäre der ‚sich selbst entfremdete Geist der Bildung', die dem ‚wahren Geist der Sittlichkeit' Athens widerspricht, ohne sich mit der Sittlichkeit zum Geist der Moralität zu vereinigen. Der „sich selbst entfremdete Geist" des Bildungsbürgertums ist der Geist von Adornos ‚negativer Dialektik' und hat seine eigene Dialektik darin, daß der ‚Kampf der Aufklärung mit dem Aberglauben' gegen den bloßen Esprit geistesadliger Salons aufsteht, ohne

sich mit diesem Esprit zur jakobinischen Schreckensherrschaft der
‚absoluten Freiheit' zu verbünden, die Adorno bei Fichte wüten sah.

Da Adorno den Begriff stets gegen den Begriff verteidigt, kommt er ohne
Hegels Begriff vom Begriff nicht aus. Hier hätte er in Hegels „Enzyklopädie" Band 3 das ‚Objekt' gegen den bloß ‚subjektiven Begriff' und gegen
die ‚Idee' der Versöhnung bewahrt. Wenn Adorno auf eine ‚Idee' kam, dann
ging er mit dem ‚Erkennen und Wollen' gegen das ‚Leben' der Geschlechter und gegen die ‚absolute Idee' vor. Wenn er überhaupt den ‚subjektiven
Begriff' der ‚selbsterhaltenden Vernunft' benutzte, dann setzte er, mit Hegel
gesprochen, das ‚Urteil' gegen den abstrakten ‚Begriff' und gegen den
logischen „Schluß". Die Urteile, die er fällte, waren immer „Reflexionsbestimmungen", welche die Dinge durcheinander vermittelte.
Das ‚unglückliche Bewußtsein' des Judentums, das die Sklaverei aufheben,
doch nicht zur Vernunft kommen will, wird im Bürgertum eine „unglückliche sogenannte schöne Seele". Dieses Bewußtsein ist ohne naturbeherrschende Macht, es ist Kierkegaards reine Innerlichkeit, die laut Adorno ein
Opfer des Weltlaufs und der krudesten Äußerlichkeiten wird. „Es fehlt ihm
die Kraft der Entäußerung, die Kraft sich zum Dinge zu machen, und das
Sein zu ertragen. Es lebt in der Angst, die Herrlichkeit seines Innern durch
Handlung und Dasein zu beflecken, und um die Reinheit seines Herzens zu
bewahren, flieht es die Berührung der Wirklichkeit, und beharrt in der
eigensinnigen Kraftlosigkeit, seinem zur letzten Abstraktion zugespitzten
Selbst zu entsagen und sich Substantialität zu geben, oder sein Denken in
Sein zu verwandeln, und sich dem absoluten Unterschiede anzuvertrauen."
(„Phänomenologie des Geistes", Frankfurt-Berlin-Wien 1973, S. 366).
Adorno ist sich mit Hegel einig in der Verurteilung der ‚schönen Seele', die
„zur Verrücktheit zerrüttet, und zerfließt in sehnsüchtiger Schwindsucht"
(PhG, a.a.O., S. 372). Anders als Hegel sieht er die Lösung nicht in der
Versöhnung zwischen Geist und Macht, die Hegel in Napoleon sehen
wollte. Die „schöne Seele" vergibt nicht einmal dem Untäter, der reuig
seine Schuld bekennt.
Die athenische Polis ging über ins römische Imperium, das bei Hegel dem
kapitalistischen Imperialismus vorausging. Kaiser Marc Aurel, der stoische
Herr, und Epiktet, der stoische Knecht, werden zu römischen Ahnherren
von Kapitalist und Proletarier, folgt man der Hegelexegese von Lukacs.
Der Kategorische Imperativ Kants verfährt laut Hegel mit den Individuen
und ihren Regungen nicht anders als die Guillotine Robbespierres, und die
christliche Fleischwerdung Gottes ist bei Hegel vorbereitet in der komi-
schen Ironie, daß hinter den Masken der griechischen Tragödie niemand
anders als der gewöhnliche Sterbliche steckt: Der Komödiant, der erhabene

Rollen spielt, geht über in Jesus, der die Rolle Gottes spielt. Der Kategorische Imperativ der Guillotine geht über in die Guillotine des Kategorischen Imperativs. Wenn der Geist nur ein Knochen ist, ist dieser Knochen der ganze Geist usw... Hegels „Phänomenologie" sagt, daß der antike Rollenspieler vom fleischgewordenen Christengott erlöst wird, aber Adorno geht nicht mit Hegel von der Kunst zur Religion zurück.

Die griechische ‚Sittlichkeit' geht bei Hegel über in den römischen ‚Rechtszustand' und dieser in den ‚selbstentfremdeten Geist' des gebildeten Bürgers, der dann den Tugendterror der Guillotine veranstaltet, bevor die Theorie der ‚schönen Seele' und die Praxis des bösen Tatmenschen einander tolerieren können. Das gegenseitige moralische Verzeihen zwischen Napoleon und dem Fräulein von Klettenberg geht bei Hegel dann zwanglos über in die religiöse Vergebung der Sünden durch die christliche Fleischwerdung Gottes.

Die „Phänomenologie des Geistes" sieht die Synthese aller Synthesen in der Religion, die allerdings dem Bilderverbot verfällt und dann von der Philosophie aufgehoben wird. Nicht nur Lukacs hat darauf hingewiesen, daß allein der ‚Geist' die geschichtliche Entwicklung nachzeichnet: Von der athenischen Demokratie über die römische Republik, die bürgerliche Aufklärung, die französische Revolution bis zum napoleonischen Europa, dessen Ende 1807 noch nicht abzusehen war. Die Synthese von natürlicher Vernunft und historischem Geist geschieht in einem absoluten Wissen, das den Protestantismus der deutschen Reformation philosophisch rechtfertigt.

Habermas übersieht bei Hegel zwei Punkte. Einerseits hatte auch der frühe Hegel der Jenenser Systementwürfe die Sprache nicht als kommunikatives Gespräch eingeführt, sondern monologisch als adamitisch namengebende Kraft, welche das Bezeichnete vergeistige. Vor allem aber übersieht Habermas, daß die Sprache an zentraler Stelle noch einmal in der „Phänomenologie des Geistes" auftritt, als Sprache der Bildungsbürger in der Aufklärung. Bei Hegel tritt Sprache in der Aufklärung aber nicht als freier Diskurs und ungezwungene Verständigung auf, sondern im Gegenteil als „sich entfremdeter Geist" der „absoluten Verkehrung" von allem und jedem Inhalt. - Es geht auch um Dialog und Diskurs, aber Hegel führt als Paradigma der Aufklärung nicht vernünftige Diskurse von Bürgerinitiativen und Debattierzirkel an, sondern den dialektischen Dialog „Rameaus Neffe" von Diderot. Wer die Wahrheit über die idealtypische Öffentlichkeit der Aufklärung erfahren will, lese Diderot. Aufgeklärter ‚Diskurs' in Diderots Dialog : Habermas' Gewährsmann ist ‚Ich', der ehrbare Pfahlbürger, und Hegels Gewährsmann ist ‚Er', Rameaus windiger Neffe.

Goethe entdeckte Diderots Dialog „Rameaus Neffe" für Deutschland, übersetzte ihn, und Hegel erkannte ihn als paradigmatisch für den Geist der Aufklärung.

„Von der Auflösung des Feudalismus bis zur Französischen Revolution bewegt sich also die „Phänomenologie" ausschließlich auf französischem Boden", fiel dem Marxisten Georg Lukacs auf.

Adornos negative Dialektik bleibt gleichsam bei Diderots „Enzyklopädie" stehen, ohne zu Hegels „Enzyklopädie" weiterzugehen. Denis Diderots Enzyklopädie war eine aufgeklärte Sammlung dessen, was Leute wie Rameaus Neffe so von sich geben: Voltaire, die französischen Moralisten, Chamfort, Rivarol, Montesquieu, Joubert, Galiani, die philosophes in den Salons des 18. Jahrhunderts, Lamettrie, Condillac, Helvetius, Holbach und andere ... Das Beste all dieser Stimmen wird aufgeboten gegen die dreifaltige Einfalt der pfäffischen Infamie, wie Hegel es sieht.

Das unglückliche Bewußtsein der jüdischen Religion ist ein Versuch, „Herrschaft und Knechtschaft" aufzuheben: Der Knecht macht sich zum Knecht des Herrgotts, um Herr seines Herrn zu werden, welcher der Knecht seines Knechtes wird. Die Selbständigkeit des Knechtes und die Unselbständigkeit des Herrn, für den er die Natur mundgerecht bearbeitet, kommt nicht schon zu Tage im Stoiker, der die Realität leugnet, oder im Skeptiker, der die Realität wegkritisiert, sondern erst im jüdischen Sklaven, der seinen Wankelmut ablegt und sich mit dem einen ‚unwandelbaren' Herrgott gegen die vielen wandelnden Herren der Welt verbündet.

Hier hätte der Jude Adorno anknüpfen können, aber er war schon lange nicht mehr Jude genug, um hier anzuknüpfen. Für Adorno erkennen die Menschen einander nicht an, weil sie ein und denselben Herrgott anerkennen, von dem sie gemeinsam anerkannt sind. An diesem Punkt würde Hegels „Phänomenologie" abbrechen, wenn sie die vernünftige Synthese von Gegenstandsbewußtsein und Selbstbewußtsein, von Theorie und Praxis, nicht geschichtlich realisiert gesehen hätte im napoleonischen Europa einer philosophisch gereinigten Reformation. Der unglückliche Kampf zwischen dem unwandelbaren Ich und der wandelbaren Welt als Kampf zwischen dem wandelbaren Ich und dem unwandelbaren Gott taucht bei Hegel wieder auf als Kampf der Aufklärung mit dem Aberglauben, zwischen philosophischem Wissen und christlichem Glauben.

Das wird bei Adorno im 20. Jahrhundert zum Kampf der Aufklärung mit ihrer eigenen Dialektik. Der systemaufhebende Geist der Essays und Aphorismen tritt an die Stelle der französischen und der deutschen Enzyklopädie. Adorno systematisiert den systemsprengenden Esprit, ohne zum „Tugendterror" oder zur religiösen Versöhnung zu gelangen. Das unglückliche hebräische Bewußtsein und Wissen macht nicht den synthetischen Schritt in die glückselige christliche Bewußtlosigkeit.

Der ‚sich entfremdete Geist' der Bildung taucht nach der „Phänomenologie"
nie wieder auf bei Hegel, während alle anderen Begriffe des ‚objektiven
Geistes' auch in späteren Systematiken wieder ihren Platz finden, wenn
auch jeweils charakteristisch verschoben.

Der ‚wahre Geist der Sittlichkeit' herrschte, will man Hegel glauben, in der
athenischen Demokratie, die in die Rechtssicherheit der römischen Republik übergehen mußte. Aus den abstrakten römischen ‚Rechtssubjekten' ent-
wickelten sich die Sozialatome der bürgerlichen Konkurrenzgesellschaft,
welche zwischen Macht und Geld hin und her gerissen ist. Wenn Adorno
‚negative Dialektik' ohne Synthesen wollte, um keine voreilige Versöhnung
mit der schlechten Realität zu feiern, dann wollte er in dem befangen
bleiben, was bei Hegel als selbstentfremdeter Geist des Bildungsbürgers
behandelt wird. „Entwickelte Bildung" ist dort die historische Antithese zu
den schönen griechischen Sitten und Gebräuchen, und beides ist noch nicht
aufgehoben ins gewissenhafte Über-Ich der Gesellschaft. Innerhalb dieser
‚zerrissenen und zerreißenden' Sprache des Bildungsbürgertums und Besitz-
bürgertums will es Adorno nicht bis zum Tugendterror der Robbespierres
und Fichtes bringen, sondern nur bis zur Aufklärung im Kampf gegen
Glauben und Aberglauben, gegen Religion, Mythos und Ideologie.
Die Aufklärer bezogen ihre Waffen aus dem Esprit der Zyniker und aus
dem Witz der Salonlöwen des Ancien Regime. Diderot sammelte die besten
Pointen all der Neffen Rameaus in seine berühmte „Enzyklopädie", und
schon war genug Munition beisammen gegen das ‚falsche Bewußtsein' des
Aberglaubens.
Hegel deutet die von Adorno dann ausgeführte „Dialektik der Aufklärung"
schon an, wenn er erkennt, daß die Aufklärer in den von ihnen bekämpften
Aberglauben selbst verfallen, daß sie in die Mythen zurückfallen, die sie
auflösen wollen, indem sie diese Mythen mit Mythen bekämpfen.
Die „reine Einsicht" sei selbst ein Aberglaube, und die christliche Religion
sei selbst schon Aufklärung. Die französischen Materialisten des 18. Jahrhunderts z.B. hätten nur eine neue Metaphysik des leeren Etre Supreme
etabliert. Die ‚Wahrheit der Aufklärung' ist bei Hegel der Triumphzug der
platten Nützlichkeit. Dieser Nutzen aller Gegenstände für den gesunden
Menschenverstand wird später bei Adorno und Horkheimer recht anti-
proletarisch perhorresziert als ‚instrumentelle Zweckrationalität'.
Das zweckrationale Nützlichkeitsdenken  kulminiert bei Hegel in der
Schreckensherrschaft der Guillotine, bei Adorno in dem rechten Tugendterror der Gaskammern von Auschwitz. Die ‚absolute Freiheit' der ‚selbsterhaltenden Vernunft' ersetzt den Gedanken durch den ‚totalen Verdacht',
der die ‚Furie des Verschwindens' befreit, die nutzlose Selbstzerstörung.

„Das einzige Werk und Tat der allgemeinen Freiheit ist daher der Tod ...
der kälteste, platteste Tod, ohne mehr Bedeutung, als das Durchhauen eines
Kohlhaupts oder ein Schluck Wassers." („Phänomenologie des Geistes",
a.a.O., S. 331).

Adornos negative Dialektik kommt ohne solche jakobinische Versöhnung
von zynischem Bildungsbürger und Aufklärer aus, aber sein Bildungsbürgertum geht auch hinaus über den gesitteten Kampf der Griechen
zwischen Familienleben und öffentlichem Leben, ohne daß er bei der
Moralität des kantischen Imperativs landen würde. Wenn Adorno von
Moralität redet, meint er nicht das versöhnliche ‚Verzeihen' zwischen der
‚schönen Seele', die nicht handeln will, und dem häßlichen Tatmenschen,
der nicht nachdenken will. Kants Vernunftgesetz wird von Adorno wie von
Hegel als abstrakter Angriff auf sinnliche Realität wie auf empirische
Individuen verurteilt. Hegel schildert den Besitz- und Bildungsbürger
zwischen Macht und Geld, zwischen Staat und Reichtum. Er zeichnet den
Weg der bürgerlichen Revolution von den Bonmots der Salonmoralisten
über die antiklerikalen Aufklärer bis zur jakobinischen Guillotine. Mit
Napoleon, dem ‚Weltgeist zu Pferde', dem ‚großen Staatslehrer', sah er eher
den europäischen Vollstrecker als den kaiserlichen Verräter der Grande
Revolution in Jena einreiten, als er 1807 die „Phänomenologie" abschloß.
Im napoleonischen Rheinbund unter dem Code Napoleon sah Hegel den
Sieg der Moral über den Tugendterror, den Triumph der preußischen
Pflichterfüllung über den Witz des französischen Materialismus, den Sieg
des Gewissens über den blutigen Witz der Schreckensmänner von Paris.
Hegels Weltgeist reitet zu Pferde von der schönen Sittlichkeit Athens über
das Bildungsbürgertum von Paris zur gewissenhaften Toleranz und zur
heiligen Ehe zwischen der schönen Seele Fräulein von Klettenbergs und
dem häßlichen Untäter Napoleon. Diesem happy end gibt Adorno nicht
seinen Segen. Bei ihm siegt die Moral so wenig über den Tugendterror der
Aufklärer, wie die Religion über diese Moral triumphiert.

## Systematische Erkenntnis der Ausnahmen?

Nach Kants kosmologischen Antinomien des Selbstwiderspruchs ist das Universum weder begrenzt noch unbegrenzt und der Mensch sowohl frei als auch unfrei. „Die wahre und positive Bedeutung der Antinomien besteht nun überhaupt darin, daß alles Wirkliche entgegengesetzte Bestimmungen in sich enthält und daß somit das Erkennen und näher das Begreifen eines Gegenstandes eben nur soviel heißt, sich dessen als einer konkreten Einheit entgegengesetzter Bestimmungen bewußt zu werden." (Enzyklopädie § 48) Der paradoxe Selbstwiderspruch „ist der einfache Punkt der negativen Beziehung auf sich, der innerste Quell aller Tätigkeit, lebendiger und geistiger Selbstbewegung, die dialektische Seele, die alles Wahre an ihm selbst hat, durch die es allein Wahres ist..." („Wissenschaft der Logik" II, Frankfurt a. M. 1981, S. 563). „Das Dialektische, vom Verstande für sich abgesondert genommen, macht... den Skeptizismus aus; er enthält die bloße Negation als Resultat des Dialektischen.... Alles Endliche ist dies, sich selbst aufzuheben. Das Dialektische macht daher die bewegende Seele des wissenschaftlichen Fortgehens aus", „wodurch dasselbe, als an sich das Andere seiner selbst, auch über das, was es unmittelbar ist, hinausgetrieben wird und in sein Entgegengesetztes umschlägt." (Enzyklopädie, § 81)
„Die Philosophie bleibt dann aber bei dem bloß negativen Resultat der Dialektik nicht stehen, wie dies bei dem Skeptizismus der Fall ist", der in Paris nur aufgeklärte Maximen und in Berlin nur romantische Fragmente schliff.
„Negation ist das, was wir Grenze heißen. Etwas ist nur in seiner Grenze und durch seine Grenze das, was es ist." Jedes Wesen sei das, was es ist, nur bis zu seiner Grenze und von dieser Grenze zu dem, was es nicht ist, also sei es über seine eigene Grenze-zum-Gegenteil auch immer schon hinaus. Griechisch apo-horismos, lateinisch de-finitio, heißt Begrenzung.
Der Aphorismus ist das Endliche, das „an sich das Andere seiner selbst ist und hiermit sich verändert..." („Enzyklopädie" (E), § 92). „Ohne bei der schlechten Unendlichkeit des Progresses stehenzubleiben", ist der Aphorismus ein Aufstand gegen die „Langweiligkeit dieses Geschäfts" der „oberflächlichen Abwechslung". Als Prinzip des immer Anderen seiner selbst ist Dialektik der Motor aller Veränderung und geistigen Bewegung.
„So wälzt sich das Erkennen von Inhalt zu Inhalt fort" und „verdichtet sich in sich" am Schluß - gegen Hegels Intention - zu subjektiv-objektiven Gnomen. „Wenn vom Begriff gesagt wird, er sei subjektiv und nur subjektiv, so ist dies insofern ganz richtig, als er allerdings die Subjektivität selbst ist." („Enzyklopädie" Band 1, § 192)

„Das Subjekt ist erst an ihm selbst der Vernunftschluß." (a.a.O., § 182)
„Jede neue Stufe des Außersichgehens, d.h. der weiteren Bestimmung, ist auch ein Insichgehen, und die größere Ausdehnung ebenso sehr höhere Intensität. Das Reichste ist daher das Konkreteste und Subjektivste... Die höchste, zugeschärfteste Spitze ist die reine Persönlichkeit, die allein durch die absolute Dialektik, die ihre Natur ist, ebenso sehr alles in sich befaßt und hält, weil sie sich zum Freiesten macht..." und sich doch nicht in Friedrich Schlegels Philosophie der freien Individualität wiedererkennen wollte, weil Hegels Narzißmus des infinitesial kleinen Unterschieds das verhinderte. „Alle Dialektik läßt das gelten, was gelten soll, als ob es gelte, läßt die innere Zerstörung selbst sich daran entwickeln - allgemeine Ironie der Welt." („Vorlesungen über die Geschichte der Philosophie" 1, Leipzig 1971, S. 581). Friedrich Schlegels romantische Ironie unterschied sich von dieser dialektischen Ironie so wenig, daß Hegel ihre Originalität als mephistophelisches Lachen eines Heuchlers verteufeln mußte, um sich der Ähnlichkeit zu erwehren. „Daher ist Hegels polemischer Ausfall gegen Schlegel ungerechtfertigt", urteilte Arseni Gulyga ganz zu Recht („Die klassische deutsche Philosophie", Leipzig 1990, S. 351). Beide mußten einander verteufeln, weil keiner von beiden sich im jeweils anderen wiedererkennen wollte.

„Indem die selbständige Reflexionsbestimmung in derselben Rücksicht, als sie die andere enthält und dadurch selbständig ist, die andere ausschließt, so schließt sie in ihrer Selbständigkeit ihre eigene Selbständigkeit aus sich aus... Sie ist so der Widerspruch." („Wissenschaft der Logik" II, Frankfurt 1981, S. 64). „Der Unterschied überhaupt ist schon der Widerspruch an sich", „darin jedes das Aufheben seiner und das Setzen seines Gegenteils ist" (a.a.O. S. 65), um „gegen die Identität identisch mit sich zu sein" (a.a.O., S. 66).

„Es bewegt sich etwas nur, nicht indem es in diesem Jetzt hier ist und in einem andern Jetzt dort, sondern indem es in ein und demselben Jetzt hier und nicht hier, indem es in diesem Hier zugleich ist und nicht ist." (a.a.O., S.76)  (So ist nach Sartre der Mensch jenes aktive Wesen, das ist, was es nicht ist, und das nicht ist, was es ist.)  Die Bewegung sei der „daseiende Widerspruch selbst". - „Etwas ist also lebendig, nur insofern es den Widerspruch in sich enthält, und zwar diese Kraft ist, den Widerspruch in sich, zu fassen und auszuhalten. Wenn aber ein Existierendes nicht in seiner positiven Bestimmung zugleich über seine negative überzugreifen und eine in der anderen festzuhalten, den Widerspruch nicht in ihm selbst zu haben vermag, so ist es nicht die lebendige Einheit selbst, nicht Grund, sondern geht in dem Widerspruche zugrunde." (a.a.O., S. 76). „Die endlichen Dinge in ihrer gleichgültigen Mannigfaltigkeit sind daher überhaupt

dies, widersprechend an sich selbst, in sich gebrochen zu sein und in ihren Grund zurückzugehen." - „Dies Widersprechende löst sich allerdings in nichts auf... Das Ding, das Subjekt, der Begriff ist nun eben... ein an sich selbst Widersprechendes, aber ebenso sehr der aufgelöste Widerspruch; es ist der Grund, der seine Bestimmungen enthält und trägt." (a.a.O., S. 79). Leibnizens ‚zureichender Grund', „ob etwas so ist, wie es sein soll", den Hegel als ‚konkreten Begriff' begriff, wurde bei Adorno zum Abgrund der begründeten „Noch-nicht-identität" von Ich und Nichtich. „In unserer reflexionsreichen und räsonnierenden Zeit muß es einer noch nicht weit gebracht haben, der nicht für alles, auch für das Schlechteste und Verkehrteste, einen guten Grund anzugeben weiß. Alles, was in der Welt verdorben worden ist, das ist aus guten Gründen verdorben worden. Wenn auf Gründe provoziert wird, so ist man zunächst geneigt, davor zurückzutreten; hat man dann aber die Erfahrung gemacht, wie es sich damit verhält, so wird man harthörig dagegen und läßt sich dadurch nicht weiter imponieren." (Enzyklopädie, § 121)
„Der Schluß ist daher nicht nur vernünftig, sondern alles Vernünftige ist ein Schluß". („Wissenschaft der Logik", Band II, a.a.O., S. 352). Je weiter Prämisse und Konsequenz voneinander entfernt liegen, umso witziger sind sie logisch miteinander zusammengeschlossen durch das tertium medium, ihren gemeinsamen Grund, der im Aphorismus gerade verschwiegen wird und zu erraten ist. Die These sei ihre eigene Begründung, und die Gründe treten apodiktisch wie Grundsätze auf, hat Adorno recht romantisch von der Dialektik gefordert. Die aphoristische Sprachgestalt wird zum Gehalt des Gehalts und der Inhalt des Fragments zur Form seiner Form.
Das vernünftige ‚Verhältnis des Ganzen und seiner Teile' ist ein Verhältnis der von außen gereizten „produktiven Einbildungskraft" und ihrer vielen fragmentierten Äußerungen, deren jede eine ganze „Reflexion-in-sich" ist. „Jede dieser Bestimmungen hebt sich in ihrem Setzen auf und setzt sich in ihrem Aufheben... " (Hegel : „Logik" II, Frankfurt 1981, S. 233).
Der heute absonderlich wirkende Einzelaphorismus exemplifiziert nicht bloß die abstrakte ‚Kategorie der Besonderheit', sondern ist selbst etwas ganz Besonderes als antezipierte Allgemeingültigkeit von morgen. „Das Einzelne ist nicht unmittelbar allgemein, sondern durch die Besonderheit; und umgekehrt ist ebenso das Allgemeine nicht unmittelbar einzeln, sondern es läßt sich durch die Besonderheit dazu herab." (a.a.O., S. 355)
Doch in der ‚Komik', die bei Hegels „Phänomenologie" (1807) aus der Kunstreligion in die Offenbarungsreligion überleitet, „kommt die Subjektivität des Zuschauers oder Zuhörers zum ungestörten und ungetrübten Genuß ihrer selbst, da sie die absolute Idealität, die unendliche Macht über jeden beschränkten Inhalt, folglich die reine Dialektik ist, durch welche

eben der komische Gegenstand vernichtet wird." Das Lachen wird „durch einen sich unmittelbar hervortuenden Widerspruch, durch etwas sich sofort in sein Gegenteil Vernichtendes erzeugt... vorausgesetzt, daß wir in diesem nichtigen Inhalt nicht selbst stecken..." (Enzyklopädie, § 401).

„Spinoza war seiner Herkunft nach ein Jude"; was demselben „noch fehlt, das ist das abendländische Prinzip der Individualität, welches in philosophischer Gestalt... zuerst von der Leibnizschen Monadologie hervorgetreten ist" (E § 151), aber von Hegel in der Schlegelschen Romantik nicht anerkannt wurde, weil es mit der von ihm gefürchteten Ironie gepaart war. Die Auflösung des geistigen Zwangssystems besteht nicht nur darin, daß es die raumzeitliche Natur, sondern auch unsystematisch aphoristische Ideen aus „sich selbst frei entläßt, ihrer absolut sicher und in sich ruhend." (Logik II, a.a.O., S. 573).

„Das Sinnliche... ist das Außereinander, das Außersichseiende..." (E § 42). „Es ist dann gleichsam die Güte des Absoluten, die Einzelheiten zu ihrem Selbstgenuß zu entlassen, und dieses selbst treibt sie in die absolute Einheit zurück." (E § 42). So gütig war Hegel weder zu Schlegel noch zu den Juden, und Adorno vermutete, daß dieser Selbstgenuß der Einzelnen ihre Einheit eher sprengen würde. Die ‚List der Vernunft' bestehe gegen Hegel darin, daß Fragmente aufs Große Ganze gehen, indem sie es sabotieren und umgekehrt der Geist die Einzelfragmente gerade produziert, indem er methodisch und systematisch aufs Ganze geht.

„...vielmehr ist das Eins... eben nur dies, sich von sich selbst auszuschließen und als das Viele zu setzen; ein jedes der Vielen ist aber selbst Eins..." („Enzyklopädie" Band 1, § 97).

„Alle Arbeit ist nur auf das Ziel gerichtet, und wenn dies erreicht ist, so ist man verwundert, nichts anderes zu finden, als eben dies, was man finden wollte." („Enzyklopädie 1" : ‚Die absolute Idee', § 237)

Dies gilt vom System ebenso, wie es vom Fragment gerade nicht gilt. Der Aphoristiker „in seinem Unterschied von Gott, mit seinem besonderen Meinen und Wollen, verfährt nach Laune und Willkür, und so geschieht es ihm dann, daß bei seinem Tun etwas ganz anderes herauskommt, als er gemeint und gewollt hat..." („Enzyklopädie" , § 147).

Adorno sprach eher vom Begriff und weniger vom Ur-teil, das Sein und Bewußtsein voneinander trennt, oder vom Schluß, durch den der hegelsche Begriff erst mit der Realität zusammengeschlossen ist.

„Alle Dinge sind ein kategorisches Urteil." (Enzyklopädie, § 177) „Alle Dinge sind der Schluß, ein Allgemeines, das durch die Besonderheit mit der Einzelheit zusammengeschlossen ist; aber freilich sind sie nicht aus drei Sätzen bestehende Ganze." („Wissenschaft der Logik", Band II, Frankfurt 1981, S. 359), sondern als Grund-Sätze ihre eigenen Gegensätze.

A = A : „Die Form des Satzes widerspricht ihm schon selbst, da ein Satz auch einen Unterschied zwischen Subjekt und Prädikat verspricht, dieser aber das nicht leistet, was seine Form fordert." („Das Wesen als Grund der Existenz. Die reinen Reflexionsbestimmungen", Enzyklopädie § 115). Hegel achtet und ächtet zugleich den Satz des ausgeschlossenen Dritten : Der Geist ist weiß oder nicht weiß.

„Indem vergessen wird, daß Identität und Entgegensetzung selbst entgegengesetzt sind, wird der Satz der Entgegensetzung auch für den der Identität in der Form des Satzes vom Widerspruch genommen und ein Begriff, dem von zwei einander widersprechenden Merkmalen keins oder alle beide zukommen, für logisch falsch erklärt, wie z.B. ein" weder weißer noch nichtweißer Geist im „negativ-unendlichen Urteil der Qualität".

„Das Negative für sich ist nichts anderes als der Unterschied selbst." „Dies ist der Unterschied des Unterschieds in ihm selbst." (E § 119) Der Grund ist „auch der Unterschied der Identität und des Unterschieds" (E § 121). „Subjekt und Objekt sind dasselbe und zugleich verschieden : Indem eins so richtig ist wie das andere, ist damit eins so unrichtig wie das andere." „Die Endlichkeit der Dinge besteht dann darin, daß ihr unmittelbares Dasein dem nicht entspricht, was sie an sich sind", sie widersprechen sich selbst und damit ihrem eigenen Begriff. Kurz : der Aphorismus spricht endlich einmal endlos von endlichen Dingen, und er spricht nicht wie Hegel nur aus der abstrakten Kategorie der Besonderheit, sondern von ganz besonderen Dingen und von Regeln der Ausnahmen von den Regeln.

‚Vernünftige Wirklichkeit' und ‚faule Existenz' sind aber auch bei Hegel noch nicht identisch. „Die Wirklichkeit, im Unterschied von der bloßen Erscheinung, ... steht sowenig der Vernunft als ein Anderes gegenüber,... daß man Anstand nehmen wird, einen Dichter oder einen Staatsmann, die nichts Tüchtiges und Vernünftiges zustande zu bringen wissen, als einen wirklichen Dichter oder einen wirklichen Staatsmann anzuerkennen." (E § 142) „Ein schlechter Mensch ist ein unwahrer Mensch, der sich seinem Begriff oder seiner Bestimmung nicht gemäß verhält... Das durchaus Schlechte oder Begriffswidrige ist eben damit ein in sich selbst Zerfallendes" (E § 213), und diesem schizoiden Zerfall ist Adorno dann bis in die polymorph-pervers verabsolutierten Partialtriebe nachgegangen, bis zum Sinn im Wahnsinn. „Insofern die Seele verrückt ist, hält sie vielmehr an einer nur subjektiven Identität des Subjektiven und Objektiven als an einer objektiven Einheit dieser beiden Seiten fest..." (E § 407). Wo Adornos Idiosynkasie „in ein selbstgefälliges Sichherumwenden des Individuums in seinen ihm teuren Absonderlichkeiten ausartet" (Enzyklopädie III, § 377), erinnert Hegel sie an ihre moralischen Pflichten. Gnome heißt Erkenntnisvermögen. Hat der gnomische Aphoristiker Geist?

„Dieser esprit beschränkt sich in oberflächlichen Naturen auf das Kombi-
nieren einander fernliegender Vorstellungen, wird aber in geistreichen
Männern, wie z.B. Montesquieu und Voltaire, durch das Zusammenfassen
des vom Verstand Getrennten zu einer genialen Form des Vernünftigen..."
(E § 394). „Alles Vernünftige ist somit zugleich als mystisch zu
bezeichnen..." (E § 82), also ist der für Hegel doch notwendige - jüdische -
Verstand der geschworene Feind jeder Mysti(fi)k(ation).
Hegels Intimfeind Fr. Schlegel sah in Fragmenten „Igel", wehrhafte Klein-
lebewesen. „Das Leben muß als Selbstzweck gefaßt werden,... als eine
Totalität, in welcher jedes Unterschiedene zugleich Zweck und Mittel ist."
(E § 423) „Im lebenden Organismus, der keine mechanische Organisation
habe, sei „jeder Teil die ganze Pflanze,... die Glieder mithin nicht in
vollkommener Unterwürfigkeit unter die Einheit des Subjekts gehalten..."
(E § 381). „Freiheit ist eben dies, in seinem Anderen bei sich selbst zu
sein... Freiheit ist nur da, wo kein Anderes für mich ist, das ich nicht selbst
bin..."
„Der Aphorismus ist feinste, vergeistigste Erotik. Der Trieb zum Aphorismus ist der Geschlechtstrieb des Geistes." (A.-H. Fink: „Maxime und
Fragment", Zur Morphologie des Aphorismus, München 1934, S. 150)
Aphoristiker Adorno brachte es aus der Mutterkind-Symbiose wohl zur
Antithese von Mann und Frau, aber - anders als der Fragmentarist Schlegel
und der Systematiker Hegel - „noch nicht" zu ihrer genitalen Synthese, die
im jeweils Neugeborenen zur neuen These würde.
Für Hegel ist der Verstand typisch jüdisch und die Vernunft typisch
deutsch. Hat er seinen Begriff vom Judentum nun aus seinem Begriff vom
Räsonnement bezogen oder umgekehrt sein Verständnis des Verstandes aus
seinem Unverständnis des Judentums abgeleitet ? In jedem Fall assoziiert
er zu Judentum so etwas wie den bornierten Verstand, anale Fixierung auf
Grenze, Ur-teil und Gesetz, Herr und Knecht, ‚unglückliches Bewußtsein',
Unverständnis für Unendlichkeit usw..
Weil Juden Knechte ihres Herrgotts und seines Gesetzes seien, das sie sich
nicht selbst gegeben, sondern von oben entgegengenommen haben, deshalb
seien sie auch geborene Sklavenseelen ihrer weltlichen Herren. Dieser
Herr-Gott erkenne sich nicht wieder in seinen Menschenkindern, und die
Hebräer erkennen sich in ihrem Jehovah nicht wieder. Der selbstbewußte,
aber heteronome jüdische Verstand habe zum Gegenstand nur das eine
Naturgesetz hinter den vielen Erscheinungen der Welt und finde sich in
diesem von oben empfangenen herrgöttlichen Gesetz nicht selber wieder.
„Das Wesen ist wesentlich eine Sache der Reflexion." § 422 von Hegels
„Enzyklopädie" verbindet die Stufe des bloßen Verstandes mit der Stufe
des gesetzmäßigen Wesens der Dinge, wo der „Gegensatz der Erschei-

nungen und der Dinge an sich gesetzt ist". „Dieses Gesetz mag nun eine äußere Gewalt sein oder die Form göttlicher Autorität haben. Der Mensch ist in der Knechtschaft des Gesetzes, solange er in seinem natürlichen Verhalten bleibt... die Natur liegt überhaupt in den Banden der Vereinzelung" („Enzyklopädie 1", § 25) - wie bei den Aphorismen.
„Betrachten wir Gott nur als das Wesen schlechthin, ... so wissen wir ihn nur erst als... Herrn. Es ist zunächst die jüdische und weiter die mohammedanische Religion, in welchen Gott... wesentlich nur als der Herr aufgefaßt wird." (Enzyklopädie, § 112)
Wenn der Verstand nicht nur Gesetze der Naturgeschichte, sondern auch das Gesetz lebendiger Entwicklung erfaßt, wird er „Selbstbewußtsein", das mit ‚typisch jüdischer' „Begierde" über die Welt herfallen würde, wenn er nicht in seinem Herrn ein fremdes Selbstbewußtsein „anerkennen" müßte, das ihn hindert, die ganze Welt zu verschlingen, fürchtet Protestant Hegel.
„Nur dadurch, daß der Mensch sich selber, wie andere, in die Gefahr des Todes bringt, beweist er auf diesem Standpunkt seine Fähigkeit zur Freiheit." (E § 431). „Der Kampf des Anerkennens geht also auf Leben und Tod", und den Juden hält Hegel die Feigheit vor, diesen Klassenkampf immer gescheut und sich weder Vaterland noch Staat erobert zu haben: „Denen, die Knechte bleiben, geschieht kein absolutes Unrecht; denn wer für die Erringung der Freiheit das Leben zu wagen den Mut nicht findet, der verdient, Sklave zu sein... (E § 435). „Der dem Knecht gegenüberstehende Herr war noch nicht wahrhaft frei, denn er schaute im andern noch nicht durchaus sich selber an. Erst durch das Freiwerden des Knechtes wird folglich auch der Herr vollkommen frei." (E § 436) Der Jude habe also keine männliche „Zuversicht, daß, wie Adam von Eva sagt, sie sei Fleisch von seinem Fleische, so er in der Welt Vernunft von seiner Vernunft zu suchen habe" (E § 440), sondern nur Intellekt und rationale Reflexion.
Weil er die Herrschaft weder seines Herrgotts noch seiner Tyrannen erfolgreich abgeschüttelt habe, sei der Hebräer niemals zu Geist und Vernunft gekommen, sondern stets auf der Ebene des intellektuellen Wesens und des Gesetzes, der Knechtschaft und ‚Endlichkeit' stehengeblieben. Kraftlos sehne er sich nach Freiheit und Geist, tue und riskiere aber nichts dafür. So bleibe er ausgeschlossen von Denken und wahrer Sittlichkeit, von Kunst und systematischer Philosophie. Die Verstandesaufklärung der Juden und der Franzosen wird von Hegel ganz ähnlich beschrieben, aber Deutsche hätten eben die Reformation und Juden keine französische Revolution gehabt. Da der beschränkte jüdische Verstand laut Hegel das deutsche System erreicht, bleibe er bei den „selbständigen Reflexionsbestimmungen" und bei der selbstwidersprüchlichen ‚Endlichkeit' aphoristischer Konversation stehen, die nur Ausnahmen erkenne und keine Regel darin.

Hegels „Wissenschaft der Logik" (1812/16) setzt dort an, wo Kant bei der logischen Kategorientafel des Aristoteles anknüpft. Im Zusatz zu § 171 der „Enzyklopädie der philosophischen Wissenschaften" werden die vier kategorialen Dreiergruppen der Qualität, Quantität, Relation und Modalität davon abgeleitet, daß das 1) Sein über die „Verdopplung" von 2) Wesen und 3) Erscheinung mit dem 4) Begriff vermittelt sei.

Die drei Urteilsformen der QUALITÄT (bejahende, verneinende und unendliche) führen bei Hegel zum logischen „Schluß des Daseins". Die drei Urteilsformen der QUANTITÄT (singuläre, partikulare und universelle) führen bei Hegel zum logischen „Schluß der Reflexion". Die drei Urteilsformen der RELATION (kategorische, hypothetische und disjunktive) führen bei Hegel zu dem logischen „Schluß der Notwendigkeit". Die drei Urteilsformen der MODALITÄT (assertorische, problematische und apodiktische) heißen „Urteile des Begriffs" und führen nicht nur über logische Schlüsse zum Begriff zurück, sondern auch zum Übergang des Begriffs in die „Objektivität" der Natur, von der Rüdiger Bubner anmerkte, sie habe an dieser Stelle des Systems längst in den Begriff aufgehoben sein müssen und dürfe hier eigentlich gar nicht mehr auftreten.
Die allgemeine Form jedes Urteils sei: „Das Einzelne ist ein Allgemeines“. Durch die Form des Ur-teils werde aber gerade ausgesprochen, daß Einzelheit und Allgemeinheit verschieden seien. Was im Begriff an Einzelheit und Allgemeinheit noch vereinigt sei, trete dann im Urteil als Subjekt und Prädikat auseinander. Das Urteil enthülle, was im Begriff implizit verborgen war, die Differenz von Individuum und Allgemeinheit. Erst durch den logischen Schluß kehrt das Urteil laut Hegel zur Einheit des Begriffs zurück. Der Begriff hebe sich selbst ins Urteil auf, das Urteil in den Schluß und der Schluß wieder in den Begriff, wodurch das „abstrakte Ansichsein" erst „wirklicher Begriff" werde. Hegels dialektischer Gang durch Kants transzendental gewendete aristotelische Kategorientafel will den Übergang von einer Aussage- und Urteilsform zur nächsten erst begreiflich machen. Hält Hegel, was er verspricht, nämlich das zu halten, was Kant in seiner „transzendentalen Deduktion der reinen Verstandesbegriffe“ nur versprochen hat?
Gehen wir Hegels eigenen Beispielen nach. Rosen sind nicht nur rot, sondern auch gelb, und rot sind nicht nur Rosen, sondern auch Wangen: Im qualitativen URTEIL DES DASEINs schneiden Subjekt Rose und Prädikat Röte sich nur in einem Punkt, ohne sich zu decken. Diese Rose ist rot oder nicht rot, aber der Geist ist weder Elefant noch kein Elefant, sondern jenseits dieser Unterscheidung : Im unendlich-negativen Urteil der Qualität ist das Einzelne so wenig allgemein, daß es nicht einmal

nicht-allgemein ist - hier ist jedes mögliche Band zwischen Subjekt und Prädikat zerschnitten, Subjekt und Objekt bleiben gleich-gültig zueinander.
Der Übergang von der Qualität zu den „Verhältnisbestimmungen" der Quantität wird als Übergang vom Für-sichsein zum Für-andere-sein begreiflich gemacht. Wenn diese <u>singuläre</u> Pflanze da heilsam ist, dann meinen wir, daß mehrere <u>partikulare</u> Pflanzen heilsam sind  -  für uns Menschen.  Wenn „alle Menschen" und keine Tiere Ohrläppchen haben (universelles Urteil der Reflexion), dann hat „der Mensch" Ohrläppchen. Die „Allheit" des <u>universellen</u> URTEILS DER REFLEXION  gehe von Individuen aus und sei nur empirische Gemeinsamkeit zufälliger Merkmale und nicht das Wesen der Sache selbst.
Der Übergang von der „Reflexion" zur „NOTWENDIGKEIT", also von der Quantität zur Relation, sei ein Übergang von akzidentellen zu substantiellen Prädikaten, von  zufälligen  zu wesentlichen Merkmalen  am Subjekt.  Daß „der" Mensch Ohrläppchen habe, sei akzidenteller, als daß der Mensch sterblich sei. „Alle Dinge sind ein kategorisches Urteil, denn sie haben ihre substantielle Natur."
„Gold ist teuer" : ein Urteil subjektiver Reflexion. „Gold ist ein Metall" : das <u>kategorische</u> Urteil  der  Notwendigkeit  nenne  den  einen wesentlichen Gattungsbegriff, allerdings noch ohne alle Besonderheiten. Auch Silber und Kupfer  seien  Metalle, „Metallität" sei  aber  gleichgültig gegen ihre verschiedenen Arten. Erst im <u>hypothetischen</u> Urteil werde berücksichtigt, daß etwas von etwas anderem abhängig und durch anderes vermittelt sei : Wenn A, dann B. Im Übergang vom Kategorischen zum Hypothetischen  wiederhole  sich  der  Übergang  von  der  Substanz  zur Kausalität.  Aber erst im <u>disjunktiven</u> Urteil  der  Notwendigkeit  sei  „die Gattung  die  Totalität  ihrer  Arten" : „Das poetische Kunstwerk ist entweder episch, lyrisch oder dramatisch."  A ist weder B noch C noch D ..., also muß es sowohl B als auch C und D als Möglichkeiten enthalten. Das disjunktive Urteil der Notwendigkeit entspricht dem universellen Urteil der Reflexion und dem unendlichen Urteil des Daseins.

Das BEGRIFFSURTEIL der Modalität ist für Hegel ein deontologisches Urteil über die Angemessenheit von Objekt und Begriff. Dieses idealistische Werturteil prüft, wieweit das Individuum seinem eigenen Allgemeinbegriff entspricht oder widerspricht.  „Die Handlung ist gut."  Wie muß etwas beschaffen sein, wenn es seinem eigenen Begriff entsprechen soll? Wenn A gleich B ist, dann ist A auch A.  Nur das Begriffsurteil sei wirkliches Urteil. Erst das Begriffsurteil der Modalität verdiene wirklich den Namen Urteil, weil es die Angemessenheit von Objekt und Begriff beurteile und ihre eventuelle Unangemessenheit auch verurteile.

Diese drei Modalitäten, vor allem die von kritischen Marxisten gern besprochene „reale Möglichkeit", werden bereits ausführlicher unter der „Wirklichkeit" behandelt, der Synthese aus Wesen und Erscheinung. Adorno behauptete selbst apodiktisch, daß alle Aussagen heute solche apodiktischen Urteile über die Identität von Sein und Bewußtsein seien, die sich nicht mehr problematisieren. Alles trete auf, als erfülle es voll und ganz seinen Begriff, mit dem es auftritt. Satire sei heute ebenso nötig wie unmöglich, denn satirische Ironie sage : *Dies* behauptet es zu sein, und *das* ist es in Wirklichkeit! Wo aber Subjekt und Objekt identisch seien, finde Satire keinen Ansatzpunkt mehr. Aphoristik ist die essayistische Reflexion genau dieser Lage und keine bloße „Konversation", wie Hegel meint.

Der Übergang vom Urteil, das Subjekt und Prädikat teile, zum Schluß, der beide wieder zusammenschließe, geschehe im apodiktischen Urteil des Begriffs, der nun argumentativ begründeten Identität von Objekt und Begriff. Das assertorische wird als *wirklich* behauptet, das hypothetische *kann* bestritten werden und das apodiktische Urteil *muß* beweisbar sein. Diesen Beweis liefert der Schluß, dessen Folgerung das apodiktische Urteil ist und dessen „terminus medius" der argumentative Grund des Urteils ist. Das einzelne Subjekt und das allgemeine Prädikat sind miteinander vermittelt durch diesen besonderen Mittelbegriff, auf dem der Schluß beruht und den seine apodiktische Folgerung dann nicht mehr nennt.

Jeder Schluß vermittelt das Einzelne (E) mit dem Allgemeinen (A) durch das ganz Besondere (B).

Die „Urteile des Daseins" gehen über in die „Schlüsse des Daseins. Leicht zu verstehen ist, was die Reflexionsschlüsse der Induktion und der Analogie mit singulären und mit partikularen Urteilen zu tun haben. Induktion ist ein Schluß auf empirisch Allgemeingültiges von Einzelfall zu Einzelfall usw. bis in das kumulativ „schlecht Unendliche". Da die Zahl der untersuchten Einzelfälle nie vollständig ist, führe die Induktion zur Analogie. Die wissenschaftlich fruchtbare Analogie schließt von der „Ähnlichkeit" in einigen Punkten auf Gleichheit auch in weiteren Teilen. („Der Mensch Gajus ist ein Gelehrter; Titus ist auch ein Mensch, also wird er wohl auch ein Gelehrter sein.") Gnomisches Erkenntnisvermögen nutzt das oft.

Hegel apostrophiert Schellings Naturphilosophie als Produkt solch „oberflächlicher" Analogieschlüsse. Beim Reflexionsschluß der „Allheit" zeigt Hegel, daß der Obersatz den Schlußsatz nicht weniger voraussetzt als der Schluß den Obersatz : „Alle Menschen sind sterblich. Gajus ist ein Mensch. Also ist Gajus sterblich." Ich müsse schon wissen, ob dieser Gajus sterblich sei, um zum Wissen um die Sterblichkeit aller Menschen zu gelangen.

Der Kreis der Schlüsse sei durchlaufen, wenn Einzelnes, Besonderes und Allgemeines je einmal Subjekt, Prädikat und terminus medius waren. Subjekt, Prädikat und Mittelbegriff haben sich laut Hegel nacheinander selbst als Gründe für die Einheit von Subjekt und Prädikat zu erweisen.

Wenn der Grund für das modale Urteil schon der terminus medius des Schlusses sei, wenn das apodiktische Urteil schon in die logischen Schlüsse übergehe, dann gehe der disjunktive Schluß wieder in den Begriff zurück und sei mehr als die Summe dreier Urteile. Die Logik sei der Weg vom abstrakten Begriff über das Urteil und den Schluß zur absoluten Idee.

Das Begriffsurteil hat bei den Schlüssen keine Entsprechung mehr. Der disjunktive Schluß sei schon kein Schluß mehr, sondern habe sich erschlossen als die reale Wahrheit des Begriffs, der unmittelbar in die mechanische, chemische und teleologische Objektivität übergehe, um sich dann schlußendlich mit ihr zur Idee zu vereinigen.

„Indem das Subjekt ein unmittelbares Einzelnes ist, enthält es Bestimmungen, welche nicht in der Mitte als der allgemeinen Natur enthalten sind; es hat somit auch eine dagegen gleichgültige, für sich bestimmte Existenz, die von eigentümlichem Inhalt ist." („Logik" II, Frankfurt 1981, S. 394). Das ist im Gegensatz zur rationalen Realität und wirklichen Vernunft der Keim jener „faulen Existenz", die bei Marx proletarisch fleißig und bei Adorno essayistisch fruchtbar wird für die Erkenntnis der ganzen Wahrheit. Gnomische Erkenntnis heftet sich an Regelausnahmen.

Der <u>kategorische</u> Schluß gehe deshalb in den <u>hypothetischen</u> Schluß über: „Wenn A ist, so ist B. Nun ist A, also auch B" (modus ponendo ponens). Darin sei das Subjekt A ebenso „vermittelt wie vermittelnd". Erst im <u>disjunktiven</u> Schluß sei der terminus medius, der argumentative Grund des apodiktischen Urteils, *zugleich* Einzelheit, Besonderheit und Allgemeinheit : „A ist entweder B oder C oder D. A ist aber nicht C noch D; A ist also B." Hier wird das Besondere als Einschränkung des Allgemeinen und das je Einzelne als eine Einschränkung des je Besonderen verstanden. Der Begriff gehe über in die „Totalität seiner Arten" und Individuen, während die Totalität der Besonderheiten in den Begriff zurückgehe.

Dieser arg verkürzte Parforce-Ritt durch Hegels „Logik" - der Gedanken Gottes *vor* der Schöpfung - soll die Analogie des Aphorismus zum ‚spekulativen Satz' verdeutlichen helfen. Der Aphorismus ist als apodiktisches Urteil gleichsam ein *Aphodiktum*. Das „aphodiktische" Urteil zeigt den Widerspruch zwischen dem Gegenstand und seinem Inbegriff : Etwas ist und zugleich auch *nicht*, was es zu sein behauptet : *Daß* ein assertorisches Urteil als apodiktisches auftritt, wird problematisiert. Aphorismen sind apodiktisch antithetische Urteile, welche die Schlüsse verschweigen, durch

die sie begründet werden. Das „Aphodiktum" ist zu begreifen als eine Schlußfolgerung, deren terminus medius vom Leser erst zu erraten ist.
Eine der wichtigsten aphoristischen Techniken ist der oberflächliche, der sich als substantieller Analogieschluß (E - A - B) erweist. „Was einem Objekt in einigen Merkmalen ähnlich ist, das ist ihm auch in anderen ähnlich." „Es sind zwei Einzelne, drittens eine unmittelbar als gemeinschaftlich angenommene Eigenschaft und viertens die andere Eigenschaft, die das eine Einzelne unmittelbar hat, die das andere aber erst durch den Schluß erhält. Dies rührt daher, daß ... die Mitte als (zufällige) Einzelheit,  aber unmittelbar auch als deren wahre Allgemeinheit gesetzt ist." („Logik" II, a.a.O., S. 389)  Die quaternio terminorum verweist darauf, daß die aphoristische Analogie eine proportionale Verhältnisbestimmung ist und damit unter die singulären, partikularen und universellen Reflexionsurteile der Quantität fällt.


## Wahrheit des Wahns oder Wahnsinn der Wahrheit?


Bernd Mattheus attestiert mir „impotenz als tugend" und mobilisiert seine ganze (Omni?-)Potenz gegen mich „frustrierten wichtel", obwohl er sonst den „organlosen körper" so gern gegen die Geschlechtsorgane verteidigt (in denen wohl noch zuviel integrierendes Lustprinzip und Fortpflanzungsrisiko steckt). Ich hatte die Hoffnung auf die freie Sprache des Wahns selbst wahnhaft genannt und die Schizophrenen gegen ihre neuen Fans verteidigt. Vor allem störte die „eiskalte Distanz" des analytischen Blicks: „...denn wir haben von ödipus-komplex, kastration, ich, es, über-ich etc., etc., der terminologie orthodoxer psychoanalyse, die schnauze voll. sie macht uns gähnen." Das sind meine „referenzsysteme (noch dazu die verstaubtesten)" als „vorgestriger" Infantrist und Infantilist von „general freud". Nach Adorno gilt bekanntlich alles für veraltet, was nur verdrängt ist. So wird auch meine nachhakende Bitte um Präzisierung ängstlich als unstatthaft abgewehrt : Man könnte den schönen Seelen auf den morastigen Grund kommen.
Ideologen wie Mattheus sind natürlich längst über Freud und Konsorten hinaus, bei Theoretikern wie Foucault, Deleuze und Guattari, die keine Neurosen heilen, sondern Psychosen zu psychiatrisierten Zerrformen echter Revolte, kritischer Abweichung und wahren Lebens verklärt haben.  Das Vokabular der Neuen Irrationalisten ist dem „Anti-Ödipus" (Frankfurt am Main 1977) von Deleuze/Guattari  entlehnt, dessen Rezeption auch die der-

zeitige Artaud-Renaissance eingeläutet hat. Vernunft ist Herrschaft, Herrschaft ist böse, also weg mit der Vernunft; so einfach ist das. In einem Aufwasch fallen Sinn, Form, Bedeutung, Logik, Sprache überhaupt. Was bleibt, sind „asignifikanten", „decodierung", „dekonditionierung", „transgressionen", „entgrenzungen" und postökonomische „verausgabungen" à la Bataille gegen bürgerlichen Spargeiz und Akkumulationsfleiß. Gegen technokratisch administrative Systemrationalität werden (recht technische) „wunschmaschinen" aufgeboten und der „schizoide fluxus organloser körper" gegen alle Definitionen und „konfinierungen". Da fließt und strömt und flutet es recht libidinös spermativ gegen alle beschränkenden Dämme und Kanalisierungen, wirklichen Mängel und bösen Reglementierungen sprich „adjustierungen". Mit der analytisch-positivistischen Vernunft fällt auch - nicht erst seit dem GULAG-Damaskus der französischen ‚Neuen Philosophen' - die dialektische Logik dem neuen Lebenswillen zum Opfer. Mit dem Verstand soll man gefälligst auch die Verständlichkeit seiner Sprache verlieren  - wohl damit die Herrschenden nicht mehr verstehen, was man gegen sie vorhat?

Mattheus genügt es, sich selbst zu verstehen, seine liebevoll ausgemalten Privatmythen pfeifen auf unser Verständnis - und unserem bösen Analytikerblick sind seine Selbstverständlichkeiten um so sicherer entzogen, vermutet er in uns doch paranoisch einen Machtwillen, der seine Mysterienkulte stört. Aber leider fallen die meisten vermeintlichen Überwinder Freuds nur hinter ihn zurück. Im übrigen fällt mir als Programmierer auf, daß die neue Terminologie des ‚Anti-Ödipus' einem meiner Kybernetik-Lehrbücher entstammen könnte: technics to end all technics? decodierung, fluxus, wunschmaschine... Dieser redselige Sprachverächter hat es gut; angegriffen, kann er sich stets zurückziehen in die Unkommunizierbarkeit seiner untangierbaren Exklusivoffenbarungen, für die wir alle zu doof sind. Vegetative Nervenrhythmen, synästhetische Empfindungsexperimente und koenästhetisches Erleben diesseits aller Subjekt-Objekt-Spaltungen sollen den „kapitalismus des bewußtseins" stürzen. Da wird den Kapitalisten sicher angst und bange.

Die falschen escapes werden gebrandmarkt: sozialistischer Reformismus, makrobiotischer Agrarfetischismus der Humus-Humanisten, Ökonaturalismus, hedonistische performance-shows a la Mühl & Nitsch, Zen & Yoga, Alternativghettos, drug luck etc.. Abgewehrt wird der Vorwurf, auch der Schizophrenist sei auf Innerlichkeitsrückzug. Mattheus will sich auf nichts festlegen lassen, Mensch, der er ist als das niemals feststellbare Tier (Nietzsche). „wir ziehen es vor, mobil zu bleiben" - als wären Mobilität und Flexibilität nicht gerade Anpassungsleistungen, die heute von jedem überlebenswilligen Kleinbürger verlangt werden. Das nomadische Zigeunerglück endete längst in den Völkerwanderungen der Deportationszüge und des Massentourismus. Aber natürlich ist das wieder nur innerlichst gemeint, on the road of the mind, Artauds Mexiko im organlosen Körper. Idol ist der aus psychiatrischer Kasernierung befreite Schizo als Symbol aller Anomie und ekstatischen Acedie. Natürlich scheut man den Abgrund des wirklichen Wahnsinns, er soll „praktiziert" und „kontrolliert" instrumentell genutzt werden, synthetisch dosiert: heilige Technologie und pragmatische Unvernunft. Diese neuen Heiligen wissen durchaus noch, wann die Züge fahren. Eine Technik, ganz hier und doch anderswo zu sein, immer anderswo, als man vorgibt: Ich nenne das schlicht Unaufrichtigkeit. Das ist aus André Gides Indisponibilität geworden, aus den actes gratuits der Surrealisten : Schizoide Dialektik, stets jenseits seiner selbst zu sein?

Realität wird verharmlost zum bloßen Aufhänger, Kondensationskeim und Initialzünder halluzinatorischer Phantasmagorien, sie verkommt zur Droge selbst, immer auf der Flucht vor analytischen Urteilen, die die verbotenen Binnenspiele verurteilen könnten. Was ist daran aber subversiv außer der Nutzlosigkeit und vorläufigen Unverwertbarkeit für das Kapital? Ich will diese inneren Emigrationen nicht lächerlich machen und die „exterritorialisierten" und „organlosen" (kastrierten?) Körper nicht den heutigen Arbeitshäusern wieder zuführen, zu denen auch der Marxismus die Welt zu machen droht. Ich bin nicht im Stand der schizoiden Gnade und dränge mich nicht nach diesem „Universumstulp", auf den Mattheus hinmeditiert. Alle Lust ist gemeisterte Angst vor der selbstvergessenen Hingabe an das, was einem nicht gleicht, ich weiß wohl, und Mattheus muß viel weiter sein als ich, wenn er aus seinen Ängsten so viel Lust bezieht. Er geißelt meine ängstliche „flucht nach vorn in die selbstbeherrschung", während ich doch mit Selbstbeherrschung das Gegenteil meinte: Herrschaft nicht über die innere Natur, sondern über das zur zweiten Natur gewordene naturbeherrschende Prinzip des Geistes. Emanzipation ist für mich keine „emanzipation des bewußtseins von der sprache", sondern die „sprache als subjekt der herrschaft", wozu sie nur Linguisten und Psychotiker verabsolutieren, ist auch potentielles Medium der Befreiung des Subjekts von Herrschaft. Sicher, Sprache und Vernunft sind Instrumente der dingfestmachenden Identifizierung, und Leute wie Mattheus wollen zu Recht die stur bornierte, zwangsneurotische Selbstidentität des Subjekts aufbrechen helfen, seinen terroristischen Selbsterhaltungsfuror. Das autonome Individuum, das bürgerliche Persönlichkeitsideal, bleibt sich selbst immer gleich und treu, komme da, was wolle. Es hat alle Substantialität und tautologische Beschränktheit an sich gerissen, das Ich ist das Ich ist das Ich. Dagegen will Mattheus mal dieses, mal jenes werden dürfen, heute *so* und morgen *so*, statt *heute* so und *morgen* so. Er will immer anders sein als er selbst, je nach dem Gegenstand seiner selbstüberschreitenden Hingabe und selbstvergessenen Entäußerung. Das ist die lebendige Leidenschaft des permanenten Über-sich-hinaus-gehens, und ich unterstelle keineswegs, daß er sich ans Nicht-ich nur weggeben will, um - bereichert um Ganz-Anderes - zu sich zu kommen, als amortisationssüchtige Totalselbstinvestition. Da soll durchaus weit hinausgegangen werden über Hegel, bei dem das Subjekt sich an Fremdes nur veräußert, um es zu verinnerlichen und im gefräßigen Bauch des idealistischen Ich verschwinden zu lassen und zu verdauen. Etwas begreifen hieße da nur, es ‚intus' und gefressen haben, oralkannibalisch sich einverleiben oder analsadistisch sich aneignen oder phallisch durchdringen in biblischem Erkennen. Der Verstand soll den Widerstand seines Gegenstandes nicht brechen und ihm objektivistische Geständnisse abpressen, gut. Die Vernunft wird verworfen, weil sie die Eigenart ihrer Objekte nicht in Heideggers „dankendem Denken" hinnimmt und wahrnimmt, sondern hochnotpeinliche Vernehmung geworden ist. Das Hinhören wird zum Verhör und die Vernunft ein Resultat ganz ‚zwangloser' Einigung von Vernehmern und Vernommenen. Für Absage an solchen Verstand habe ich jenes Verständnis, auf das Mattheus pfeift, weil er dahinter Einverständnis mit dieser Vernunft wittert. Wenn ich sage, daß eher zuwenig Rationalität in der Welt ist als zuviel, dann verstehe ich unter Vernunft, die ich annehmen möchte, doch gerade die kritische Transzendenz jeder nur positivistischen Gegebenheit, jeder vom Verstand gesetzten Grenze und jeder unnatürlichen Mangellage. In dieser Art von Vernunft arbeitet die ekstatische Leidenschaft selbst, das Pathos der Überschreitung und Dreingabe, gar nicht kalte Selbstbeherrschung. Die reflexive Distanzierung von allem schlecht Gemachten und borniert patzig auf sich Pochenden ist doch nicht die Distanz des sadistischen Zuschauers im Welttheater. Diese Vernunft setzt sich mit dem Erreichten aufs Spiel, stellt sich infrage, ist nichts anderes als diese Artikulation der Fraglichkeit und Fragwürdigkeit von allem - samt ihrem eigenen Herrschaftsanspruch über das von ihr Transzendierte. Sie ist auch kein Selbstzweck, sondern will Lebensmittel sein. Ursprünglich war ja ihr Sinn, die Herrschaft der unwirtlichen inneren und äußeren Natur über den Menschen zu brechen, die tödliche Naturverfallenheit zu transzendieren, die im Mythos sich rechtfertigte. Heute ist sie sich selbst zur mythisch zweiten Natur geworden, die sie brechen muß, ohne in die Knechtschaft der ersten Natur zurückzufallen. *Diese* Gefahr übersehen alle maschinenstürmenden Naturfreunde. Die giftigen Agraridyllen der ersten Natur taugen nicht zum Racheaufstand gegen die zweite Natur der Vernunft, deren Faktizität von höherer logischer Ordnung ist als die beherrschten Fakten. Die rationalen Begriffe greifen inzwischen ihre eigene Naturbasis an, ihre sinnlich-mimetische Grundlage. Aber nur die Vernunft selbst kann sich vor sich selbst bewahren, durch mehr Vernunft, diesen affektiven Antiaffekt seit Spinoza. Die subversiven Ströme und Fluten des organlosen Leibes sind nicht das unmittelbare reine Leben, das alle darin eingezeichneten kulturellen Interpretationen trägt und abschüttelt, sondern zutiefst gezeichnet von der Vernunft, industrielle Fertigprodukte statt jungfräuliches Rohmaterial. Im ‚Anti-Ödipus' wiederholt sich Irrtum und Betrug des positivistischen Empirismus: die angeblich passiv registrierten sense data sind vom Verstand längst präformiert und zugerichtet. Das gilt ebenso für die „exterritorialisierten" und scheinbar „dekodierten Wunschmaschinen" des Wahns mit seiner angedrehten „Wunschproduktion": die technischen Termini verraten das ungewollt. Die Wunschmaschinen sind rationale Konstrukte des Bewußtseinskapitalismus selbst, Larven und Rationalisierungen verdrängter anderer Begierden und Ängste, über die Freud noch immer einiges sagen könnte. Aber Mattheus & Co. wollen die Sprache ja verabschieden, die sie zwischen sich und dem Objekt ihrer unendlichen Begierde wähnen. Die Sprache soll nur noch sagen, daß sie eigentlich nichts sagen und vor dem Unaussprechlichen verstummen sollte. Dieses Unaussprechliche aber ist ja nach Wittgensteins berühmtem, immer wieder falsch verstandenem Wort nicht der besondere Gegenstand unserer Wünsche, sondern im Gegenteil die logische Art, in der wir ihn be- und verurteilen. Wittgensteins Sprechverbot richtet sich auf die Art und Weise, in der die Sprache die Welt abbildet. Genau dieses Denkverbot gilt es zu übertreten: Wir wollen die Vernunft sprechen lassen über sich selbst, über die Art, in der sie uns zwingt, zur Vernunft zu kommen und uns von logischen Urteilen verurteilen zu lassen zur Einheit mir ihr. Der Begriff muß begreifen, daß er nichts begreift, wenn er sein Objekt subsumiert, vergewaltigt, kastriert, um sein unverwechselbar Besonderes bringt und umbringt. Erfahrung ist Erkenntnis des Besonderen, Unaustauschbaren, der sensitiven Gebrauchswerte, die in den Tauschwerten der Warenwelt gleichgültig werden, unter den Allgemeinplätzen des Kalküls, der alles Individuelle über seinen Kamm schert, um es fungibel zu halten. Der Begriff greift sich nur das an den Einzelnen heraus, was ihm in den Kram paßt, etwas Partikulares, das sich zum allgemeinen Wesen der Sache aufspreizt. Umgekehrt ist das Individuelle selbst dialektisch das Allgemeinste : Alle Individuen kommen schließlich darin überein, daß jedes etwas ganz Besonderes ist und sein soll. Die Allgemeinbegriffe der ratio kupieren das Besondere ihrer Gegenstände, statt sich selbst als partikular beschränkt zu begreifen. Das leistet erst die Selbstkritik der Vernunft, die ihre gewalttätigen Projektionen des Subjekts aufs Objekt schrittweise selbstkorrektiv in sich zurückzunehmen hätte, bis das Objekt sich von ihm selbst her zeigen und darbieten kann und ich mich ihm gelassen anschmiegen darf und es nicht fressen muß aus projizierter Angst, von ihm aufgefressen zu werden. Die Subordination der Partialtriebe unters Genitalprimat des Verstandes und seiner Ichfunktionen dürfte sich lockern erst dann, wenn das Ich als das Zentrum allen antiautoritären Widerstandes ganz überflüssig geworden wäre. Lebten wir im Paradies einer freien Welt, dann dürfte es ungestraft zergehen und hätte seine Schuldigkeit getan. Die Auflösung des selbstverbissenen Ichs, seine Desintegration wäre historisch fällig samt aller ödipalen Triangulierung von Mammi-Pappi-und-ich, dieser heiligen Dreifaltigkeit der psychoanalytischen Dialektik. Mattheus und andere machen einzig den Fehler, auf eigene Faust privatistisch erzwingen zu wollen, was zu erarbeiten wäre durch solidarisch reflektierte Praxis, die bis auf weiteres blockiert scheint und dann zu verzweifelten Kurzschlußakten verleitet. Freud sagt, wer nicht darauf warten könne, dem sei moralisch unbenommen, sich zu holen, was er brauche, falls er könne. Nur soll er keine Ideologie daraus machen wie Mattheus und Verwandte, die vor lauter Sprachlosigkeit geschwätzig werden. Sie wollen die Stillung der unendlichen Begierde hier und jetzt, unvermittelt, das prompt Absolute als Schlaraffias gebratene Tauben in den Mund, der das Liebesobjekt herbeischreit, statt es in Worten anzurufen. Die weltlichen Vermittlungen sollen übersprungen und unterlaufen werden, gesucht ist das „oceanische Gefühl" (Freud über Rolland), die primärnarzißtische Ursymbiose mit projizierten Mutterintrojekten durch autoplastische Selbstmanipulation. Da wird dann die Libido doch zum Todestrieb jenseits des Lustprinzips, zum Wunsch, die unlustvolle Vitalspannung der realitätsprüfenden Ichtriebe loszuwerden durch Rückkehr zum entspannt Anorganischen. In den „Briefen über die Sprache" taucht der Suizid immer wieder in aller Ambivalenz auf als lockend-drohende Einkehr des Individuierten in die frühe primärnarzißtische Mutter-Kind-Einheit, als tremendum et fascinosum. Der Todesschuß des imaginierten Allverfolgers Gesellschaft wird vorwegnehmbar als Lust an der suizidalen Aufkündigung der verfluchten Selbstidentität, die als Exil vom Mutterschoß erlebt wird. Das legiert sich mit immer vorhandenem paranoiden Narzißmus der Künstler zur Sehnsucht nach „thalassalischer Regression" (Otto Rank) in entgrenzten Akten, durch die das Ich sich verlieren will, wie die Tinte vom Löschblatt aufgesaugt wird. Die geforderte „suspendierung von identität" soll zu einer neuen „unbewußten identität" führen - also doch wieder zu Identität, allerdings nun hinter dem Rücken des Ichs selbst und ganz unanalysiert. Dieses tolle „leben des unbewußten" wird dann an anderer Stelle sofort wieder abgewertet: „es gibt kaum etwas mechanischeres, stupideres als die aufgelockerten gründe des „unbewußten"." („notizen" von Bernd Mattheus in „Konkursbuch" 2).

# Liebe zur Erkenntnis oder Erkenntnis der Liebe

Wo das phallische Ich, wie um sich zu beweisen, daß es kein Kastrat ist und keine Kastration zu fürchten hat, auf die Natur losstürmt, um ihr zu demonstrieren, daß sie kastriert sei, und sie ständig neu kastriert, da kann dieser Akt aggressiver Bemeisterung allein dann angstfrei gelingen, wenn nur einladende und nicht einschüchternde Imagines auf die Natur projiziert werden und die Projektion gefährlicher Phantasmen auf sie unterbleibt. Die Natur muß aufgefaßt und angegangen werden, als ließe sich ihre Kastration ständig ungestraft wiederholen. Der rächende Penis „Gottvaters" und seiner säkularen Erben muß aus ihren lockenden Abgründen und Höhlenöffnungen wegphantasiert sein. Der Tüchtige muß sicher sein, daß die Bahn letztlich frei ist. Die Mutter Natur darf keine phallische Eigenpotenz haben oder den kastrierenden väterlichen Phallus beherbergen, der den in ihre Geheimnisse eindringenden Erdensohn zerquetschen könnte. Sie ist so zuzurichten, daß sie nichts als eine phallisch noch unbesetzte, nährende und wärmende, spendende Uterushöhle ist, angefüllt mit gutwilligen und auch gutmütigen Objekten, bewacht von keinem anderen Zerberus als einer lachhaften, pseudophallischen Klitoris, deren symbolische Kastration bei jedem „erkennenden" und ausbeutenden Introitionsakt gefahrlos erneuert werden kann. Die kastrierende Imago der kastrierten Mutter Natur muß unterdrückt und verdrängt bleiben, um die Angst- und Schuldgefühle abgewehrt zu halten, und welche Frau kastriert ihre Kinder mehr als die, welche selbst kastriert gehalten wird, indem sie die erlittene Schmach an die nächst hilfloseren Wesen weitergibt.

Ihr possessiver Sphinktersadismus gibt den neugierig eindringenden Menschen wie die einbehaltene Kotsäule nicht wieder frei, ihr oral-kaptativer Sadismus als „venus dentata" hält ihn zwischen den Zähnen fest als phantasierte Reaktion darauf, daß das beißende Kind die entwöhnende Mutterbrust zur Strafe zerstückeln will. Wenn es aber stimmt, daß die ödipalen Triebkonflikte zunehmend die Haupttendenz zeigen, narzißtisch-depressiven Störungsbildern zu weichen, dann verändert sich, sofern Philosophie ihre in Gedanken erfaßte Zeit ist, auch philosophisch die „Stellung des Gedankens zur Objektivität" (Hegel). Wenn es immer mehr Männer gar nicht mehr zu klarer ödipaler Problematik bringen und bereits präödipal skotomisieren, dann verliert auch die phallische Rationalität und KastRationalität als Instrument der Naturbeherrschung ihren ödipalen Wert. „Auf dem Wege zur vaterlosen Gesellschaft" ohnmächtiger Angestellter arbeitet sich das Ich des Sohnes nicht länger an einer starken verbietenden Instanz ab, um sie frustrationstolerant schließlich als postödipales Ichideal zu internalisieren, sondern zieht es vor, unter den Rock degenitalisierter Mutterimagines zu kriechen, um in der vorgezogenen Adoleszenz dann unvorbereitet und resistenzios mit den externalisierten Überichbildern der sozialen Anonymgewalten konfrontiert zu werden, denen es autoritätshörig und sadomasochistisch erliegt. Da die libidinöse Komponente sich nicht auf die Mutter wie die aggressive auf den Vater verteilt, behält die Mutterimago ihre verwirrende Ambivalenz und konfuse Ambiguität, ihre gleichzeitig drohende wie lockende Omnipotenz, *oral* als nutritiv gewährende und versagende Brust, *anal* als Herrscherin über ihre eifersüchtig retendierenden Schließmuskeln und ihr Inneres, zu dem der kannibalisch inkorporierte Leib des Kindes zählt, und *phallisch* als Aufbewahrungsort des allmächtig phantasierten väterlichen Penis. Das Kind bleibt dann an ihr kleben in narzißtischer Symbiose, als ihre Kotsäule und ihr Penis.

Der Schwitzkastengriff des urmütterlichen Kloakalschließmuskels ist viel mächtiger als die sadistische Penetrationsfähigkeit des narzißtisch kränkend kleinen Penis. Der Sohn legt sich ante portas zur Milch- und Honigruhe, von keinem Vater gezwungen, in der reaktiv idealisierten Omnipotenz des väterlichen Penis ein Ichideal zu interiorisieren. So verkümmert der Penis des kleinen Ödipus zur weiblichen Klitoris, die sich an keinem männlichen Leitbild mehr aufrichtet. Omnipotenzphantasien entzünden sich eher noch regressiv an der Symbiose mit der „phallischen Mutter" als an der Aneignung des väterlichen Penis im Herzen des Überich, das die Züge des präinzestuösen urmütterlichen Liebesobjekts annimmt. Dabei ist allerdings die homosexualisierende Identifikation mit der Mutter verwehrt auf Grund ihrer unverminderten Ambivalenz. So will jeder Sohn der schöne, mächtige Phallus *sein*, den er nicht *hat* und nicht zu rauben wagt. Diese Jugendlichen finden sich kastriert, bevor je ein Vater sie mit Kastration bedrohte. Es sind wirklich jene kastrierten Männer, die in den Frauen die unkastrierten Wesen sehen, von denen sie wenig mehr trennt, als daß hinter dem kastrativ klitorialisierten Penis kein vaginaler Introitus mehr kommt. Entdeckt das junge Mädchen, daß es „nur" eine Klitoris hat, also „kastriert" ist, wendet es sich seinem Vater zu, idealisiert dessen Penis und haßt und verachtet jene Mutter, die ihr kein Glied mit auf die Welt gegeben hat wie dem Knaben und überdies den väterlichen Phall unerreichbar eifersüchtig in den Tiefen ihres Fleisches hütet. Da sie sich als schon kastriert empfindet, hat sie anders als ihr Bruder die Kastration durch die inzestverbietende Mutter nicht mehr zu fürchten, also keinen Grund, den Vater als neues Liebesobjekt aufzugeben. Da sie als virgo intacta ihre Vagina nicht entdeckt hat, wünscht sie sich vom Vater den Penis, der ihr von der Mutter verweigert wurde, wünscht ihn auch als die bessere Mutterbrust, der sie entwöhnt wird, und den Samen des Vaters fellativ als bessere Muttermilch.

Keine Kastrationsdrohung, nur noch Versagung und Enttäuschung durch einen sadistischen oder an die Mutter vergebenen Vater können das kleine Mädchen jetzt noch abhalten, sich vom Vater den vorenthaltenen Penis zu erhoffen. Nach Freud entdeckt es seine Vagina erst mit der Penetration durch den Penis. Gegen Freud hat Melanie Klein darauf bestanden, daß nicht nur der Knabe eine Kastration durch den väterlichen razor rationalis fürchtet, sondern auch das Mädchen einen mütterlichen Vergeltungsschlag auf ihr Körperinneres. Außer einer Angst vor Zerstörung seines unsichtbar Inneren durch den als überproportioniert halluzinierten väterlichen Phallus stehen einer rollengebotenen Identifikation mit der Mutter, wenn diese in der Urszene als penisverschlingende Kastrantin geträumt wird, massive inzestuöse Schuldgefühle entgegen, die Wiedergutmachungsversuche am später inkorporierten Penis des Geliebten zur Folge haben können : Keim aller karitativ-restaurativen Ambitionen der Frau. Die Identifikation mit der eigenen Mutter wird von der Tochter also nicht nur als schuldbeladene ödipale Anmaßung gefürchtet, sondern auch in Angst um sich selbst.
Wenn man schon keinen Penis haben kann, gibt es nur ein Mittel, sich vor dem zudringlichen Eindringen des väterlichen Penis zu schützen : selbst der Penis zu *sein*, an der der männliche abprallt, ihn mit Frigidität zu strafen und also zu kastrieren. Dieser spezifisch weibliche, klitoridale Narißmus ist Flucht der Frau vor dem ihr angesonnenen Masochismus, Flucht vor dem libidinös besetzenden Akzeptieren der Vagina, durch die hindurch das Leibesinnerste vom externen Penis des Mannes bedroht ist, Flucht auch vor der Aggressivität der eigenen vagina dentata, also Abwehr der schuldhaft analsadistischen, oral-kaptativen Komponente der eigenen Vaginafunktion, ihrer kastriert-kastrierend phantasierten Destruktivität.
Wenn es wahr ist, daß die Geschlechter sich einander angleichen, dann ist die Frau dabei, ihre verdrängten analsadistischen Triebe zunehmend zu integrieren in ihren exhibitionistischen Narißmus, während der Mann seinen verdrängten Narißmus in analsadistische Aggressivität einzubauen hat. Wenn es aber ebenso wahr ist, daß weniger die Frau männlicher und der Mann weiblicher wird, als vielmehr die Gesellschaft überhaupt sich tendenziell homosexualisiert, dann geht der neue Unisex eher in Richtung auf exhibitionistischen Narißmus. Dafür sprechen die narißtisch-depressiven Charakterstörungen und Suchtpräferenzen, die jede klassische, hysterische oder zwangsneurotische Symptomatik abzulösen beginnen.
Jeder will der glänzende Phallus *sein*, den er nicht *hat* und haben will und der ambivalenten Vater-Mutter-Mixtur der Umweltimago nicht abzutrotzen wagt. Jeder will so akzeptiert, geliebt, begehrt und bewundert werden, wie er selbst außerstande ist zu lieben. Beide, Mann wie Frau, wollen der große glänzende Penis sein, den sie sich nicht anzueignen wagen und dessen

Destruktivität sie perhorreszieren und in der Bevorzugung des Irrationalismus abwerten. Aber es scheint der ‚kleine Unterschied' mit seinen großen Folgen sich zu verlagern auf den Unterschied, ob die Frau einen Phallus hat, der *von ihr wegsteht* in die vaginal phantasierte Umwelt hinein (als stechendes Messer oder schutzsuchendes Kleinkind), oder einen Phallus, der unterschlüpfend oder penetrant *in sie hineinsteht* und aus dem sie ein Kind machen kann nach dem Vorbild der Mutter. Mutter werden heißt ja auch, aus dem Gatten und seinem Penis jenes Kind machen, das die Frau einst vor ihrer eigenen Mutter war. Ist Meta-Physik vielleicht auch deshalb nicht länger gefragt, weil im übersinnlichen Überich das Ichideal des idealisierten väterlichen Penis als Machismo entwertet ist ? Die unsterblichen Ideen, die der Mutternaturverfallenheit entheben sollten, alles Transzendente, über die Mater-ie Hinauszielende, wurde Instrument ihrer Beherrschung und zu Naturgesetzen säkularisiert, die in den Dienst pragmatistischer Zielprojekte gezwungen wurden. Gott ist tot, es lebe sein Phallus! Auf diesen, dem ermordeten Vater abgenommenen, „ab-strakten" Phall wurden erneut die Imagines der übermächtig feindseligen, weil präödipal und inzestuös versagenden Mutter Natur projiziert. Die oral, anal, phallisch omnipotente, archaische Mutter steht als zweite Natur der technokratischen Phallizität wieder auf. In Gestalt der soziotechnischen Gewalt verschmilzt die phallisch-destruktive mit der kloakal-absorbierenden Imago von Vater und Mutter zur „Virago" der verwalteten Welt. Die Physik wird als Naturwissenschaft ihre eigene Metaphysik, die Immanenz zu ihrer eigenen Transzendenz : kein Sichübersteigen des Sohnes mehr in Richtung auf den Vater, sondern eher eine „*Suszendenz*" zurück zu den Müttern, der zweiten Natur. Jeder fühlt sich als immer neu kastrierte Klitoris im gorgonischen Angesicht der Phallokratie einer allmächtigen zweiten Mutter Natur. Denn was anderes machte die Mutter in den Augen des Mädchens wie des Sohnes so mächtig als der von ihr in der Urszene verschlungene Vaterpenis und ihre analpossessive Fähigkeit, ihn festzuhalten wie das Kind und als das Kind, das sich nicht von ihr befreien kann? Es kommt auf das gleiche hinaus, ob der Erdensohn erdrückt wird vom rächenden Vater oder von der archaischen Mutter, also verschmelzen beide zur Allmacht. Er holt sich nur noch seinen herunter auf den Teppich des Bestehenden, wie Volker Elis Pilgrim ihn vorstellte in „Der selbstbefriedigte Mensch".

Begreifen heißt identifizieren, dingfest machen. Der Allgemeinbegriff vergleicht Sonderfälle auf Gemeinsamkeiten hin, greift sich an sinnlicher Mannigfaltigkeit das Identische heraus, reduziert Vielheit auf Einheit, subsumiert die Verschiedenheit der Objekte unter die Selbstidentität des herrschwütigen Subjekts, kastriert die Besonderheit des Individuellen. Auf dem Grunde der neuzeitlichen Vernunft, dem naturbeherrschenden Prinzip des technokratischen Geistes, entdeckte Adorno die Vorherrschaft der Logik des Identitätsprinzips :    Um von der übermächtigen Natur nicht gezwungen zu sein, sich ihrem Willen anzupassen, nötigt der Geist die Natur, der er entstammt, sich ihm unterwerfend anzugleichen - aus Abwehr seiner tödlichen Naturverfallenheit. Das Ich frißt das Nicht-ich, um nicht von ihm gefressen zu werden. Sein Bemächtigungstrieb motiviert sich aus paranoischer Projektion eigener Aggression auf das Nicht-ich. Der widerständige Gegenstand verschwindet im Magen der gefräßigen Subjektivität, wird geschluckt und verdaut, in die eigene Substanz überführt, getötet. Darin ist der selbstherrliche Geist nach Adorno selbst ein Stück jener blinden grausamen Natur, die er unter sich bringt und sich gleichmacht. ‚Gleich' kommt etymologisch von germanisch *ga (zusammen, mit) und *lika (Körper) : denselben toten Körper - gLeichnam - habend.

Der etymologische Hintergrund von 'Geist' hat weniger zu tun mit Atem und Hauch als mit :   erregt, ergriffen, entsetzt, aufgebracht, zornig, lebhaft bewegt, außer sich sein.   In seiner psychophysischen Hilflosigkeit steht das Kleinkind vor der Mutter wie das erwachsene Menschenkind vor 'Mutter Natur', phantasmagorisch gesehen. Gegen das narzißtisch kränkende Gefühl grundlegender Ohnmacht und Angewiesenheit hilft dem männlichen Kind nur die zusammen mit der Mutter betriebene Idealisierung seines Penis, den sie nicht hat. Das phallische Gegengewicht gegen die erdrückende Übermacht der frühen alimentären Mutter ist notwendige Durchgangsphase in der psychosexuellen Entwicklung des Sohnes in Richtung auf Autonomie und Unabhängigkeit von mütterlicher Omnipotenz. Nur übermäßige Kastrationsangst vor dem triangulierenden Vater wird eine perverse Fixierung auf phallischen Stolz bewirken.   Aus Angst davor, im Penis das Gegengewicht zur phallischen Mutter zu verlieren, verzichtet der Sohn auf dessen genital heterosexuellen Gebrauch und zieht es vor, selbst jene Frau zu sein, die er damit nicht zu penetrieren wagt, weil er in ihr auf den  Phallus des Vaters zu treffen fürchtet.  Legiert sich diese homosexuelle Fixierung mit dem analsadistischen Abgrenzungs-  und Bemächtigungswillen, aus der Identifizierung mit der kloakalen Aggressivität und phantasierten Omnipotenz der archaischen Mutterimago heraus, wird die Anknüpfung frei an das naturbeherrschende Prinzip der technokratischen Rationalität, die das Andere (Geschlecht) ihrer Objekte nicht gelten lassen kann und nicht ruht, bis sie die Welt sich gleich gemacht hat, also nur noch mit ihresgleichen verkehrt. Adorno hat ausdrücklich hingewiesen auf diese Affinität des totalitär identifizierenden Geistes und der Homosexualität, die paranoisch das Ganz-Andere (Geschlecht) nicht erträgt, das sie doch in sich hat und weil sie es in sich hat.

## Philosophische Wahl- und Qualsprüche, Losungen und Devisen

Es ist schon Gnade, etwas als Gnade zu erkennen.

Der Reiche, der seinen Sklaven zulange zuschaut, bekommt Muskelkater (den er ihnen berechnet).

Alchemie? Nur Goldsucher finden Porzellan und Schießpulver.

Utopie 2000: Im Sommer tragen vornehme Nerze dünne Tierschützerhaut.

Realistische Praktiker sind Feiglinge. Sie flüchten vor gewagten Theorien.

Als charakterfest gilt schon, wer Argumente nicht versteht.

Wer seinen geraden Weg geht, verfehlt leicht des Lebens Labyrinth.

Vaterlandsliebe ist oft nur Haß auf ausländische Vaterlandsliebe.

Deine Freiheit ist das, was übrigbleibt, wenn deine Herren alles von dir haben, was sie wollen.

Lieber graue Theorien als blaue Bohnen und blutrote Praxis.

Vernünftig werden die meisten Menschen nur aus völlig verrückten Motiven.

Wer nach dem Liebespartner ganz verrückt ist, sieht im Kondom eine Gummizelle.

Sei selbstlos: Denk auch mal an dich!

Demokratischer Pluralismus heißt, daß man seinen eigenen Blödsinn nicht einfach vom Nebenmann übernehmen darf.

Wer Produktionsschlachten verliert, kann nur noch Kriege gewinnen u. u..

Babies haben noch nichts im Kopf. Erwachsene wissen tausendmal soviel.

Der Überzeugte überzeugt, und wer überzeugend ist, wird dadurch überzeugt.

Wer vom Kopf in den Mund lebt, ist deshalb noch kein Intellektueller.

Wer Parteien verläßt, der stärkt sie, und wer sich unterfordert, der überschätzt sich.

Wer bezichtigt sich ohne Eitelkeit eben dieser Eitelkeit?

Nur in der Fremde fühle ich Fernweh.

Schlechtes kommt meist gut an, und was schlecht ankommt, muß auch nicht besser sein.

Mit deinen Bekannten sterben peinliche Zeugen deiner Schwächen und Vergehen.

Psychoanalyse 2000 heißt, daß Es urschreit nach Zensur des Überich.

Der deutsche Sozialismus ´68 war eine unverdiente Erhebung von Bürgerkindern in den Proletenstand.

Christen verhalten sich zu Juden wie Glaubensbekenntnisse zu Gotteserkenntnissen.

Gläubige erwarten oft, Gott müsse an ihnen etwas bewirken, und übersehen, daß er mit ihren Anatomien, Tics und Naturanlagen fast schon alles getan haben könnte.

Moderne Schutzengel haben volle nukleare Erstschlagskapazität.

Dichterische Freiheit wird unterstellt, damit die Gesellschaft zurechnungsfähige Künstler auszeichnen kann und nicht nur Naturtalente (oder sich selbst) ehren muß.

Am schönsten ziehen die Literaten das Leben dem Lesen vor.

Ein Künstler schafft Werke, um nicht nach seinem Leben beurteilt zu werden.

Erlöst? Dein Los ist es, deinen Losungen zu folgen – die nur dein Los enthüllen.

Mache die Narrenschelle nicht zur Kirchenglocke – und umgekehrt.

Eine Partei, die schlimmer wurde als die übrige Welt, kann man nicht mehr verlassen.

Meinen Geburtsort kenne ich wie meine Westentasche. Die kenne ich auch nicht.

Für gut und klug zu gelten, erspart es zu sein. Und umgekehrt.

Verzeihen und Vergeben schwächt oft die Widerstandskräfte oder täuscht sie vor.

All unsere Sinne beflügeln nur das Wunschdenken.

Der Stolze sucht nicht Bewunderung, aber sie zu verdienen und nicht zu erhalten.

Mancher muß sich einer Sache hingeben, für die er sich nicht hergeben will.

Der tragische Hamlet wäre undenkbar als Erwerbstätiger.

So mancher zwingt mich, seine Vorurteile über mich endlich zu verifizieren.

Frauenfrage?  Wenn ein Wasserhahn abbricht, ist kein Wasserhuhn entstanden.

Nichts gegen deine Überlegenheit, wenn du ihr überlegen bleibst, ohne nun deinen Rivalen zu unterliegen.

Wer das Fleisch nimmt, läßt dir gewöhnlich die Knochen und nicht den Geist.

Verleumdung beneidet Stärken, und Nachsicht verstärkt Schwächen.

Man kämpft hart für die Freiheit, also für die Autokratie der faulsten Launen.

Die einzige Stärke besteht oft nur darin, seine Schwäche zu übertreiben u. u..

Würde die Angst so wenig sehen wie der Mut, könnte sie oft besser handeln als die Kühnheit.

Früher sollte jeder Mensch ein „animal rationale" sein.  Heute will jeder gerade noch eine ratio animalis haben.

Hilfe hilft Helfern zuerst.

Gott wurde Mensch.  Nicht der Mensch.

Was Unbetroffenen recht ist, nennen sie gerecht.

Beste Überlegungen zum Atomzeitalter geben noch keine nukleare Überlegenheit.

Manche böse Kränkung ist ein guter Rat, dessen Mißachtung nur den Beleidiger beleidigt.

Das Leben wirkt umso kürzer, je länger man lebt.

Zeitraum: Tiefe der Vergangenheit, Breite der Gegenwart und Höhe der Zukunft.

Reue ist oft der ehrliche Schwur, beim nächsten Mal geschickter vorzugehen.

Ist deine Moral mehr wert als Unzufriedenheit mit meiner Selbstzufriedenheit?

Was deine Theorien widerlegt, nennst du bloße Theorie, und was meine Theorien widerlegt, nennen deine Theorien nackte Tatsache.

Geist und Gewalt sind so lange geschworene Todfeinde, bis der Geist der Macht über die Macht des Geistes kommt.

Was immer war, ist seiner Zeit besonders weit voraus.

Die Welt zu gestalten ist die sicherste Form, sie nicht so zu sehen, wie sie ist.

Der Staat, der freien Wettbewerb fördert, verletzt schon das Laisser faire.

Betrachtet Gott unsere Pläne als jene Zufälle, die wir in seiner Vorsehung sehen?

*Daß* alles kontextabhängig ist, soll selber kontextunabhängig gelten?

Der Mensch ist nicht Schöpfer der Natur, sondern Geschöpf seiner Kulturlosigkeit.

Wahre Mündigkeit äußert sich schriftlich.

Schurken werden so oft für Verdienste bestraft wie Heilige für Vergehen belohnt.

Hiob? Vielleicht ist gerade die Unannehmbarkeit der Schöpfung anzunehmen.

Wer Christen eine Grube gräbt, schickt sie nicht zur Hölle.

Aus dem Begriff von Gott folgt noch nicht Seine Existenz, Kant hatte Recht, aber aus der Entfernung des Gottesbegriffs erst recht nicht Seine Nichtexistenz.

Für Gott ist nichts unmöglich. Wollte er eine vollkommen unvollkommene Welt erschaffen, wäre es ihm gelungen.

Ist das Entsetzen über die Logik zu bannen durch eine Logik des Entsetzens?

Gedanken haben wir, damit wir nicht aufs Gedächtnis warten müssen u.u..

Unter Mitläufern gibt es kaum Widersetzer, aber Gegensitzer und Widerlieger.

Das schlechteste Staatsrecht besiegt seit Hobbes das beste Naturrecht.

Früher ermöglichten Arbeitssklaven die philosophische Muße, die sie nicht selber pflegen, wenigstens anderen.

Natur ist Reden, Kultur ist Zuhören - und Überschuß über den bloßen Überbau.

Wer seine Trieblosigkeit verdrängt, verdoppelt seine Lustanstrengungen.

Alle Menschen sind verschieden in derselben gemeinsamen Welt und alle gleich in verschiedensten Welten.

Der Ödipus des Sophokles liebte seine Frau und wußte nicht, daß sie seine Mutter war. Freuds Ödipus liebte seine Mutter und wußte nicht, daß er sie begehrte.

Ein Ehepartner hat auf die Wahrheit nur ein Stereopol.

Aufrechter Gang stellt sich auf die Hinterbeine, bis er die Nase nicht mehr ins Hinterteil des Vordermanns steckt.

Sage in einer halben Zeile nur, was sich in einem ganzen Buch nicht sagen läßt. Aphoristiker verlieren so wenige Worte, daß sie mit jedem Satz das letzte behalten. Und die Wahrheit ist fast so unverkäuflich wie ein Aphorismenband.

Schreibe so klar, daß du jeden Leser verstehst.

*Mystheorien.* Wie kann sich ein Erkenntnisapparat, der sich aus ihr herausentwickelte, überhaupt irren über die Natur?

# *Inhalt*

# Buchveröffentlichungen

„Das Verbrechen, über Bäume zu sprechen",
ISBN 3-87561-427-5,  Legendis Verlag, Darmstadt 1975

„Haßt du Angst vor deinem Haß?  - PoEthisches",
ISBN 3-87998-847-1,  Gauke Verlag, Hann. Münden 1978

„Philosophisches Mini-Wörterbuch für Heimdenker",
ISBN 3-8218-1085-8,   Eichborn Verlag, Frankfurt 1984

„Die Liebhaber der Sophie  -  Europäische Philosophiegeschichte einmal ganz anders",
ISBN 3-8479-417-5,  Verlag Königshausen & Neumann, Würzburg 1989.

„Von der jüdischen Religion zur deutschen Philosophie und zurück –
Versuch über das Unbewußte des Denkens",
ISBN 3-89206-461-X, Verlag Die Blaue Eule, Essen 1992

„Martin Heidegger - Versuch einer Psychoanalyse seines SEYNs"
ISBN 3-89206-541-1,  Verlag Die Blaue Eule, Essen 1993

„Menschenproduktion und Computerzeugung  -
Kritik der ökologischen Vernunft",
ISBN 3-89206-656-6,  Verlag Die Blaue Eule, Essen 1995

„Aphorismen zur Binsenweisheit von morgen  -
Philosophische Formelsammlung",
ISBN 3-89206-685-X, Verlag Die Blaue Eule, Essen 1995

„Das Rätsel der Lösungen  –  Philosophische Reflexionen zur Schöpfungsordnung",
ISBN 3-89206-758-9,  Verlag Die Blaue Eule, Essen 1996

„Die Irren sind auch nicht mehr die einzig Normalen"  (Erzählungen),
ISBN 3-932740-03-3, Athena Verlag, Oberhausen 1997

„Auch der Eskimo klebt an seiner Eisscholle", Geschichten und Virtuosenstücke,
ISBN 3-932740-20-3, Athena Verlag, Oberhausen 1998

„Am schnellsten vermehrt sich die Unfruchtbarkeit -
Essays zur Multi-Kulturlosigkeit", ( Texte zur Kulturkritik *Band 1* ),
ISBN 3-932740-09-2, Athena Verlag, Oberhausen 1998

„Zurück zur postökologistischen Natur  -  Über metapolitische Methoden
der Ganzheit und der Differenzen", ( Texte zur Kulturkritik *Band 2* ),
ISBN 3-932740-23-8, Athena Verlag, Oberhausen 1998

Autor


*Rolf F. Schütt*, geboren 1941 in Bremerhaven.
Studium der Philosophie und Literaturwissenschaft.
Tätigkeit als System-Analytiker und Computer-Programmierer
in der Atom- und Raumfahrtindustrie.